ADMINISTRATION PÉNITENTIAIRE ET JUSTICE

5-7, rue de l'Ecole polytechnique, 75005 Paris

http://www.librairieharmattan.com
diffusion.harmattan@wanadoo.fr
harmattan1@wanadoo.fr
ISBN : 978-2-343-00412-9
EAN : 9782343004129

Sous la direction de
Paul MBANZOULOU et François DIEU

ADMINISTRATION PÉNITENTIAIRE ET JUSTICE

UN SIÈCLE DE RATTACHEMENT

L'Harmattan

Collection *Criminologie*
dirigée par Robert Cario

La criminologie apparaît comme un champ pluri et transdisciplinaire de connaissances, d'investigations, d'expertises et de traitement qui peine à être reconnu en France. Principalement mise en œuvre dans le domaine de la prévention, elle occupe également, au cas d'échec, une place prépondérante dans le procès pénal. Plus largement encore, la criminologie contribue à la restauration psychologique et sociale des protagonistes, dans l'endroit comme dans l'envers du crime.

Dans de nombreux pays, la discipline fait l'objet d'enseignements, de recherches et d'applications à la mesure de la complexité du phénomène criminel qui la nourrit. Dans d'autres encore, la profession de criminologue s'inscrit en totale harmonie avec les métiers de la justice, de la médecine, de la psychologie et du social.

La présente collection ambitionne de rassembler des ouvrages scientifiques et des travaux de terrain, appuyés tant sur les théories dominantes que sur les bonnes pratiques en agressologie ou victimologie, à l'intention de publics variés : étudiants, enseignants, chercheurs, magistrats, praticiens de toutes disciplines confrontés aux problématiques délinquantes, citoyens épris de justice.

Ouvrages parus

P.V. Tournier (Dir.), *La Babel criminologique*
S. Abdellaoui (Dir.), *Les jeunes et la loi*
P. V. Tournier, *Dictionnaire de démographie pénale*
P.V. Tournier (Dir.), *Dialectique carcérale*
P.V. Tournier (Dir.), *Enfermements*
S. Abdellaoui (Dir.), *L'expertise psycholégale*

Série *Champ pénitentiaire*
dirigée par Paul Mbanzoulou

La série Champ pénitentiaire contribue à la diffusion des connaissances élaborées à partir de l'analyse du champ pénitentiaire dans sa diversité et sa complexité. Les ouvrages individuels ou collectifs proposés par des chercheurs ou des praticiens ont en commun d'affiner la compréhension des dynamiques institutionnelles, des processus de construction des pratiques professionnelles, des politiques de prise en charge des personnes placées sous main de justice et des mécanismes de la privation ou de restriction de liberté.

Ouvrages parus

G. de Coninck, G. Lemire, *Etre directeur de prison*
P. Mbanzoulou, M. Herzog-Evans, S. Courtine (Dir.), *Insertion et désistance des personnes placées sous main de justice. Savoirs et pratiques*

Ont participé à cet ouvrage

Allorant Pierre, maître de conférences d'histoire du droit et des institutions à l'Université d'Orléans ;

Berlière Jean-Marc, professeur émérite d'histoire contemporaine à l'Université de Bourgogne ;

Blondel Christophe, directeur des services pénitentiaires, état-major de sécurité, direction de l'administration pénitentiaire ;

Carlier Christian, historien, chargé de mission à la direction de l'administration pénitentiaire ;

Colineau Hélène, doctorante à l'Université de Grenoble ;

Dieu François, professeur des universités, directeur de la recherche et de la documentation à l'Ecole nationale d'administration pénitentiaire (ENAP) ;

Février François, responsable du département droit, institutions et politiques pénitentiaires, ENAP ;

Froment Jean-Charles, professeur de droit public à l'Université de Grenoble ;

Kaluszynski Martine, directrice de recherches au CNRS, Pacte-IEP Grenoble ;

Kazemian Lila, professeur de criminologie à l'Université de New York, John Jay College of Criminal Justice (CUNY) ;

Masse Henri, préfet, directeur de l'administration pénitentiaire ;

Mbanzoulou Paul, Responsable du département de la recherche et du Centre interdisciplinaire de recherche appliquée au champ pénitentiaire (CIRAP) à l'Ecole nationale d'administration pénitentiaire (ENAP) ;

Ridel Laurent, directeur interrégional des services pénitentiaires, chef de la mission des services pénitentiaire de l'outre-mer, direction de l'administration pénitentiaire ;

Sette Raffaella, professeur de criminologie à l'Université de Bologne ;

Viout Jean-Olivier, procureur général, membre du Conseil supérieur de la magistrature, président du conseil d'administration de l'Ecole nationale d'administration pénitentiaire (ENAP) au moment du colloque.

Les auteurs tiennent à exprimer leur gratitude à Isabelle WADEL, secrétaire de la direction de la recherche et de la documentation, ENAP, pour sa relecture attentive du manuscrit de cet ouvrage.

Avant-propos

Allocution d'ouverture du colloque 100 ans de rattachement de l'administration pénitentiaire au ministère de la Justice, ENAP 7-8-9 décembre 2011

par Jean-Olivier Viout

C'est assurément un moment fort de l'histoire de l'administration pénitentiaire que nous allons rétrospectivement revivre, durant ces trois jours, et il est bel et bon que cette commémoration se déroule, en ce lieu, siège de l'Ecole nationale d'administration pénitentiaire. Car n'est-ce pas en cet établissement que se transmettent et s'actualisent les méthodes et les techniques, les savoirs et les déontologies de notre science pénitentiaire nationale, à travers l'action conjointe, sans cesse plus prégnante, d'enseignants et de chercheurs auxquels je veux rendre l'hommage de reconnaissance qui leur est dû.

En ce haut lieu de la culture pénitentiaire française qui embrasse les larges champs de la mise en œuvre de la sanction pénale, il convenait qu'un colloque permette à ses acteurs et penseurs de s'extraire un temps de leur pratique quotidienne pour considérer d'où elle vient afin de mieux appréhender où elle va.

Si l'on fait remonter notre mémoire à l'Etat Nation hérité de la Révolution de 1789, tout a commencé le 10 Vendémiaire an IV (2 octobre 1795) où la Convention adoptait une loi portant rattachement de l'administration pénitentiaire au ministère de l'Intérieur.

Ce rattachement fonctionnel allait susciter des débats parfois passionnés entre ses détracteurs et ses thuriféraires. Au point qu'en 1831, peut-être pour tenter l'expérience, on transféra trois années durant, la tutelle de l'administration pénitentiaire du ministère de l'Intérieur au ministère du Commerce.

Mais la maturation des esprits poursuivait son cours et, en 1873, une vaste consultation de la cour de cassation et des vingt-sept cours d'appel que comptait alors le pays permit de prendre le pouls du corps judiciaire.

La cour de cassation et dix cours d'appel optèrent pour le rattachement au ministère de la Justice. Dix autres cours prônèrent le maintien du rattachement de l'administration pénitentiaire au ministère de l'Intérieur, sept enfin (dont celle d'Agen) s'abstinrent de prendre position.

En 1878, le conseil supérieur des prisons, créé trois ans plus tôt, préconisait à son tour le rattachement au ministère de la Justice. Son vœu se concrétisait, la même année, par une proposition de loi en ce sens déposée par le sénateur Beranger sur le bureau du Sénat. Mais il fallut attendre encore près de trente-trois ans pour que le 13 mars 1911, le gouvernement publie ce bref mais significatif décret : « *La direction de l'administration pénitentiaire et les services extérieurs qui en dépendent sont rattachés au ministère de la Justice* ».

Un décret et non une loi. Etait-ce constitutionnellement suffisant ? Non, répondaient les opposants au rattachement. Oui, répondaient les autres faisant remarquer que par le passé on avait bien transféré, un temps, la direction des cultes du ministère de l'Intérieur au ministère de l'Instruction publique, et que c'était encore par un décret que les postes et télégraphes étaient sortis du portefeuille du ministre du Commerce pour passer à celui du ministre des Travaux publics. Au reste c'est par un simple décret que l'on avait confié audit ministre du Commerce l'administration pénitentiaire de 1831 à 1834.

Mais les opposants ne s'avouaient pas vaincus et continuaient à fustiger le rattachement au ministère de la Justice.

Il y avait ceux qui chuchotaient que la situation matérielle des fonctionnaires dépendant du ministère de l'Intérieur était plus intéressante que celle réservée aux fonctionnaires de la Justice. L'argument se tarit bien vite à la faveur d'un engagement du gouvernement tendant à l'alignement des statuts et traitements des fonctionnaires des deux ministères.

Il y en avait d'autres qui, dans un discours plus désintéressé, brandissaient le spectre de la mainmise de la magistrature sur l'administration pénitentiaire, ainsi que l'avait évoqué en 1845 un inspecteur général des prisons, dans cette philippique enflammée :

« Vouloir que le juge qui prononce la peine soit en même temps l'exécuteur qui l'inflige, c'est en vérité vouloir faire de Thémis un geôlier ; c'est vouloir substituer à sa balance une clef ; c'est vouloir que l'organe de la loi soit en même temps le fléau. Magistrats ! Restez impassibles et respectés sur vos sièges et n'en descendez pas pour venir nous disputer le triste privilège d'appliquer physiquement et matériellement à vos

condamnés, la peine prononcée dans vos arrêts. Vos arrêts n'en seront que mieux exécutés, car pour qu'ils le soient avec plus d'indépendance, avec impartialité, il faut qu'ils le soient surtout en dehors de toute préoccupation des causes qui les ont fait rendre ».

Mais le discours devait s'avérer vain d'abord parce que le rattachement des services pénitentiaires au Garde des Sceaux n'a jamais tendu à conférer au pouvoir judiciaire la mise en œuvre pratique de l'exécution des peines et que l'évidence ne pouvait que conduire à souscrire à cette sage constatation énoncée dans la *Revue Pénitentiaire* de 1878 :

« *Il tombe sous le sens que des administrations dépendant du même supérieur, animée du même souffle, obéissant à la même impulsion, mises en rapport plus fréquents et plus rapides l'une avec l'autre doivent plus facilement unir leurs efforts pour faire réussir l'œuvre multiple et délicate à laquelle elles sont chargées de concourir* ».

Même souffle, même impulsion voilà deux beaux mots qui résument le sens du chemin parcouru ensemble, depuis un siècle, par l'institution judiciaire et l'administration pénitentiaire.

Il a fallu débroussailler ce chemin en prenant la mesure des spécificités des fonctions judiciaires et pénitentiaires et en administrant la preuve qu'une saine et fructueuse collaboration du judiciaire et du pénitentiaire pouvait se prémunir de tout empiètement sur les compétences des uns et des autres.

D'abord timides mais de plus en plus résolus, les juges ont fait mentir l'inspecteur général des prisons de 1837 précédemment cité et ont appris à quitter leur siège et le piédestal sur lequel celui-ci reposait pour sortir hors les enceintes de leur palais de justice afin de partir à la découverte de la réalité pénitentiaire. Et derrière les murs des prisons, ils ont trouvé des hommes et des femmes dont l'engagement dans le service public pénitentiaire répondait à une véritable vocation.

Chaque partenaire a bien compris qu'une bonne justice pénale passait par une connaissance concrète par le juge des modes d'exécution des peines qu'il était appelé à prononcer.

Alors on a vu des magistrats de plus en plus nombreux visiter les établissements pénitentiaires, échanger avec les membres de leur direction, s'enquérir des conditions de la vie carcérale.

Et cette évolution vers l'intrication du judiciaire et du pénitentiaire allait être concrétisée par l'un des grands directeurs de l'administration pénitentiaire que fut Paul Amor qui dans son projet de grande réforme pénitentiaire de 1945, proposa l'intervention d'un juge dans la phase d'exécution de la peine.

On dut toutefois attendre 1958 et la refonte du Code d'instruction criminel pour que soit introduit dans notre droit un juge de l'application des peines, dans une conception générale du droit du post-sentenciel distribuant au droit administratif la connaissance des problématiques liées au maintien de l'ordre et à la sûreté et au droit judiciaire celles concernant l'individu placé sous main de justice.

Et l'évolution est parvenue à sa pleine florescence lorsque fut largement admis que le temps d'enfermement carcéral ne pouvait être un temps d'indolence et d'irresponsabilisation mais devait prendre la forme d'un véritable parcours d'exécution d'une peine finement individualisée tendant à la réinsertion du condamné, par laquelle passe toute politique de prévention de la récidive qui vaille.

La nécessité d'une implication de l'administration pénitentiaire dans cette approche progressiste du sens de la peine est suffisamment évidente pour devoir être davantage explicitée. Elle est désormais écrite en lettres d'airain, dans la loi pénitentiaire que notre pays s'est donné, le 24 novembre 2009 et qui proclame en son article 2 :

« Le service public pénitentiaire participe à l'exécution des décisions pénales. Il contribue à l'insertion ou à la réinsertion des personnes qui lui sont confiées par l'autorité judiciaire, à la prévention de la récidive et à la sécurité publique dans le respect des intérêts de la société, des droits des victimes et des droits des personnes détenues... »

C'est de cette évolution considérable qui redimensionne en les anoblissant les missions des hommes et femmes de l'administration pénitentiaire que les concepteurs de ce colloque – au premier rang desquels le Professeur François Dieu, directeur de la recherche et de la documentation à l'ENAP et M. Paul Mbanzoulou, responsable du département de la recherche – se sont proposés d'évoquer avec vous.

Ils auraient pu cantonner le propos à une évocation historique ne faisant qu'effleurer les réalités du moment. Il n'en a rien été et l'intérêt des communications qui vont se succéder au cours des quatre demi-journées qui vont nous réunir permettront, après un temps nécessaire de mise en perspective historique, d'aborder les thèmes de la plus immédiate actualité : rapport avec la magistrature certes mais aussi, avec l'administration préfectorale, les professionnels de la santé, la protection judiciaire de la jeunesse et bien d'autres, nouvelles missions dévolues à l'administration pénitentiaire, spécificités des nouvelles structures carcérales, etc. Autant d'ouvertures à la réflexion et au débat que viendront nourrir des présentations d'exemples étrangers par des intervenants faisant autorité venant (par ordre d'entrée en scène) du Sénégal, du Liban, d'Espagne, d'Italie et des Etats Unis.

C'est, Monsieur le directeur[1], l'honneur de votre Ecole nationale d'administration pénitentiaire que d'avoir organisé ce vaste forum. Soyez en félicité au nom de l'institution judiciaire tout entière.

Puissiez-vous, Mesdames, Messieurs, en tirer la « substantifique moelle » pour traduire demain, dans vos pratiques professionnelles respectives, les enseignements tirés du bouillonnement des savoirs et des idées qui, je n'en doute pas, va maintenant animer cette enceinte.

A chacune et chacun de vous : bon et fructueux colloque d'où la cordialité ne devra jamais être absente !

1. Philippe Astruc, magistrat, directeur de l'ENAP à cette date.

Introduction

par Paul Mbanzoulou

Depuis le décret du 13 mars 1911, l'administration pénitentiaire (le service des prisons) est rattachée au ministère de la Justice. La commémoration du centenaire de ce rattachement, à l'occasion du colloque organisé à l'ENAP en décembre 2011, offre l'opportunité de questionner les relations qu'entretient l'administration pénitentiaire avec les autres départements ministériels et avec les collectivités territoriales. Au-delà de l'éclairage historique, qui occupe une place notable dans le premier axe de cet ouvrage, les contributions rassemblées dans les deux derniers axes se proposent d'examiner le positionnement actuel de l'administration pénitentiaire, ainsi que ses perspectives d'évolution à la lumière de quelques expériences étrangères.

1. – Le contexte du rattachement de 1911

Le rattachement de 1911 est intervenu dans un contexte historique qu'il convient de restituer afin de mieux en comprendre les enjeux et le sens des évolutions intervenues. Quelles furent les causes profondes du changement ? Quels éléments factuels permirent de mettre en œuvre en 1911 une évolution suggérée depuis longtemps ? Dans quel contexte politique cette réforme a-t-elle vu le jour ? A-t-elle été l'objet de vifs débats ou, au contraire, d'un consensus rapide ? Autant d'éléments qui méritent d'être analysés car ils créent ensuite les conditions d'acceptation de cette évolution et modèlent inévitablement le comportement institutionnel de l'administration pénitentiaire.

Un retour sur l'histoire du rattachement est alors plus que pertinent. Quatre contributions viennent éclairer le contexte institutionnel et administratif de l'époque de la réforme. Comme le montre Christian Carlier, « la question du rattachement de l'administration pénitentiaire au ministère de la Justice, qui a fait l'objet de débats (politiques et doctrinaux) tout au long du XIXe

siècle, avait été posée à l'occasion de toutes les réformes structurelles de l'administration pénitentiaire, jusqu'à ce qu'elle aboutisse, comme tombe un fruit mûr, en 1911 ».

En effet, l'administration de la fragile IIIe République a profondément évolué entre 1875 et 1945. L'année de cette translation, 1911, se situe à peu près à mi-chemin de cette évolution. Quels étaient les enjeux de cette réforme au regard des problématiques des autres administrations de l'époque ? Comment s'inscrivaient-ils dans les débats plus généraux sur l'organisation de l'administration française de l'époque ? Ce rattachement au ministère de la Justice allait-il de soi ou s'inscrivait-il dans un mouvement contraire au(x) modèle(s) poursuivi(s) alors ?

La contribution de Jean-Marc Berlière permet de saisir la situation délétère que connaît la France de la Belle Époque sur le plan de la sécurité. Alors que ce siècle s'annonce comme celui du progrès, la peur du crime et celle des criminels, inexorablement entretenues par la presse, finissent par persuader l'opinion publique que jamais l'insécurité n'a été aussi grande. Traversé par une crise politique profonde vécue à travers « la crise boulangiste, l'affaire Dreyfus, la querelle cléricale et les luttes sociales », le contexte général de la France remettait en cause les capacités du régime politique à défendre la sûreté des biens et des personnes.

Ce rattachement a-t-il été unique ou peut-il être comparé à d'autres changements de tutelle intervenus dans d'autres administrations ? A-t-il par la suite entraîné d'autres changements de ce type dans différentes administrations ? C'est à un véritable état des lieux de l'administration française en 1911 qu'il faudrait procéder. A ce titre, la contribution de Pierre Allorant montre bien les vicissitudes d'une France de la Belle Époque, marquée par l'instabilité politique et tiraillée entre le besoin d'unification administrative, la toute puissance des administrations et la nécessité de garantir un contrôle politique de celles-ci, cela dans un contexte social marqué par la montée des revendications syndicales et des grèves.

Dans la même période, le sens accordé à la peine évolue constamment et les réponses mises en œuvre correspondent à ce changement continu de perception. Même si l'évolution est constante, elle ne se fait pas sans à-coups ni oppositions. La réforme pénitentiaire ébauchée par l'Assemblée constituante ne s'arrêtera plus. Elle devient même un instrument de développement de ce pouvoir politique en construction, comme l'indique, dans sa contribution, Martine Kaluszynski.

Resituer le contexte historique de la réforme pénitentiaire et ses enjeux permet de mieux examiner l'impact que ce rattachement au ministère de la Justice a pu avoir sur l'administration pénitentiaire elle-même. En ce sens, les contributions de Christian Carlier et Martine Kaluszynski permettent de cerner les origines lointaines et proches du rattachement, tout en esquissant l'évolution de l'administration pénitentiaire après 1911.

2. – La situation contemporaine de l'administration pénitentiaire

Les contributions rassemblées dans ce deuxième axe permettent de mieux cerner les enjeux contemporains face auxquels l'administration pénitentiaire est confrontée dans le cadre de ses missions et relations avec les autres administrations. Bien que marquée par son héritage historique et ses traditions, elle est aujourd'hui dans une situation bien différente qu'il y a un siècle. Elle fait face à de nouveaux enjeux, elle a mis en œuvre de nouvelles méthodes ou a modifié ses anciennes pratiques.

Quelles sont les principales évolutions et quels objectifs les ont sous-tendues ? Comment ces changements constants sont-ils accueillis à l'intérieur même de l'administration pénitentiaire ? Comment se situe-t-elle au sein du ministère de la Justice et plus largement au sein de l'Etat ? Quelles sont ses nouvelles missions ? Et quelle est son identité aujourd'hui ?

En effet, en raison de ses missions, l'administration pénitentiaire est au carrefour de plusieurs administrations. Il s'agit ici d'identifier ces relations et d'en préciser les formes et les enjeux. Pour mener cette réflexion, il est utile de questionner, comme le fait François Février, l'identité de cette administration. Il constate d'emblée que l'administration pénitentiaire semble encore tiraillée entre le lointain souvenir d'une appartenance au ministère de l'Intérieur et l'affirmation d'une identité autrement plus complexe et spécifique qui, par-delà la reconnaissance d'une « troisième force de sécurité », doit composer avec des notions floues de prévention de la récidive, d'insertion et de probation, de privation ou de restriction de liberté, tout en œuvrant à la restauration des droits de la personne placée sous main de justice. La contribution de François Février analyse nettement les deux mouvements d'émancipation et de maturation de l'administration pénitentiaire qui influencent son identité.

C'est dans la contribution de François Dieu qu'est abordée, plus largement, la question lancinante du lien avec le ministère de l'Intérieur, en pointant notamment la « policiarisation » progressive de l'administration pénitentiaire, en apparente contradiction avec son autre facette de service de la Justice. La création en 2003 des équipes régionales d'intervention et de sécurité (ÉRIS) représente l'illustration la plus visible de ce mouvement de « policiarisation ». Elle n'est pas sans lien avec la reconnaissance de l'administration pénitentiaire comme « troisième force de sécurité », ainsi que le rappelle Laurent Ridel.

Cette hybridation de l'administration pénitentiaire ne s'est pas arrêtée là. Le récent transfert de charge des extractions judiciaires du ministère de l'Intérieur vers le ministère de la Justice et des Libertés confie à l'administration pénitentiaire de nouvelles missions de sécurité : les transfèrements et les escortes.

Faudrait-il y voir, comme le montre Christophe Blondel, une opportunité pour l'administration pénitentiaire de diversifier les missions et d'offrir des perspectives nouvelles de carrières à ses personnels ? Ou bien s'agit-il d'un présage du retour dans le giron du ministère de l'Intérieur, après plus d'un siècle de rattachement au ministère de la Justice ?

Cet axe se clôt sur la collaboration de l'administration pénitentiaire avec les collectivités territoriales. En effet, les missions des collectivités territoriales ont profondément évolué depuis le tournant des années 1980. Ce mouvement a été accru en 2003 avec la reconnaissance de l'« organisation décentralisée » de la République (article 1 de la constitution). Comment dans ce contexte mouvant peut-on dépeindre les liens entre l'administration pénitentiaire et les collectivités territoriales ? S'agit-il essentiellement d'une relation financière ? Existe-il des « politiques locales » relatives à la détention ou à la réinsertion des détenus ? Comment rendre plus étroit ce lien qui unit les collectivités territoriales et l'administration pénitentiaire ?

En analysant la territorialisation des politiques pénitentiaires, Jean Charles Froment signale ici les deux dynamiques à l'œuvre : une inscription progressive des politiques pénitentiaires au sein des politiques de sécurité et une stratégie renforcée d'externalisation des missions de l'administration pénitentiaire la conduisant à développer des partenariats interinstitutionnels au niveau territorial de plus en plus nombreux. A un point tel que l'administration pénitentiaire est devenue un acteur territorial des politiques de sécurité, avec à terme une modification de son positionnement dans l'Etat.

3. – Le positionnement de l'administration pénitentiaire dans d'autres Etats

Il existe dans d'autres pays des modèles différents de rattachement de l'administration pénitentiaire. Un regard sur d'autres modes de fonctionnement permet non seulement de faire ressortir les singularités du modèle français, mais aussi, et peut-être surtout, de fournir des pistes de réflexion prospective pour l'administration pénitentiaire française. Cet éclairage comparatiste est apporté, en premier lieu, par l'expérience des Etats ex-communistes partenaires de l'Union européenne. Comme le montre Hélène Colineau dans sa contribution, dans la plupart des Etats communistes, l'administration pénitentiaire était rattachée au ministère de l'Intérieur, selon une logique d'ordre public. La grande majorité de ces Etats a considéré qu'il était nécessaire de transférer l'administration pénitentiaire du ministère de l'Intérieur au ministère de la Justice, comme l'a exigé le Conseil de l'Europe des Etats candidats, afin que les prisons soient sous la responsabilité d'autorités publiques séparées de la police et de l'armée.

Quels sont les enjeux d'un tel changement de tutelle ? Peut-on y voir une gestion moins « militarisée » de la détention ? Des motivations d'ordre « démocratique » sont-elles présentes ? Quels sont les effets attendus d'un tel changement de tutelle ? Quels en sont les freins ?

L'exemple italien, présenté par Rafaella Sette, fournit, en deuxième lieu, un éclairage particulier. Tout en étant rattachée au ministère de la Justice, l'administration pénitentiaire se distingue par sa police pénitentiaire, l'un des corps les plus anciens d'Italie, héritier du corps des *Guardie Carcerarie* (gardiens de prison) qui fut créé en 1873, en attribuant à ses membres un statut militaire et en le rattachant au ministère de l'Intérieur. Quelles spécificités existe-t-il au quotidien lorsqu'une administration pénitentiaire est ainsi « militarisée » ? Une telle organisation crée-t-elle des difficultés particulières ? Quels enseignements en retirer au regard de la situation d'hybridation de l'administration pénitentiaire française ?

Les problématiques françaises du moment, les questions des transferts et des escortes notamment, trouvent dans cette expérience italienne certaines réponses aux questions et incertitudes soulevées.

Enfin, le dernier éclairage comparatiste est celui de l'exemple d'un Etat fédéral ; les Etats-Unis en l'occurrence. Comment est organisée la gestion de l'administration pénitentiaire dans ce type d'Etat ? Comment sont réparties les compétences entre l'Etat fédéré et l'Etat fédéral ? Quels enseignements prospectifs en retirer dans la perspective de la construction européenne orientée vers une structure fédéraliste ? Quels sont, dans une structure fédérale, les avantages et les inconvénients d'une division structurelle ?

En choisissant comme angle d'approche les relations entre l'Etat et l'administration pénitentiaire, Lila Kazemian analyse ici le système américain caractérisé par une séparation juridictionnelle et une fragmentation des fonctions pénitentiaires. Présenté comme un système en miettes dans lequel chaque État fonctionne indépendamment des autres, la gestion des établissements pénitentiaires y relève principalement de la responsabilité des États. Cependant, les établissements pénitentiaires se structurent à trois niveaux : administrations municipales, administrations d'État et administrations fédérales. La contribution de Lila Kazemian souligne également le contexte de manque de coopération, d'efforts concertés et de coordination entre les divers systèmes, ainsi que des rivalités territoriales.

LE CONTEXTE DU RATTACHEMENT DE 1911

1

Sécurité et insécurité au début du vingtième siècle

par Jean-Marc Berlière

Dans les années qui précèdent la « translation » de l'administration pénitentiaire du ministère de l'Intérieur à celui de la Justice en 1911, la France connaît, sur le plan de la sécurité, une situation, des inquiétudes, des débats, des interrogations, qui ne sont pas sans présenter de nombreuses analogies avec ceux qui nous sont familiers et qui sont sans doute partiellement à l'origine d'un changement de ministère qui participe d'une réorganisation générale des forces de sécurité publique, en gestation/discussion depuis plus d'une décennie.

Pour paraphraser une formule employée par un journaliste de télévision à la fin du XXe siècle, on pourrait écrire, au risque d'un anachronisme assumé, qu'au tournant des XIXe et XXe siècles, « la France a peur ».

Peur du crime et peur des criminels se mêlent inextricablement et se conjuguent pour persuader une opinion angoissée que jamais l'insécurité n'a été aussi grande : un sentiment intolérable à l'aube d'un siècle qu'on veut croire de progrès.

Cette crise « sécuritaire » trouve en grande partie sa source dans la résonance inhabituelle qu'une presse en pleine expansion et que le débat politique confèrent à quelques crimes certes spectaculaires, mais banals. L'opinion est convaincue que jamais l'État n'a été aussi impuissant et incapable de faire face à une "armée du crime" qui terrorise campagnes et villes. C'est par l'inquiétude d'électeurs-lecteurs de journaux que la criminalité a fait irruption dans le champ politique. La démocratie, les règles du régime parlementaire, font – pour la première fois – de la sécurité un enjeu électoral de premier plan. Mais au-delà de préoccupations électoralistes, c'est également la nature et la pérennité du régime qui sont en jeu. Dans cette république fragile, troisième du nom, en butte à des opposants déterminés, l'efficacité ou l'impéritie des forces de l'ordre, la statistique criminelle et ses variations, le crime et son châtiment, les politiques pénales... quittent les cercles de spécialistes. Les adversaires de la démocratie mettent en cause une république – fille des barricades et des révolutions – assimilée au désordre et accusée d'incapacité si ce n'est de complicité : c'est sa faiblesse, son aveuglement, les trop grandes libertés qu'elle a instaurées qui encouragent « la montée du crime ». Dans « la guerre franco-française » qui s'exprime à travers la crise boulangiste, l'affaire Dreyfus, la querelle cléricale et les luttes sociales, ce sont les capacités d'un régime à défendre la sûreté qui sont mises en doute.

1. – « On tue, on pille, on viole[1]» : un climat anxiogène

Cette impression doit beaucoup à une presse aux tirages spectaculaires et qui a rapidement découvert les dividendes qu'elle peut tirer du mariage de « l'encre et du sang ». Le fait divers criminel, de préférence sanglant, quitte les pages intérieures des journaux pour gagner la une et sa redondance persuade l'opinion affolée par quelques affaires criminelles spectaculaires que, jamais, les temps n'ont été aussi peu sûrs, que, jamais, il n'y a eu autant de crimes commis alors qu'il faudrait plutôt dire que jamais le crime n'a été autant dit, montré, raconté, étudié, analysé et... comptabilisé[2].

« La criminalité augmente » : telle est la conclusion sans appel de la Société Générale des Prisons[3] qui débat de ce problème avec passion en 1907 : « En quelques années, le nombre de crimes de sang s'est élevé de 715 (1901) à 1075 (1905) »[4]. Qu'en était-il en réalité ? Les statistiques de plaintes, dénonciations, procès-verbaux tirées du *Compte général de la justice criminelle* montrent que celles de 1906 représentaient en nombre absolu un quadruplement depuis 1835, un doublement depuis 1871. Mais le raisonnement qui consiste à mesurer la criminalité à l'aune de telles statistiques est, on le sait, à manipuler avec précaution[5] puisque ces "indicateurs", établis à partir des institutions pénales, traduisent essentiellement l'activité de ces dernières

---

1. « Trente mille apaches sont maîtres du pavé de Paris... », V. Urbain Gohier, *Le Matin*, 1907.
2. La « Belle époque » voit les débuts d'une instrumentalisation politique de la statistique criminelle qui deviendra un classique du débat politique.
3. Sur la Société générale des prisons, son influence, son rôle de groupe de pression dans la genèse de la loi, V. M. Kaluszinsky, « À l'origine des politiques pénales en France sous la IIIe République, un laboratoire de réflexion : la Société générale des prisons » in J.-G. Petit (dir.), *Philanthropies et politiques sociales en Europe aux XVIIe-XXe siècles*, Paris, Anthropos, 1994.
4. *Revue Pénitentiaire*, juillet-octobre 1907, p. 1116.
5. Sur le sujet, V. Bruno Aubusson de Cavarlay, Philippe Robert, Pierre Tournier, *Les Comptes du crime. Les délinquances en France et leur mesure*, Paris, L'Harmattan, 1994 ; Ocqueteau F., Frenais J., Varly P., *Ordonner le désordre. Une contribution au débat sur les indicateurs du crime*, La Documentation française, 2002 et les éclairants propos de Philippe Robert et Renée Zauberman, *Mesurer la délinquance*, Les Presses de SciencesPo, 2011.

et l'évolution des sensibilités en comptabilisant les faits criminels et délictueux dont les instances policières et judiciaires ont connaissance et ignorent par définition ceux qu'on leur tait par exemple parce que l'époque ne les considère pas comme tels ou que l'*omerta* qui touche à certains crimes contribue à les dissimuler ou à les minorer[6].

Pour ce qui est de la période qui nous occupe, rien ne permet, en fait, de conclure à un accroissement significatif de la criminalité rapportée au nombre d'habitants. Les seules certitudes qu'on peut tirer d'une étude réalisée à partir des données du *Compte général de la justice criminelle* concernent la récidive – qui a quintuplé entre 1823 et 1913 – l'accroissement de la criminalité juvénile et ce que l'édition 1906 du *Compte général* appelle « la recrudescence alarmante des crimes de sang »[7] : trois faits largement développés à partir des années 1890 par le discours « savant », trois faits que l'on trouve aux origines de l'intérêt voire de la fascination pour le crime, qu'éprouvent le monde scientifique, magistrats, criminologues, pénalistes, policiers, médecins, juristes et qu'attestent les innombrables publications consacrées à la criminalité par l'anthropologie criminelle qui s'interroge dans des querelles sans fin sur le criminel, ses motivations, le passage à l'acte, les facteurs criminogènes (innés, acquis, physiques, sociaux, économiques…) et les moyens de prévenir une criminalité qui concentre l'attention des ligues de moralité et de protection sociale, et des nébuleuses législatrices comme la Société générale des prisons (SGP). L'imaginaire social est ainsi conforté dans ses craintes et fantasmes par l'intérêt scientifique porté au crime et aux criminels, intérêt lui-même conforté par la demande sociale : « L'intensité croissante du reportage judiciaire, la multiplication des faits divers, les répétitions complaisantes dans la presse des "affaires sensationnelles" ont appelé l'attention du public sur les "homicides désintéressés", sur "les crimes de sang". Le public s'est ému et la concurrence que se font les journaux pour exciter et satisfaire la curiosité de leurs lecteurs a eu cet heureux effet de tirer hors du domaine restreint où on les étudiait des questions comme celles que nous avons à traiter[8] ».

---

6. L'explosion des viols et de la pédophilie dans les statistiques des dernières années conduirait par ce type de raisonnement à l'idée — absurde — que le viol connaît un développement récent et que la pédophilie n'existait pas puisque, faute de plaintes, la statistique ne la comptabilisait pas parmi les crimes et délits.

7. Entre 1901 et 1906, meurtres et assassinats sont passés de 313 à 458 ; ils atteignent 471 en 1907 (ils culmineront à 568 en 1912). À Paris, le nombre d'assassinats connaît la même courbe : 40 (1903), 44 (1904), 49 (1905), 59 (1906), 68 (1907) avant de redescendre : 64 (1908), 42 (1909) (*Rapport du Budget de la Préfecture de police*, 1913, n°125, pp. 259 *sq*).

8. Avocat général Drioux, rapport à la Société générale des prisons en février 1908 (*Revue Pénitentiaire*, 1908, p. 343-44).

2. – Les figures de la peur

À cette peur du crime, s'ajoute, tout aussi forte, celle de criminels qui – si l'on en croit les journaux et les politiques – n'auraient jamais été aussi nombreux et n'auraient jamais joui d'une telle impunité. Quatre figures incarnent cette dangerosité et constituent autant de stéréotypes angoissants désignés à la vindicte populaire.

Le multirécidiviste...

Le dernier tiers du XIXe siècle qui découvre avec appréhension que « ce sont toujours les mêmes criminels qui commettent les mêmes crimes » et que « la prison fabrique des criminels », connaît une intense activité législative dans le domaine pénal. Les récidivistes – qui représentent la moitié de la population pénale en France à la fin du siècle – sont à l'origine d'une véritable obsession[9]. Le "*criminel d'habitude*" est devenu la préoccupation majeure des hommes que l'on trouve aux origines de l'anthropologie criminelle et de la criminologie naissantes.[10] Il est au centre d'une intense réflexion et d'un vaste débat sur le sens de la peine, le châtiment, l'amendement, le bagne, la prison[11] qui se traduisent par la mise en place d'une nouvelle économie pénale visant tout à la fois à éliminer les « incorrigibles » et à prévenir la « contamination » criminelle de ceux que l'on pense pouvoir amender. Éliminer les récidivistes, c'est le but de la loi de mai 1885 sur la récidive et la relégation en Guyane, cette « guillotine sèche » qui permettait d'éloigner définitivement du territoire métropolitain ces symboles de la « dangerosité sociale » que constituaient vagabonds, mendiants, tous ces auteurs d'une petite délinquance à répétition contre laquelle les juges étaient mal armés par le Code pénal[12]. Réduire autant que faire se peut la « prison école du crime », appliquer des châtiments différenciés entre le délinquant

---

9. V. Bernard Schnapper, « La récidive : une obsession créatrice au XIXe siècle » in Association Française de Criminologie, *Le récidivisme*, XXe congrès de l'AFC, Poitiers, octobre 1982, Paris, PUF, 1983, pp. 25-34, repris in *Voies nouvelles en histoire du droit. La justice, la famille, la répression pénale (XVIe-XXe siècles)*, Paris, PUF, 1991.

10. V. Laurent Mucchielli, *Histoire de la criminologie française*, Paris, L'Harmattan, 1994 ; Martine Kaluszinsky, *La criminologie en mouvement. Naissance et développement d'une science sociale en France au XIXe siècle. Autour des Archives d'Anthropologie Criminelle d'Alexandre Lacassagne*, thèse, Paris VII, 1988.

11. V. Michelle Perrot, *L'impossible prison. Recherches sur le système pénitentiaire*, Paris, Seuil, 1980 ; Jacques-Guy Petit (dir.), *La prison, le bagne et l'histoire*, Paris, Méridiens, 1984 ; Jacques-Guy Petit (dir.), *Galères, bagnes et prisons en France*, Toulouse, Privat, 1991 ; Jacques-Guy Petit, *Ces peines obscures. La prison pénale en France*, Paris, Fayard, 1994 ; Robert Badinter, *La prison républicaine (1871-1914)*, Paris, Fayard, 1992.

12. En réalité, le nombre de relégués diminua régulièrement à la fin du siècle parce que, la relégation paraissant disproportionnée par rapport à la gravité des délits, les tribunaux hésitaient à prononcer des peines qui la mettaient automatiquement en œuvre.

« primaire » et le criminel endurci par un large recours au sursis conçu comme un avertissement solennel, c'est l'objet de la loi de mars 1891 sur l'atténuation et l'aggravation des peines, complétée par les lois d'août 1899 et juillet 1900 instituant le casier judiciaire permettant de distinguer entre « primo délinquant » et « cheval de retour ».

Apaches, rôdeurs et souteneurs : « l'armée du crime » ?

« Sommes-nous revenus au règne des truands ? [13] » s'interroge un élu municipal parisien en 1907. Le rapporteur du budget de la Préfecture de police à l'Hôtel de ville soulignait déjà, trois ans auparavant : « la population commence à s'émouvoir des attaques nocturnes, des cambriolages, des assassinats, de tous les désordres enfin qui troublent à chaque instant la quiétude des divers quartiers de la capitale »[14].

Tous les quotidiens ont ouvert des rubriques évocatrices – « Paris-apache », « Le crime du jour », « Paris sur crime » – bien propres à persuader l'opinion que l'insécurité atteint dans la capitale un paroxysme qui appelle les mesures les plus énergiques. Même un journal comme *Le Temps* n'échappe pas au climat général. Le 5 avril 1907, il publie un article titré « Les apaches » dans lequel l'auteur évoque la faiblesse de la police qui constitue « un danger pour les honnêtes gens » devant les « féroces bandits ».

Les apaches ? Ce terme générique à l'origine obscure, désigne au début du XXe siècle, des bandes de jeunes des quartiers populaires et excentrés de la capitale (hauteurs de Belleville, plaine de Vaugirard, « fortifs »...) vivant de délits divers et du proxénétisme qui constitueraient une véritable « armée du crime » dont Xavier Guichard, le chef de la brigade mobile de la Sûreté parisienne, évalue les effectifs à 10 000 en 1903[15].

Portant casquette, foulard rouge, pantalon "large des pattes", chansonnés par Bruant, les « apaches » fascinent journalistes contemporains et les historiens spécialisés en « apacheries ». Michèle Perrot croit percevoir en eux les « derniers rebelles de la société industrielle, hostiles aux bourgeois, aux flics, au travail » et les sociologues y voient le prototype de bandes violentes de jeunes qui cristallisent les peurs des sociétés vieillissantes. Regroupés en bandes avec leurs chefs, leurs égéries, leurs repaires, leurs rites, leurs signes de reconnaissance, tandis que leurs « marmites » ou gagneuses assurent la

13. V. Pierre Morel (conseiller municipal), *La Police à Paris*, 1907, p. 251 *sq*.

14. V. Rapport sur le budget de la Préfecture de police, cité dans la *Revue Pénitentiaire* de décembre 1904, p. 167.

15. Très précisément, il évalue la"population malfaisante" à 40 000, dont 30 000 "traîne-misère" et 10 000 "souteneurs et apaches" ("Paris aux rôdeurs", *La Presse*, 5 septembre 1903).

matérielle, ils « dégringolent » « pékins » et « pantes » dans les rues désertes pour les dévaliser.

Les méfaits de ces « apaches » supposés terroriser Paris font régulièrement les titres des journaux. Attaques nocturnes, batailles rangées opposant des bandes rivales descendues de Belleville ou des barrières, le moindre fait divers suscite des développements qui inspirent la littérature et le cinématographe. Ainsi en est-il de la lutte qui opposa deux souteneurs pour le cœur (?) d'une égérie – Amélie Hélie – surnommée « Casque d'Or ». Ces faits grossis – et parfois inventés par des « fait-diversiers » en mal de copie – ont pour résultat de persuader les lecteurs que l'impuissance de la police face à « l'armée des apaches » a fait de Paris « la propriété des bandits » et que ces derniers sont « maîtres du pavé parisien ».

Ces gros titres ne doivent pas faire oublier que ce n'est pas tant l'insécurité à Paris que celle qui régnerait dans les campagnes qui préoccupe le plus la population d'une France aux trois-quarts rurale. Comme le rappelle un membre de la SGP en 1908 : « La première sécurité dont tout le monde sent le besoin, c'est la sécurité personnelle. Or c'est à la campagne qu'elle est la plus menacée. C'est là que le droit de propriété se trouve aussi le plus violé. C'est à nos gouvernants à établir une protection suffisante »[16].

Vagabonds et nomades : la « plaie des campagnes »

Souvent confondus dans une même peur et une même réprobation, le nomade, le mendiant, le vagabond, le bohémien participent, à la fin XIXe siècle, à la construction d'une figure emblématique symbole de toutes les peurs et obsessions d'une société en proie à une psychose croissante d'insécurité.

« Extra-sociaux ... parasites... incapables de fournir le travail quotidien dont chacun est redevable... anti-sociaux ... anti-hygiéniques et propagateurs d'épidémies ... candidats au crime... véritable danger public » : telles sont les expressions qui reviennent couramment dans la bouche d'élus ou sous la plume des journalistes, médecins, magistrats, lorsqu'ils évoquent des gens « rétifs au travail », « rebelles à l'ordre et à la discipline », qu'ils considèrent comme un danger pour l'ordre, la propriété, la sûreté, la moralité, la santé et la salubrité publics .

---

16. V. Henri Barboux, séance du 29 avril 1908 de la Société Générale des Prisons, (*Revue Pénitentiaire*, 1908, p.743).

Mais c'est surtout leur nombre croissant[17] et leur criminalité réelle ou potentielle qui inquiète : « Le vagabondage mène au crime. Tous les errants mendient et volent » écrit un médecin (le docteur Pagnier). « Le vagabond est à la base de la criminalité » surenchérit un confrère. L'anthropologie criminelle confère une caution scientifique à ce discours : « Ces vagabonds ou routiers, véritables parias, sans gîte, misérables, découragés, émancipés par des théories subversives [...] violent pour jouir, et tuent ou volent pour avoir de l'argent »[18].

« Le mal que ces nomades peuvent faire aux populations » fut mis en pleine lumière par l'instruction de l'effroyable affaire Vacher. Le cas de « l'éventreur de bergers »[19] démontra les dangers potentiels du vagabondage et se trouve à l'origine de la psychose qui va entourer ces errants accusés au tournant du XIXe siècle de tous les crimes impunis. Alexandre Lacassagne joint sa voix au concert : « Dans cette troupe [...] ou mieux cet innombrable troupeau, il y a un grand nombre de criminels. Ces routiers sont répandus dans la campagne : ils volent, incendient, pillent, assassinent ou mendient en proférant des menaces [...] C'est dans ce groupe qu'il faut chercher ceux que les poursuites ou statistiques judiciaires, à propos de certains crimes, désignent comme auteurs sous le nom « d'inconnus » [...]. Il faut que l'on se pénètre de cette idée : plus un pays a de vagabonds, plus il y a de crimes commis et impunis ».

Ajoutons que les vagabonds sont, par définition, des récidivistes chroniques – 78% des récidivistes condamnés en 1890 étaient des vagabonds qui représentent 3% des premières incarcérations, mais la moitié à la cinquième et la totalité à la quinzième – c'est pourquoi le problème du vagabondage trouve naturellement sa place dans le vaste débat concernant criminalité et insécurité qui domine toute la période et suscite les mêmes tentations « sécuritaires ».

Dans la longue guerre qui oppose les nomades aux sédentaires, aux agriculteurs et aux propriétaires, les bohémiens – « les plus mal aimés des marginaux » selon Vaux de Foletier qui leur consacra tant de travaux – suscitent le même rejet, les mêmes peurs, mais enrichies ou aggravées de légendes et de croyances séculaires et irrationnelles dont l'imagination populaire et la

17. Avec cette confusion entre le délit et sa répression qui nous est aujourd'hui familière, on avance des chiffres propres à conforter l'opinion dans ses craintes : la moyenne annuelle des condamnations pour vagabondage était de 22 011 de 1861 à 1865, elle est passée à 51 404 pour la période 1866-1890. Le nombre des itinérants de toutes catégories est estimé en 1897 à plus de 400 000 — dont 25 000 "nomades en bandes voyageant en roulotte" — par une commission extra parlementaire réunie pour réfléchir au problème.

18. V. A. Lacassagne, *Vacher l'éventreur*, 1898, p. 308.

19. Vacher avouera 11 meurtres au total, commis entre 1894 et 1897. Le juge d'instruction de Belley, Emile Fourquet, s'appuyant sur le mode opératoire et le « tour de main » lui en attribuait dix-huit.

tradition les entouraient. Alors qu'ils s'étaient peu à peu intégrés dans le paysage rural français, ils vont pâtir de la phobie d'insécurité qui gagne les campagnes dans les années 1890. On leur attribue des délits réels ou supposés comme la maraude, le chapardage, le braconnage, des larcins commis par les femmes : l'escroquerie à la monnaie – « le vol au rendez-moi » – le vol dans les maisons ouvertes – « le vol au bonjour » – ou dans celles où elles s'introduisent pour mendier ou proposer leurs talents de chiromanciennes. Une légende surtout a la vie dure : le rapt d'enfants.

Cette psychose se nourrit de forfaits réels ou imaginaires grossis par la presse qui leur donne un retentissement qui accroît une défiance et une peur colorées de xénophobie. Omniprésente dans les journaux de province, notamment des régions rurales, la phobie du bohémien touche une presse nationale qui fait ses choux gras de l'insécurité. *Le Petit Journal* du 8 septembre 1907 intitule « La plaie des campagnes » un article qui se termine par cette exhortation : « Qu'on débarrasse au moins nos campagnes de tous ces gens sans aveu, sans état civil, sans patrie, qui terrorisent nos villages et grugent nos paysans ».

Les bandes de « chauffeurs »

Le début du XXe siècle est marqué par la résurgence d'une forme de criminalité qu'on croyait disparue depuis les temps noirs de l'Ancien régime. Ces bandes de « chauffeurs » – ainsi dénommées parce que, reprenant la tradition de leurs prédécesseurs, ils « chauffaient », c'est-à-dire brûlaient leurs victimes pour leur faire avouer la cachette de leurs économies – ont sévi dans différentes régions de France. La bande Bouchery – tenancier de la buvette de la gare de Langon –, les bandits d'Hazebrouck, les chauffeurs de la Drôme en constituent les spécimens les plus remarquables et les plus célèbres. Apparaissant comme des résurgences des « grandes compagnies » ou des « écorcheurs » des anciens temps ou des bandes du XVIIIe siècle, comme la bande d'Orgères dont ils perpétuent l'archaïsme des crimes et la violence, ils n'en annoncent pas moins par leur mobilité, la modernité des « bandits en auto » de la « Bande à Bonnot ».

La bande des frères Pollet – les « bandits d'Hazebrouck » – est sans doute la plus importante, la plus caractéristique aussi de ces temps d'insécurité. Sévissant dans la Somme, elle perpétue l'héritage de ces « chauffeurs du nord » qui au temps du Directoire sous l'autorité de Moneuse, « capitaine des chauffeurs du Nord », un émule de Cartouche, s'étaient illustrés par une série de crimes qui conduisit leur chef sur l'échafaud, à Douai en 1798.

Surnommé « le capitaine » sans doute en référence à ce lointain devancier dont le souvenir a survécu dans l'imaginaire populaire des habitants du nord de la France et du Hainaut, Abel Pollet a formé en 1905 une bande qui comprendra en permanence plusieurs dizaines de membres, à laquelle il impose une méthode, une organisation, une discipline rigoureuses. Les « coups », fondés sur les renseignements d'un réseau d'informateurs composé de colporteurs, de cafetiers et de tireuses de cartes, sont préparés avec un ou plusieurs receleurs spécialisés. Les femmes de la bande reconnaissent les lieux, font habilement parler les futures victimes. Les complices qui ne participent pas à l'attaque sont chargés de fournir des alibis aux autres. Opérant essentiellement la nuit, attaquant des fermes ou des habitations isolées habitées par des vieillards, des femmes ou des personnes seules, la bande Pollet va suivre la pente qui mène du vol qualifié à la violence et à l'assassinat.

Le visage recouvert de suie ou passé au cirage, armés de casse-tête et de pistolets, les bandits, après avoir neutralisé les chiens, pénètrent dans les demeures par effraction, surprennent leurs victimes en plein sommeil et les brutalisent de la plus effroyable façon, n'hésitant pas à les torturer jusqu'à la découverte des bas de laine. Le butin trouvé et partagé, la bande festoie sur place. Gagnée par l'audace que lui confère une longue impunité, la bande sombre dans une violence sanguinaire qui culmine dans la nuit du 19 au 20 janvier 1906 dans ce que les journaux appelleront « l'atroce tuerie de Violaines ». [20] Toute la Flandre vit dans une terreur renforcée par l'impuissance des brigades de gendarmerie détournées de leur service ordinaire par les opérations de maintien de l'ordre nécessitées par les grèves qui paralysent le bassin houiller. Alors que les criminels ne se cachent guère de leurs méfaits, écoulent sans discrétion leurs butins et laissent des indices multiples permettant de les identifier, c'est finalement sur la dénonciation d'un aspirant-complice éconduit que la bande est arrêtée, au printemps 1906[21].

Les « chauffeurs de la Drôme » qui, à la même époque, terrorisèrent la région de Tournon au pillage, attaquant les fermes isolées, pillant, tourmentant les paysans pour leur faire avouer la cachette de leurs économies s'inscrivent dans la même tradition. Octave-Louis David, marchand ambulant, Urbain-Célestin Liottard, contrebandier, Pierre, Auguste, Louis Berruyer, cordonnier, Jean Lamarque, cordonnier et Brenier, boulanger, commi-

20. Trois membres d'une famille sont retrouvés gencives broyées, oreilles arrachées, doigts sectionnés, crânes défoncés…

21. Jugés par les assises de Saint-Omer en juin 1908, après une instruction de près de deux ans, nécessitée par la multiplicité des crimes commis, les 36 accusés écopent de lourdes peines de prison tandis qu'Abel et Auguste Pollet, et deux de leurs complices, convaincus de 120 vols à main armée, six assassinats et sept tentatives d'assassinat, sont condamnés à mort. Ils seront exécutés le 11 janvier 1909 à Béthune. Ce matin-là, Anatole Deibler et sa machine, au chômage forcé depuis près de trois ans, reprenaient brillamment leur office : quatre têtes tranchées en neuf minutes. La foule les ovationna.

rent une série de crimes qui semèrent l'effroi dans le nord de la Drôme pendant plusieurs années.[22]

Cette « montée sans précédent » [sic] de la criminalité est à l'origine d'une crise sécuritaire tisonnée par les opposants au régime : que font le gouvernement, la police et la Justice contre un péril sans précédent ?

3. – « Sommes-nous assez protégés ?

Si la « criminalité augmente », c'est « sous l'influence de causes multiples [...] au nombre desquelles on doit compter la complète disparition chez un grand nombre de jeunes gens, de tout frein religieux et même moral, la publicité contagieuse des procès criminels, cette poussée d'idées fausses et de fausse sensiblerie qui se répandent partout et dans tous les milieux : magistrature, armée, personnel enseignant, cette prédilection affectée pour les pires sophismes qui a pour effet le mépris de l'autorité et la perte du sentiment du devoir »[23].

Pour certains et notamment les milieux antirépublicains, les causes d'une telle situation sont depuis longtemps clairement identifiées et pointées du doigt. On incrimine pêle-mêle : l'effondrement des valeurs, le recul de la morale, la décadence des mœurs, « l'école sans Dieu », la littérature pour la jeunesse, le roman criminel, le capitalisme, les juifs, la permissivité des parents, la perte d'autorité des instituteurs ... tant la peur exacerbe fantasmes et obsessions. D'autres mettent en cause une police dépassée, une gendarmerie inadaptée, une législation et une justice désarmées par un « humanitarisme déplacé », une répression énervée, sans moyen...

Une justice désarmée ?

Dans le dispositif pénal de l'époque, la peine de mort tient une place centrale. Solution radicale au récidivisme et pour l'élimination des auteurs des crimes les plus abominables, elle est alors sérieusement remise en cause. Tandis qu'une majorité abolitionniste s'organise timidement au Parlement, les présidents de la République usent abondamment du droit de grâce. Émile Loubet prononce 9 commutations sur 10 condamnations en 1900, 16 sur 19 en 1901. Son successeur Armand Fallières, élu en 1906, gracie systématiquement les condamnés : 29 en 1906, 41 en 1907. C'est dans ce contexte que

---

22. L'enquête et les recherches longtemps impuissantes mobilisèrent la gendarmerie, les polices municipales de Valence, Romans et de Tournon. C'est le renfort apporté par les toutes récentes brigades mobiles qui permit l'arrestation de David, Liottard et Berruyer. Convaincus de dix assassinats et autant de vols qualifiés en deux ans, ils furent condamnés à mort et exécutés à Valence.

23. *Revue Pénitentiaire*, juillet-octobre 1907, p. 1116.

le crime commis par Albert Soleilland – assassin, violeur, récidiviste –, le 31 janvier 1907, sur la petite Marthe Erdelbing, revêt toute son importance symbolique et historique[24]. Il est en quelque sorte « le crime de trop » et relance le débat : que faire des criminels sexuels multirécidivistes ?

L'existence et l'application de la peine de mort sont alors au centre d'un débat qui semblait tourner en faveur des abolitionnistes – au nombre desquels Clemenceau, Briand, Jaurès – qui ont obtenu la suppression des crédits d'entretien de la guillotine et des frais du bourreau. L'affaire Soleilland est à l'origine d'un revirement spectaculaire. La « grâce révoltante » accordée par le président Fallières au « monstre criminel » en septembre 1907 va provoquer une émotion telle – bien orchestrée et exploitée par la presse qui joue un rôle de groupe de pression d'une intensité jamais vue[25] – qu'elle entraîne l'échec du projet abolitionniste, largement repoussé à la Chambre en décembre 1908, et la reprise des exécutions capitales. En un mois (10 janvier-10 février 1909), il n'y en aura pas moins de sept. Le bourreau et ses aides sont acclamés à chacun de leur retour à la capitale : on fête la « guillotine retrouvée ».

Mais la peine de mort et son efficience ne sont pas seules mises en cause. C'est la loi qui « protège les assassins » et toute la justice, son fonctionnement et son action qui sont pointés du doigt. Les attaques les plus dures, les critiques les plus acerbes sont le fait des responsables policiers : « la police arrête, les juges relâchent, le gouvernement gracie »[26].

Eux-mêmes critiqués, les responsables policiers se défaussent sur les juges et les magistrats. Le préfet de police Louis Lépine ne manque jamais de souligner « la responsabilité encourue par la magistrature et la législation » et de déplorer « la mollesse déplorable de la répression, la vague d'humanitarisme béat qui [a] submergé notre législation pénale, l'intérêt déplacé dont public et magistrats [font] bénéficier les seuls criminels aux dépens des honnêtes gens »[27]. Condamnant en bloc les progrès des garanties de la liberté individuelle accomplis à l'époque, les initiatives de pénalistes convaincus que la prison, pas plus que la dureté de la répression, n'apportaient de solution réelle à la montée de la criminalité, il dénonce, pêle-mêle, « la libération conditionnelle systématiquement appliquée », « l'instruction contradictoire des affaires »[28], « l'élévation de la majorité pénale à dix-huit ans », « les

---

24. V. J.-M. Berlière, *Le Crime de Soleilland. Les journalistes et l'assassin*, Tallandier, 2003.

25. Notamment *Le Petit Parisien* qui prend l'initiative et va jusqu'à organiser un *referendum* qui mobilisera près d'un million et demi de lecteurs.

26. V. Louis Lépine, *Mes Souvenirs*, Paris, Payot, 1929, p. 187.

27. *Op. cit.*, p. 186.

28. Une loi de décembre 1897 a mis fin à l'instruction secrète, écrite et non contradictoire qui était jusqu'alors la règle, et prévoit la limite de la garde à vue et l'assistance de l'inculpé par un avocat.

circonstances atténuantes qui sont devenues de style, c'est-à-dire appliquées sans discernement », la « relégation qui n'est prononcée qu'exceptionnellement », « l'imputation de la prévention sur la peine à subir et tant d'autres lois de même inspiration ».

Dans ces domaines, il ne fait d'ailleurs qu'exprimer le sentiment de beaucoup de policiers découragés par l'énervement – au sens étymologique – de la répression et la vanité de leurs efforts, qui ressentent comme un affront et une menace, l'indulgence de la justice, se sentent ridiculisés par la loi, bafoués par les avocats. « S'il y a recrudescence [de délits et de crimes] la faute n'en incombe pas à la police, mais à la justice qui rejette à la circulation constamment les malandrins que nous arrêtons » déclare le secrétaire général de la Préfecture de police, Émile Laurent, au *Matin* le 2 mars 1907.

En réalité, « la » police est elle-même largement dépassée et les magistrats ne manquent pas de rappeler son impuissance que semblent traduire les statistiques judiciaires et notamment le nombre des crimes impunis. Une évolution dont ils s'inquiètent : « Sur le chiffre total des affaires transmises aux juges d'instruction, la proportion des ordonnances de non-lieu motivées par l'insuffisance de preuves contre l'auteur soupçonné du fait incriminé, ou par l'impossibilité de découvrir cet auteur, s'est élevée de 17% en 1874, 20% en 1884, 21,8% en 1894 et plus de 22% en 1895 [...]. Parallèlement au nombre des ordonnances de non-lieu, nous voyons augmenter celui des procès-verbaux dressés contre auteurs inconnus et classés d'office : 12% en 1874, 15% en 1884, 16% en 1894 [...], près de 90 000 crimes ou délits restés impunis. Une telle situation est fort regrettable en soi ; le trouble social qu'elle entraîne fatalement est encore plus désastreux. La certitude de la répression est, en effet, la protection la plus efficace que puisse avoir la société contre la répétition des délits [...]. Cette certitude s'amoindrissant, avec elle s'amoindrit la sécurité publique. Certains crimes affolent l'opinion ; chacun se sent atteint dans la personne des victimes invengées ; et comme on exagère aisément le péril dont on se sent menacé, l'alarme va croissant et devient elle-même un autre péril »[29].

Dans l'émotion soulevée par la révélation des crimes de Vacher, une commission extra parlementaire réunie, en novembre 1897 à l'initiative de Louis Barthou, renvoie les deux institutions dos à dos en dénonçant l'éparpillement et l'insuffisance des forces chargées de veiller à la sûreté publique, mais en pointant également du doigt les responsabilités d'une justice qui « n'a plus assez la main sur [les nomades], des tribunaux généralement trop faibles dans la répression [...] [un] système pénitentiaire [qui] est plutôt pour eux un attrait qu'une peine" et le fait qu'on » n'applique pas suffisamment la peine

---

29. Discours prononcé par M. l'Avocat général Célice à l'audience solennelle de rentrée de la cour d'appel de Nîmes, le 17 octobre 1898, Nîmes, 1898, p. 6.

de la relégation". Elle constate que « les moyens à l'aide desquels les préposés à la sûreté publique pouvaient exercer leur surveillance leur font aujourd'hui défaut. Plus de passeports intérieurs [...], plus de livrets d'ouvriers, plus de papiers à produire ». En conséquence, elle propose la réorganisation des différentes forces de sûreté publique, avec des moyens de communication entre polices municipales, gendarmes, gardes champêtres, sûreté générale, une centralisation des renseignements et des opérations. Toutes choses qui correspondent à la nécessité, de plus en plus ressentie à l'époque, de coordonner sinon d'unifier les différentes polices et conclut à la nécessité de renforcer le contrôle des nomades et vagabonds par l'institution d'une pièce d'identité.

Une organisation policière archaïque, et inadaptée.

« Sommes-nous défendus ? [...] Les policiers sont-ils assez nombreux, assez habiles et assez organisés ? »[30]. Le cas de Vacher qui, à chaque crime, échappait aux recherches par sa mobilité et son extraordinaire endurance, a démontré la grande faiblesse de la police judiciaire en province et la grande impuissance de la police dans des « campagnes si mal gardées ». La gendarmerie, qui seule, tant les gardes champêtres sont inaptes à cette mission, y assure la sécurité publique, est surchargée de missions. Opérant en uniforme, elle n'a ni les moyens, ni les effectifs, ni la formation, pour lutter contre de tels crimes. L'absence de moyens de communication modernes et de moyens de transport rapides, le ressort limité de l'action d'un policier municipal : tout concourt à rendre insaisissables les criminels nomades. Face aux crimes réels ou supposés des vagabonds, aux exactions des bandes qui ravagent les campagnes, aux apaches qui terrorisent les villes, police et gendarmerie semblent impuissantes. C'est surtout leur organisation qui est en cause. Si elle a satisfait à la demande une grande partie du XIXe siècle, elle semble désormais totalement inadaptée face à une criminalité en pleine mutation. Comme le rappelle un spécialiste en 1898[31] : « Ce qu'est notre police : un corps sans cohésion, sans hiérarchie, sans chef véritable, qui n'est au fond qu'un agrégat de petits groupes autonomes, agissant en un cercle restreint, sans solidarité, avec presque la haine du voisin [...]. Voilà le système qui a prédominé depuis la Révolution ». En effet, " la " police est alors constituée d'une nébuleuse de polices sans liens organiques entre elles, qui diffèrent par leurs statuts, leurs moyens, leurs effectifs, leurs ressorts, leurs recrutements, leurs missions[32].

---

30. Avocat général Drioux, *Revue Pénitentiaire*, 1908, pp. 343-44.

31. V.A. Strauss, *Des autorités investies d'attributions de police*, 1898, p. 133.

32. Pour avoir une vue synthétique de la nébuleuse policière qui caractérise la France jusqu'en 1941, V. tableaux pp. 36-37 in J.-M. Berlière, *Le Monde des polices en France, 19e-*

Entre des polices municipales aux effectifs souvent insuffisants et sans droit de suite, une gendarmerie accaparée par ses multiples missions et notamment le maintien d'un ordre particulièrement troublé[33], une « police des chemins de fer » [34] entièrement occupée par ses missions de surveillance politiques[35], c'est bien comme le proclame, en 1906, le nouveau ministre de l'Intérieur Georges Clemenceau, « la police des délits et des crimes, protectrice de tous les citoyens [...] la seule qu'une démocratie puisse avouer », qui est « trop manifestement insuffisante.[36] » Un constat qu'il illustre lui aussi par des statistiques qu'il juge accablantes : celles des affaires classées sans suite ou suivies de non-lieu qui représentent un pourcentage croissant. « En 1896, le nombre des détenus était de 43 448. En 1905, il n'est plus que de 23 393, il en résulte au budget une très appréciable économie. Mais cette économie est-elle le résultat d'un abaissement de la criminalité ou d'une insuffisance de la répression, voilà ce qu'il faudrait savoir. A la question ainsi posée les statistiques du ministère de la Justice fournissent la réponse. En 1896 nous trouvons en effet 87 073 affaires criminelles et correctionnelles dont les auteurs sont restés inconnus et sur lesquelles il n'y a même pas eu d'instruction tandis qu'en 1904 [...] il y a eu 103 419 crimes ou délits dont les auteurs, faute d'une police efficace, échappent à toute répression, 19 055 détenus en moins, mais 16 347 impunis en plus, inutile d'insister sur la démonstration ».

Un constat de la faillite policière et de son impuissance qu'il devait reprendre et développer à la Chambre, le 28 février 1907, dans un débat consacré à une insécurité qui interpelle tous les députés pressés d'agir par des électeurs angoissés. Ce jour-là, répondant à une interpellation de plusieurs

---

20e siècles, Bruxelles, Complexe, 1996 et J.-M. Berlière, R. Lévy, *Histoire des polices en France de l'Ancien Régime à nos jours*, Nouveau Monde éditions, 2011.

33. Les « inventaires » consécutifs à la loi de séparation des Églises et de l'État, l'agitation sociale qui accompagne les premiers 1er mai et la revendication des « 8 heures », la crise viticole du midi, les grandes grèves comme celle du bassin minier du nord de la France, ne sont pas sans conséquences sur la criminalité. On a pu avancer avec quelque vraisemblance que l'impunité dont bénéficièrent trop longtemps les « bandits de Hazebrouck » tint à la mobilisation des brigades de gendarmerie par la grève des mineurs consécutive à la catastrophe de Courrières. Sur la crise « policière » que traverse alors la gendarmerie, V., J.-M. Berlière, "La gendarmerie en question au début du XXe siècle", in J.-N. Luc (dir.), *Gendarmerie, Etat et société au XIXe siècle, Paris,* Publications de la Sorbonne, 2002, pp. 101-116.

34 Sur la Police des chemins de fer, V. J.-M. Berlière, "La naissance des Renseignements généraux", *Historia*, n°585, septembre 1995, pp. 60-65.

35. V. par exemple, le témoignage d'un policier spécial, Jean France : *Ligues et complots (30 ans à la rue des Saussaies)*, Paris Gallimard, 1931 et *Souvenirs de la Sûreté Générale. Autour de l'affaire Dreyfus*, Paris, Rieder, 1936.

36. Discours de Draguignan, 14 octobre 1906, cité in *Revue Pénitentiaire*, juillet/octobre 1906, p. 1133.

élus[37] qui dressent un bilan désolant de l'état d'insécurité de leurs départements, le président du Conseil, interrogé sur les mesures que le gouvernement compte mettre en oeuvre « pour remédier à l'insécurité croissante des villes et des campagnes », commence par abonder dans leur sens : « Il n'est pas douteux que la police judiciaire soit absolument insuffisante en France et qu'il se produise sur l'ensemble du territoire un très grand nombre de crimes et de délits qui ne sont pas réprimés » [38]. Dans un contexte extrêmement favorable, appuyé par des députés quasi unanimes[39], il annonce une réforme essentielle de la sûreté générale par la création d'une police judiciaire spécialisée, centralisée, mobile et à large ressort disposant d'un fichier central des criminels et de bulletins de recherches hebdomadaires diffusés dans toute la France. Ce sont les « Brigades Mobiles Régionales de police judiciaire »[40] mises en place en 1907-1908 par Célestin Hennion[41] qui allaient remplir cet office et mettre un terme à la faiblesse de la police judiciaire dans les campagnes.

Outre la recherche des auteurs de crimes et de délits, on leur imposa d'autres missions propres à rassurer les habitants de campagnes « menacées » par les errants et nomades.

Une circulaire du commissaire Jules Sébille, devenu Contrôleur général des recherches, rappelait, dès le 27 juillet 1907 que « les bandes de nomades désignées sous le terme générique de romanichels [...] sont trop souvent composées de malfaiteurs ». En conséquence, il invitait « de la façon la plus pressante » les policiers des futures brigades mobiles « à exercer, à l'égard de cette catégorie de gens sans aveu, la surveillance la plus active, et à profiter de toutes les occasions qui se présenteront pour les identifier ». C'est par une circulaire conjointe du 4 avril 1908 du garde des Sceaux et du ministre de

---

37. Henry Cochin et l'abbé Lemire pour le Nord, Georges Berry pour Paris, Monsservin pour l'Aveyron.

38. *JO, Débats, Chambre*, 1er mars 1907, p. 507 et s.

39. « Notre système de répression est archaïque, préhistorique [...]. Il faut une police judiciaire, une police faite pour la poursuite habituelle des coquins [...]. S'il faut dépenser de l'argent pour les réprimer, nous sommes prêts à voter les crédits nécessaires [...] et les contribuables ne s'en plaindront pas » (Cochin, député du Nord, *JO*, 1er mars 1907). « C'est très bien d'arrêter les gens quand ils ont commis un crime, mais ce serait mieux de prévoir les agressions. Je demande une police qui agisse avant de laisser l'attaque se produire » (Georges Berry, député de Paris, *Ibid.*)

40. Sur la création des Brigades mobiles régionales de Police judiciaire et le mythe qui va les entourer, V. J.-M. Berlière et R. Lévy, *Histoire des polices de l'Ancien régime à nos jours*, Nouveau Monde éditions, 2011, pp. 109-124.

41. Sur cette figure captivante et essentielle d'une « police républicaine » en construction, on se reportera à J.-M. Berlière, La Naissance de la police moderne, Perrin/Tempus, 2011, pp. 349 sq. et à J.-M. Berlière, « La carrière exceptionnelle d'un commissaire spécial dans la IIIe République : Célestin Hennion » in D. Kalifa et P. Karila-Cohen (dir.), *Le Commissaire de police au XIXe siècle*, Paris, Presses de la Sorbonne, 2008, pp. 173-191.

l'Intérieur qu'A. Briand et G. Clemenceau prescrirent aux policiers de brigades mobiles régionales de police judiciaire d'exercer une surveillance active sur les vagabonds et romanichels, et de photographier et identifier systématiquement – « chaque fois qu'ils en auront légalement la possibilité – les vagabonds, nomades et romanichels, circulant isolément ou voyageant en troupes » et d'envoyer les photographies et les notices d'identification établies selon la méthode anthropométrique, au Contrôle général des recherches judiciaires de la sûreté générale – ancêtre de la Direction de la police judiciaire – qu'Hennion était en train d'organiser.

Ces brigades mobiles régionales de police judiciaire furent unanimement saluées par la presse, le monde policier et judiciaire comme un progrès décisif, une réussite exemplaire. Les seules criti-ques qu'on adressa à cette création qui, selon le Dr Locard, préfigurait la « police de l'avenir », concernèrent leur rattachement à la direction de la Sûreté générale, donc au ministère de l'Intérieur. Certains plaidèrent pour que la police judiciaire, bras armé, auxiliaire et instrument de la justice mise en œuvre par les parquets, soit directement rattachée à la Justice et placée sous la direction du garde des Sceaux.

On le sait, ce rattachement, sorte de serpent de mer de la réforme policière, ne fut jamais réalisé. Mais alors que le débat sur la peine et son sens continuait, alors qu'il semblait manifeste aux spécialistes que la prison, clé de voûte du système pénal au XIXe siècle, avait échoué et constituait même une cause essentielle de cette récidive qui inquiétait tant, ce fut l'administration pénitentiaire qui changea de ministère et passa de l'Intérieur à la Justice : coïncidence, compensation, ballon d'essai ?

2

L'administration française en 1911 : un état des lieux

par Pierre Allorant

La France est en 1911 une grande puissance mondiale et une nation qui doute d'elle-même. Profondément divisés par l'affaire Dreyfus, ce moment de vérité sur l'identité de la France, les citoyens goûtent l'entrée dans la culture de masse et la civilisation des loisirs avec la fierté de la réussite de l'Exposition universelle. Née par défaut d'une impossible restauration monarchique, la Troisième République s'est enracinée, a surmonté les vagues de contestation antiparlementaire et mobilise autour des valeurs de 1789 les milieux de libres penseurs où se côtoient tant de fonctionnaires progressistes, radicaux et socialistes, également présents à la Ligue des droits de l'homme qui a l'ambition, selon son fondateur Trarieux, d'être à la fois un « super-ministère de la Justice » et le « commencement d'organisation de la conscience de la démocratie ». La *République des camarades* brossée par Robert de Jouvenel en 1908, dans laquelle les Églises, séparées de l'État, sont reléguées dans la société civile et le for privé, se préoccupe d'abord de la Représentation proportionnelle à la Chambre, pour sortir des « mares stagnantes » du clientélisme local d'arrondissement, sachant que l'alternance au profit de la droite est impensable, la légitimité républicaine étant le monopole de la gauche laïque au Parlement. Dans l'opinion, la publication de *La Dépopulation de la France* de Bertillon relance le débat sur les allocations familiales, avec l'obsédante comparaison franco-allemande qui joue aussi au niveau d'un retard industriel masqué par le dynamisme français dans les secteurs de pointe, du cinéma à l'automobile en passant par l'aéronautique, même si le départ du raid Paris Madrid en aéroplane provoque la mort accidentelle du ministre de la Guerre. Deux thèmes dominent : la question sociale et la montée des périls coloniaux et européens.

L'administration caractérise à la fois l'action de gérer les affaires publiques, de conduire, diriger, mener et réglementer, et les services publics destinés à satisfaire les besoins collectifs des administrés. Maurice Block dans son classique *Dictionnaire de l'administration française* définit l'administration comme « l'ensemble des services publics destinés à concourir à l'exécution de la pensée du gouvernement et à l'application des lois d'intérêt général »[1].

De quoi l'État tient-il lieu en France, y a-t-il une spécificité liée à la Révolution, à la disparition de l'aristocratie et des corps intermédiaires ? Les lieux de l'État, lieux communs et lieux de pouvoir, de culture et de mémoire, jouent-ils le rôle de moule de la vie nationale ou bien l'administration est-elle obnubilée par ses problèmes internes d'organisation, la réglementation des états de services des fonctionnaires ? Existe-t-il un « moment 1911 » pour l'administration française, moment où s'imposerait l'idée d'un État républicain qui n'hésite pas à intervenir pour donner un contenu réel aux droits et améliorer le sort des plus défavorisés par la progressivité fiscale.

« Nous n'avons pas d'État. Nous avons des administrations » affirme Anatole France dans l'*Anneau d'Améthyste* en 1899 en pleine affaire Dreyfus. À la Belle Époque, on estime même qu'il n'y a pas d'administration, il n'y a que des ministères, séparés en concours et en corps. L'unité administrative que conçoit la pensée libérale entre en contradiction avec la diversification des fonctions et des interventions de l'État et avec l'affirmation des corps de fonctionnaires techniques spécialisés. Avec les lois de décentralisation de 1871 et 1884, les administrations départementales et communales sont dépassées par la complexité des problèmes sociaux, économiques et juridiques à régler. Les dossiers remontent aux ministères, renforçant la centralisation au détriment du contrôle unitaire déconcentré de l'administration préfectorale. La dérive vers un pouvoir administratif non démocratique est d'autant plus menaçante en l'absence du contrepoids d'un exécutif présidentiel fort ou d'un Parlement apte à contrôler l'appareil d'État et ce malgré le contrôle de légalité assuré par la juridiction administrative. L'échec des projets de statut général de la fonction publique relance la revendication syndicale afin d'échapper à l'arbitraire et au favoritisme, pendant que la contestation des excès de la centralisation alimente la critique des préfets et des départements et la demande d'une régionalisation.

1. Maurice Block, *Dictionnaire de l'administration française*, Paris, Berger-Levrault, 1877, p. 15.

1. – État des lieux des services de l'État en 1911 : L'héritage consulaire réduit aux acquêts républicains

Le déploiement des services publics à la Belle Époque

Au cours du XIXe siècle, les progrès du parlementarisme trans-forment l'administration napoléonienne : pendant que l'accroissement du nombre de ministres et de sous-secrétaires d'État consolide les majorités gouvernementales, les cabinets ministériels se développent et se politisent, deviennent un tremplin pour l'obtention d'une préfecture et l'entrée au conseil d'État ; en province, l'élection des conseils généraux et municipaux renforce les grands notables qui s'appuient sur le cumul de leurs fonctions locales et de leurs mandats nationaux pour peser sur les préfets et relayer à Paris les dossiers d'intérêt départemental. En contrepartie, l'administration supérieure devient très perméable aux interventions et recommandations. L'absence de statut protecteur, dénoncée par Vivien dès 1845, laisse libre cours au népotisme, à l'arbitraire de l'avancement et aux épurations jusqu'en 1879, principalement dans le corps préfectoral et la police, mais la magistrature n'est pas à l'abri en dépit du principe d'inamovibilité. En outre, l'échec des projets de création d'une école d'administration sur le modèle de l'X ou des Ponts, en 1814 avec Stendhal puis en 1848 avec Carnot, maintient la balkanisation du recrutement des hauts fonctionnaires par ministère. La débâcle de 1870 est attribuée aux carences de l'instruction et de l'administration françaises ; la volonté de réagir et de régénérer la nation aboutit à fonder l'École libre des sciences politiques en 1872, fondée sur des conférences de méthode à l'allemande pour préparer en commun les jeunes élites aux concours des grands corps de l'État ; la création après 1871 de la commission de révision des services administratifs est chargée de dresser le bilan de l'administration impériale, à la fois état des lieux et réquisitoire.

Le contexte social est marqué par la montée des revendications syndicales et des grèves, la répression de la grève des cheminots par Briand succède la répression des manifestations vigneronnes dans l'Aube, renforçant une instabilité ministérielle qui contraste avec la longévité successive de trois ministères en une décennie : Waldeck-Rousseau, Combes et Clemenceau avaient chacun bénéficié de trois ans, Briand, Monis, Caillaux et Poincaré se succèdent entre novembre 1910 et janvier 1912. Enfin, l'arrière-plan international est marqué par la montée des tensions franco-allemandes imbriquées aux affaires coloniales du Congo au Maroc où Lyautey sert de modèle d'administrateur-bâtisseur[2].

---

2. Dans une conférence donnée aux jeunes élites de Sciences Po en 1912, Lyautey escompte « l'éclosion rapide de toutes ces œuvres économiques : ports, routes, chemins de fer et, à côté d'elles, des œuvres civilisatrices, écoles, formations hospitalières, qui ont sur les

Le développement des services de l'État amorcé sous le Second Empire s'accentue sous la Troisième République dans les Postes et télégraphes, la Police, l'administration coloniale et l'Instruction publique ; l'effectif des services publics double de 1870 à 1911 et parmi les 450 000 fonctionnaires civils, le tiers relève de l'Instruction publique (plus de 120 000 maîtres d'école) et un quart des Postes, avec une ouverture à la féminisation qui représente un quart des petits fonctionnaires ; particulièrement dans les départements dépourvus d'industrie, devenir fonctionnaire apparaît comme une voie sûre et d'ascension sociale ; toutefois, en dépit de leurs valeurs communes laïques, les petits fonctionnaires éprouvent une dégradation de leur situation matérielle et réprouvent tout à la fois les vexations de la hiérarchie et les interventions des élus. Les « ronds de cuir » mal payés, peu responsabilisés mais bénéficiant du privilège d'une pension de retraite depuis 1853 constituent le socle des petits fonctionnaires, très peu modifié depuis 1870. Déjà pour Balzac, « où finit l'employé commence le fonctionnaire, où finit le fonctionnaire commence l'homme d'État ». Si les postes de fonctionnaires suscitent le désir des couches populaires, la frugalité des traitements provoque en 1911 une véritable crise de recrutement, à l'exception des concours de l'agrégation. Un tiers des traitements sont inférieurs à 1 000 francs par an, la moitié se situe entre 1 000 et 2 000, mais avec le droit à l'avancement et à une pension de retraite depuis 1853. Les 3 000 hauts fonctionnaires perçoivent des revenus comparables à l'indemnité de député (9 000 F), d'autant plus confortable qu'ils sont complétés par les intérêts de la fortune : les hauts fonctionnaires parisiens (très majoritaires à la Cour des comptes et au Conseil d'État) disposent en 1911 d'une fortune moyenne de 431 000 F, qui rapporte du 5%, soit plus de 20 000 F annuels.

L'édification des « palais scolaires » couplés au village avec l'hôtel de ville, des écoles normales au chef-lieu[3], l'achèvement de la révolution ferroviaire par le plan Freycinet de lignes secondaires d'intérêt local, l'entretien par les collectivités du maillage très dense de chemins et de routes, le trafic intense des omnibus et tramways urbains, tout cela manifeste le déploiement sur le territoire national d'une administration unifiée et identifiée par des lieux de pouvoir et de savoir, des préfectures aux lycées et universités, et par des hommes, agents de l'État ou élus : le préfet, le recteur, le maire, l'ingénieur des ponts et chaussées, l'institutrice et la dactylo, le cantonnier.

---

indigènes une si rapide influence. Tout ce qui développera le commerce, le bien-être, sera l'adjuvant le plus efficace de l'œuvre militaire que nous avons à accomplir ». Henri Lyautey, conférence donnée le 21 décembre 1912 à l'École libre des sciences politiques, cité in *Paroles d'action*, Paris, Colin, 1927, p. 73-74.

3. « Nos jeunes maîtres étaient beaux comme des hussards noirs. [...] Ils étaient toujours prêts à crier *Vive la République !* – Vive la nation, on sentait qu'ils l'eussent crié jusque sous le sabre prussien ». Charles Péguy, « L'argent », *Les Cahiers de la Quinzaine*, janvier 1913, p. 30.

Scènes de la vie administrative de province : des circonscriptions et des hommes

Le travail du sous-préfet : élections, bureaux et recommandations

La correspondance privée éclaire d'une lumière originale le travail administratif. La mission du sous-préfet apparaît moins sous l'angle habituel de l'avocat-conseil des maires ruraux que sous celui, également traditionnel, de metteur en scène de bonnes élections pour le notable gouvernemental, donc radical, de l'arrondissement, mais aussi comme le relais des demandes d'intervention et le coordonnateur de l'activité des bureaux, en phase de formation active, de noviciat administratif préfectoral. Ainsi le sénateur de la Haute-Saône et maire de Rioz, Jules Jeanneney, qui vient de refuser à Monis d'entrer dans son gouvernement comme garde des Sceaux[4], écrit à son beau-frère André Jozon, secrétaire général à la préfecture de Dijon pour le féliciter de « prendre de plus en plus de goût au fur et à mesure (qu'il) pénètre davantage les recoins de l'administration ». Il lui souligne le « milieu exceptionnellement favorable à cet égard » dans lequel il se trouve, ayant « sous la main la doctrine et le fait »[5].

Ces conseils de prudence sont encore redoublés en matière électorale. En poste quelques mois auparavant à la sous-préfecture de Vitry-le-François, Jozon demande à son beau-frère des renseignements sur les protagonistes de l'élection législative dans son arrondissement. Radical, Jeanneney consulte sa collection dépareillée des bulletins du Comité de la rue de Valois afin d'y trouver la liste des membres de la commission exécutive, mais il se refuse à aller la demander sur place, soucieux de ne pas attirer l'attention par une telle démarche sur l'élection de Vitry[6]. Le quotidien d'un fonctionnaire préfectoral

---

4. « Aussi convient-il de féliciter le bébé lui-même, dont la présence opportune empêcha M. Jeanneney d'aller se fourrer dans cette galère ». Franc-Nohain, « Papa », *Écho*, le 3 mars 1911.

5. « Il est superflu de te dire que l'étude doit toujours précéder l'action et dans chaque cas particulier se hausser au point de vue général, se garder surtout des décisions rendues seulement sur son impression ». Le parlementaire expérimenté se félicite des fréquentes absences du préfet de Côte-d'Or, opportunité pour le secrétaire général de « jouer un très grand rôle. Commence-le modestement, avec précaution, par petites tâches successives, en faisant approuver toujours par ton préfet les décisions que tu as à prendre en son nom », en particulier sur le statut des bureaux. Lettre du sénateur Jules Jeanneney au secrétaire général de la préfecture de Côte-d'Or, André Jozon, le 3 décembre 1911. Fonds privé Jean-Pierre Jozon.

6. « Ce qui ne serait bon pour personne. Tu as à Vitry une situation électorale telle que tout te conseille de ne pas entreprendre de la conduire. Outre que ce serait sortir de ta fonction, il y a depuis dix ans partie liée entre Handos et les hommes politiques de la région. Il ne faut pas s'attendre qu'ils le désavouent, et se désavouent ainsi eux-mêmes, tant que la

est également rythmé par les demandes d'intervention et les recommandations, échanges de bons procédés qui servent au déroulement de la carrière, particulièrement quand le bénéficiaire appartient par sa famille au corps préfectoral. L'appui sur place du sous-préfet vient ancrer et conforter l'intervention en haut lieu du parlementaire auprès du ministre, son collègue[7].

Un débat récurrent : suppression du corps préfectoral et régionalisation

Dans le débat récurrent sur la suppression des préfets, l'institution se défend contre les attaques de publicistes. Henry Chardon, maître des requêtes au Conseil d'État, préconise la suppression des « pachas » que seraient devenus les préfets, englués sous un flot de circulaires ministérielles, transformés en informateurs sur les agents subalternes et cependant seules véritables autorités du fait de l'instabilité ministérielle[8]. Gaston Jèze dans un article retentissant publié en 1911 dans la *Revue de droit public et de la Science politique* oppose le maintien des préfets à la démocratie : « Ceux qui étudient de près, dans les faits et pas seulement dans les livres, l'institution préfectorale, sont d'accord pour dire que les préfets de la Troisième République sont les dignes successeurs des préfets du Premier et du Second Empire. Ils continuent la tradition. Comme leurs devanciers, les préfets du XXe siècle sont les ennemis naturels des libertés politiques. Et je crois bien qu'il n'y aura en France de liberté politique complète que le jour où les préfets seront supprimés ». Quant aux sous-préfets, leur suppression pour leur prétendue inutilité est votée en 1886 et 1906 à la Chambre, mais repoussée par le Sénat, sensible à leur rôle de conseil, de soutien humain et juridique aux maires ruraux, fonction sociale et de proximité défendue par ce corps par essence politique, mobilisé depuis 1879 par le ministère de l'Intérieur qui stimule articles de doctrine, thèses de droit et guides-formulaires rédigés par les sous-préfets. En revanche, les maillons faibles du système administratif local, les conseils de préfecture et les conseils d'arrondissement, s'avèrent difficiles à défendre et ils sont les premiers touchés par le décret Poincaré de 1926.

Toutefois, la persistance d'un sentiment de patriotisme provincial et surtout les nouvelles exigences économiques et de communication portent l'idée régionale autour de 1900, de socialistes tels Millerand ou Paul-Boncour aux radicaux de Clemenceau et aux conservateurs hostiles aux

---

réussite ne sera pas assurée ». Lettre du sénateur Jules Jeanneney à son beau-frère André Jozon, sous-préfet de Vitry-le-François, le 25 février 1910. Fonds privé Jean-Pierre Jozon.

7. Lettre de Jules Jeanneney à André Jozon le 20 août 1912 pour « intéresser le recteur au jeune Lallemand » et lui obtenir dans l'académie de Dijon un poste d'instituteur délégué dans une école primaire supérieure, section des sciences.

8. V. Henry Chardon, *Le pouvoir administratif*, Paris, Perrin, 1912, p. 265.

départements, fruits artificiels de 1789. Fondateur de la fédération régionaliste française, le poète en langue d'oc Charles Brun publie en 1911, juste après l'échec du projet Briand de création de régions, son ouvrage *Le régionalisme* qui ne se limite pas à préconiser un remodelage de la carte administrative ; il réclame une réforme vers l'autonomie régionale à travers des représentants élus et un transfert de compétences et de ressources. La lecture de la *Revue générale d'administration* illustre l'actualité du thème de la décentralisation en 1911 : elle consacre un grand dossier à la protection juridictionnelle des franchises locales contre les empiètements des agents centralisés par le publiciste Louis Le Fur. La chronique parlementaire commente la loi de finances qui dispose que le personnel des bureaux des préfectures et sous-préfectures est recruté exclusivement au concours[9]. Elle évoque la tenue du congrès de la fédération des maires et une étude comparée montre que « ce n'est pas en France seulement qu'il est question de la réforme administrative », puisqu'en Italie, le président du conseil Giolitti entend « introduire dans les rouages compliqués des diverses administrations plus de simplicité, d'activité et d'intensité de travail »[10].

2. – Un État sans statut : les lieux de l'État

Le contraste entre la stabilité des préfets consulaires et les variations du nombre et des attributions des ministères depuis Napoléon n'est pas directement imputable au changement de nature des ministres, devenus depuis la monarchie de Juillet un conseil collectivement responsable devant le Parlement en plus d'être un rouage administratif[11]. On distingue parmi les douze présents en 1911, les ministères régaliens les plus anciens (dans l'ordre protocolaire : la Justice, les Affaires étrangères, l'Intérieur, les Finances) des récents ministères techniques (la Guerre, la Marine, l'Instruction publique et les Beaux-arts, les Travaux publics, les Postes et Télégraphes, le Commerce et l'Industrie, l'Agriculture, les Colonies, le Travail et la Prévoyance sociale)[12]. Les premiers dépendent plus étroitement de l'orientation politique du gouvernement et leurs directeurs, souvent fils de hauts fonctionnaires, se recrutent parmi les membres des grands corps de l'entourage des parlementaires les plus puissants. Le ministère de l'Intérieur tentaculaire créé par le Consulat est progressivement délesté des missions techniques, économiques et sociales au fur et à mesure de la montée des préoccupations liées à la croissance urbaine, aux grands travaux ferroviaires

9. Loi de finances du 8 avril 1910 dans son article 101. *Revue Générale d'Administration*, tome II, mai à août 1911, p. 350.

10. Circulaire aux préfets du 14 avril 1911.

11. V. Henry Noël, « Les ministères, leur organisation, leur rôle ». *Revue Générale d'Administration*, 1911, tome III, p. 5-22.

12. Décret du 16 juin 1907 relatif aux cérémonies publiques, préséances et honneurs.

et à l'hygiène publique. La création d'un ministère du Travail et de la Prévoyance sociale répond en octobre 1906 au désir de l'État d'afficher à l'égard du monde du travail un « parti pris visible de cordialité et de sympathie »[13].

Au ministère de l'Intérieur, un règlement d'administration publique du 20 décembre 1910 détermine les conditions d'avancement et régi-me disciplinaire du personnel du ministère de l'Intérieur, les droits et sauvegarde des intérêts des agents.

Le ministère de l'Intérieur est profondément marqué par le passage de Clemenceau de mars 1906 à juillet 1909. Il s'entoure de grands préfets, tels Lallemand et Maringer, et nomme rapidement une commission de réorganisation de l'administration départementale : les conseils de préfecture sont réorganisés, les classes territoriales remplacées par des classes personnelles, et les honneurs et préséances accordent au corps préfectoral un rang prééminent[14]. L'association des membres de prévoyance et d'assistance des membres du corps préfectoral est fondée en décembre 1907 et s'intéresse principalement à l'entraide en matière d'allocation et de retraite. Monis amène avec lui place Beauvau en mars 1911 son collègue girondin Constant comme sous-secrétaire d'État. Il leur revient de réprimer les troubles de Champagne, les sous-préfectures de Bar-sur-Seine et de Bar-sur-Aube étant prises d'assaut à la suite du vote du projet de loi garantissant l'origine des vins de Champagne. Quand Caillaux s'attribue l'Intérieur fin juin 1911, il appelle Malvy à ses côtés, supprime la direction du personnel et revient sur la réforme Clemenceau de classes personnelles jugée trop onéreuse.

Joseph Caillaux relate dans ses mémoires son arrivée au ministère des Finances en 1906 : s'il redoute le « vent d'agitation » levé par les associations de fonctionnaires nées dans le sillage de la loi de 1901, il estime bon nombre de leurs revendications fondées, principalement sur les codes d'avancement et les conseils de discipline, les garanties des fonctionnaires contre l'arbitraire : « Maîtresse absolue la haute bureaucratie ne voulait rien céder de ses prérogatives d'autorité ». Avec le projet d'impôt sur le revenu, Caillaux entend « donner aux impôts existants une assiette uniforme, leur ajouter une taxe sur les revenus du travail », faire litière des privilèges, mais la réforme sommeille sur le bureau du Sénat jusqu'en 1914[15].

En réalité, la grande variation dans la composition des ministères ne concerne généralement que le ministre, et non l'organisation intérieure des services de l'administration centrale, les pratiques et la condition de leur

---

13. *La République française*, 31 octobre 1906.

14. Décret du 16 juin 1907. V. Pierre-Henry, *Histoire des préfets*, Paris, Les nouvelles éditions latines, 1950, p. 256.

15. V. Joseph Caillaux, *Mes Mémoires. I. Ma jeunesse orgueilleuse. 1863-1909.*, Paris, Plon, 1942, p. 238-250.

personnel. Dès 1871, l'Assemblée nationale a pris conscience des inconvénients de l'absence d'architecture de l'administration française. Parallèlement à la décentralisation départementale et sous la nécessité de réaliser des économies budgétaires, elle institue une commission de trente représentants chargée de la révision des services administratifs à travers l'examen, ministère par ministère, de l'état des lieux, en commençant par le ministère de la Justice.

Reprenant une aspiration déjà exprimée sous la monarchie de Juillet, les républicains souhaitent doter la France d'un régime juridique qui protège les agents de l'État de l'arbitraire du pouvoir politique tout en modernisant leur recrutement et leur formation[16]. La formation d'une fonction publique moderne nécessite à la fois de rompre avec les pratiques héréditaires et d'exiger lors du recrutement un titre universitaire probatoire de la capacité professionnelle future. Mandaté par Hérold, secrétaire général du Garde des Sceaux Crémieux, le gambettiste Paul Jozon est rapporteur de la commission qui commence ses opérations par l'examen du service central de la justice, consacrant onze séances à l'audition des chefs de service actuels et anciens et du ministre, remontant jusqu'aux projets de Peyronnet en 1825 et de Vivien en 1841[17]. Le rapport pointe les principaux vices d'organisation, les abus, et les réformes à opérer. Ainsi, les frais d'installation et de logement au ministère des familles du ministre, de son chef de cabinet et de son secrétaire général paraissent disproportionnés à l'intérêt général. Quant aux employés secondaires, trop nombreux, pas assez payés et peu considérés ils sont privés de responsabilité aussi bien que de mérite personnels, l'usage voulant qu'ils ne signent pas leurs travaux. Une telle absence de stimulation et de considération a pour conséquence une indifférence au travail dont ils sont « les premières victimes plus que les coupables ». En conséquence, la situation est très dégradée : la durée de travail effectif d'un employé sans contact avec le public ni avec sa hiérarchie est à peine de trois ou quatre heures par jour, la qualité étant « loin de compenser l'insuffisance de sa qualité ». Autre facteur clé de cette médiocre productivité, les modalités de déroulement de la carrière : recruté sur recommandations et « trop souvent par faveur », l'employé n'avance que par ancienneté. En outre, faute de moyen de récompenser le mérite, on crée un titre nouveau : « ce n'est pas l'employé qui est nommé pour remplir la place, c'est la place qui est faite

16. V. *Perspectives pour la fonction publique*, Conseil d'État, Paris, 2003, 222 p. René Grégoire, *La fonction publique*, Paris, A. Colin, 1954 ; Marceau Long, « La fonction publique républicaine », *Pouvoirs*, n° 100, décembre 2001. Serge Salon, « Le statut général des fonctionnaires, la longue marche du siècle », *Cahiers de la fonction publique*, janvier 2000. *Dix années de statut de la fonction publique*, actes du colloque du 28 avril 1994.

17. V. Paul Jozon, *Rapport fait au nom de la commission des services administratifs sur le service central du ministère de la justice*, Versailles, Imprimerie de Cerf, s. d., 31 p. Tiré à part de l'annexe n° 627 du *Journal Officiel de la République française* du 14 novembre 1871 (séance du 9 septembre 1871).

pour l'employé ». De là un état-major pléthorique et une inflation artificielle des tâches et de la correspondance de pure forme, avant tout pour donner une raison d'être à des postes inutiles. Tous ces maux sont encalminés par une inamovibilité de fait, un esprit de corps qui limite la sanction des fautes à de rares cas extrêmes. Cette impunité a pour revers une trop faible distinction des classes qui conduit à laisser croupir durant des années à des places d'expéditionnaires des docteurs en droit. Lorsqu'ils deviennent enfin rédacteurs, la routine des copies et du rangement de pièces leur a fait perdre le goût du travail : ils sont « moins capables d'exercer cette fonction qu'ils ne l'étaient lorsqu'on les a nommés expéditionnaires ». Enfin, la parcellisation des bureaux et l'isolement des services ont pour inconvénient de multiplier leurs effectifs par simple intérêt propre de division et d'engendrer des inégalités de traitement, d'avancement, de charge de travail tout en nuisant à la mobilité du personnel par excès de spécialisation.

Les réformes préconisées se limitent aux plus indispensables : la réduction du nombre d'employés, leur meilleure rétribution, préalables à l'exigence d'un doublement de la quantité de présence et d'activité fournie, soit sept et six heures par jour, à l'instar des chefs de service, précisément payés le double, placement de tous les employés d'une division dans une seule grande pièce sous la surveillance de leur chef dont le cabinet serait ouvert au public.

L'abandon du projet de statut des employés des administrations centrales

Concernant la simplification des carrières, les emplois gagneraient à n'être divisés qu'en deux catégories, ceux qui demandent des connaissances élémentaires évalués par un examen ; pour les autres qui exigent des études supérieures, le concours départagerait ceux dont la qualité des antécédents serait reconnue par le conseil d'administration, sur le modèle du ministère des travaux publics ; un stage dans les bureaux du ministère validant leur admission comme dans le système de la Prusse et du Wurtemberg. L'avancement, les gratifications et les sanctions ne seraient plus l'apanage du ministre, mais d'une commission de chefs de service qu'il présiderait, après réduction du nombre de services, uniformisation de leur organigramme et solidarisation de leur personnel et de leur budget.

C'est en tant que rapporteur du projet de loi relatif aux conseils d'administration et à l'état des employés dans les administrations centrales, que Paul Jozon ébauche un véritable statut de la fonction publique civile en 1873[18]. Parallèlement à l'étude des précédents, la commission puise ses propositions dans la consultation par la Société de Législation Comparée des

18. *Journal Officiel de la République française*, Assemblée nationale, 8 novembre 1873, annexe 1925, p. 6774.

réformes étrangères, allemandes, mais aussi américaines et pour le recrutement des employés du service des Indes britanniques. La méthode de concertation permet de saisir l'impossibilité pratique de passer à la toise des services aux exigences spécifiques. Toutefois, la commission estime envisageable une réglementation commune à condition de s'en tenir à une catégorie de fonctionnaires : les employés des administrations centrales[19]. Il s'agit de donner une consécration légale aux principes généraux qui tiennent aux conditions essentielles de l'administration. Ces règles communes comportent la généralisation de l'existence d'un conseil d'administration, sans aller jusqu'à lui accorder le contrôle de tous les actes ministériels. Ce conseil consultatif est accompagné d'une deuxième innovation : la division des employés en deux classes pour mieux attirer dans les administrations les « jeunes gens instruits et capables », recrutés exclusivement par concours, titularisés après une année de stage probatoire, en supprimant le surnumérariat et en uniformisant les règles d'avancement et de discipline. Toutefois, à partir du grade de sous-chef de bureau, la commission a reconnu l'intérêt de laisser au ministre la liberté de choisir à concurrence du quart des postes vacants, en devant rendre compte annuellement de son application devant l'Assemblée.

En 1873, une proposition de loi est présentée par le député gambettiste Paul Jozon ; la commission a travaillé sur « l'organisation des administrations publiques et l'état des employés », sur un statut général des fonctionnaires, mais la prudence conduit à s'en tenir dans un premier temps à une réforme limitée aux administrations centrales, en y instituant des conseils d'administrations, destinés à faire contrepoids à l'autorité du ministre et à établir des règles de recrutement et d'avancement de leurs employés. Le Conseil d'État émet un avis défavorable sous le prétexte de la diversité des occupations des employés et de l'incompatibilité avec le principe de responsabilité ministérielle, en réalité pour préserver l'autorité absolue des ministres. L'absence de statut permet aux Républicains de pratiquer des épurations massives de préfets et de magistrats après 1879.

Toutefois, le rapporteur général du budget de 1883, Alexandre Ribot, cofondateur avec Jozon, Dufaure et Laboulaye, de la Société de législation comparée, revient à la charge en obtenant de soumettre l'organisation centrale de chaque ministère à un décret rendu dans la forme d'un règlement d'administration publique[20]. En 1892, le ministère de la Justice consacre le tableau d'avancement, mais l'indépendance des magistrats reste médiocre avec l'opacité des critères d'avancement et de choix.

---

19. *Journal Officiel de la République française*, Assemblée nationale, 9 novembre 1873, annexe 1925, p. 6802.

20. Article 16 de la loi de finances du 30 décembre 1882.

Les principaux axes autour desquels devraient s'articuler la réorganisation administrative se dégagent avant 1914 : correction des excès de la centralisation par la déconcentration, amélioration de la formation et des protections statutaires des agents de la fonction publique et réflexions de Fayol sur la possibilité d'appliquer aux services publics les méthodes du privé[21]. Désormais, le sort d'un projet de réforme dépend aussi de sa réception par les syndicats de fonctionnaires, et partant de la formation de cette nouvelle élite de dirigeants ; ainsi l'union des associations professionnelles des administrations centrales reprend-elle à son compte en 1910 le projet d'École spéciale d'administration.

Démocratiser l'administration dans une République moderne

La sélection et la formation des élites contestées

Au sommet, une élite intellectuelle dégagée par l'Université et les grandes écoles trouve sa quintessence dans la fondation de Sciences Po par le saint-simonien Émile Boutmy avec pour objectif de « donner une tête à la masse », afin « d'assurer à la démocratie française des hommes capables d'en discipliner l'effort et d'en diriger les énergies au-dehors comme au-dedans ; à l'État des serviteurs aptes à en conduire tous les grands services ; il fallait dresser pour la France nouvelle des administrateurs, des financiers, des diplomates, des politiques et, si possible, lui élever des hommes d'État »[22]. De fait, l'École des sciences morales et politiques devient la pépinière de la haute fonction publique ; elle exerce un quasi-monopole du recrutement des grands corps, du Quai, du Conseil d'État, de l'Inspection des Finances et de la Cour des Comptes. Les jurys des concours apprécient moins l'abondance de connaissances que la clarté du raisonnement et du style de l'exposé, qualités auxquelles la formation générale et la culture distinguée du milieu familial préparent idéalement[23].

En 1899 est posé le principe général du recrutement par concours. À l'instar des autres corps de l'État, la magistrature instaure définitivement un concours d'entrée en 1906, substituant aux relations et à la fortune la vérification des compétences universitaires et professionnelles.

---

21. Des cercles de réflexion influents popularisent ces idées, telles les Unions pour la Paix sociale de Le Play dès 1881 ou « l'Union pour la Vérité » de Chardon, Millerand et Leroy-Beaulieu en 1907. Voir Legendre (1968), p. 59.

22. Anatole Leroy-Beaulieu, Discours du 12 janvier 1908 prononcé lors de l'inauguration du monument élevé à la mémoire d'Émile Boutmy, cité par Régine Pernoud, *Histoire de la bourgeoisie en France*, 2. *Les temps modernes*, Paris, Le Seuil, Points-Histoire, 1981, p. 466.

23. V. Cl. Des Portes, *L'atmosphère des Sciences po.* M Daumas et J. Payen (sous la direction de), *Les directeurs de ministère en France (XIXe-XXe s.)*, Genève, Droz, 1976.

Du droit d'association à la liberté syndicale ?

Des garanties jurisprudentielles ont déjà été acquises pour l'accès au dossier personnel, les sanctions disciplinaires et la révocation du fonctionnaire. L'hésitation sur la nature juridique de l'emploi public, statutaire ou contractuel, se double d'un débat sur l'application de la loi Waldeck-Rousseau aux fonctionnaires avec le rapport du député Jules Jeanneney, proche de Clemenceau. Sous l'influence de la mobilisation de l'affaire Dreyfus et de la loi sur les associations de 1901, la volonté de groupement en amicales professionnelles est encouragée comme dérivatif au syndicalisme qui « sent la poudre »[24]. La multiplication des mouvements de grèves de postiers et d'instituteurs pose la double question de la compatibilité du droit syndical et du droit de grève avec un statut commun protecteur à apporter aux fonctionnaires.

Si le droit à former des associations est reconnu aux fonctionnaires en 1904, l'accès au droit syndical pose problème étant donné la nature de l'emploi et des missions exercées. Le gouvernement dissout le premier syndicat d'instituteurs au nom du risque d'anarchie, mais ne peut empêcher la formation en 1905 d'une Fédération générale des fonctionnaires qui milite pour la péréquation des traitements des agents et l'uniformisation des règlements et envisage de s'affilier à la CGT. Niant la spécificité de la fonction publique, les syndicalistes exigent les mêmes armes que les salariés du privé et refusent tout statut octroyé. Alors que la puissance publique avait toléré les syndicats d'ouvriers des manufactures des tabacs ou des chemins de fer de l'État, la formation d'associations professionnelles de postiers ou d'instituteurs est considérée comme une menace pour les missions du service public. Le refus de Clemenceau en 1907 relance la revendication d'un statut législatif général protecteur, venant compléter la jurisprudence du Conseil d'État, avec les travaux du Comité d'études des associations de fonctionnaires dirigés par Demartial ; le projet Clemenceau-Briand de 1909 reprend les propositions Jozon de 1873, mais rien n'aboutit avant 1941. Quant aux fonctionnaires d'autorité que sont les préfets, une compensation à ce refus leur est donnée par la création de l'association d'assistance et de prévoyance du corps préfectoral, outil qui renforce l'esprit de corps tout en servant d'exutoire à l'expression d'un malaise face au sentiment d'une dégradation des conditions de travail[25].

---

24. V. Jacques Ozouf, *Nous, les maîtres d'école*, Paris, Julliard, 1967, p. 261.

25. Représentative de ce sentiment, la «note Butterlin» rédigée par un ancien sous-préfet de Coutances constitue une véritable synthèse des doléances de la base du corps. *Arch. Nat.*, F/1bI/865.

Le « pouvoir administratif » dénoncé

En 1911, Henry Chardon dénonce le dévoiement du conseil d'État dont la méritocratie est contournée par le tour extérieur. Le gouvernement bloque ainsi la carrière des auditeurs qui ne deviennent conseillers qu'à la cinquantaine, décourageant les jeunes d'entrer dans une carrière bouchée et mal rétribuée au départ[26]. Dans *Le pouvoir administratif*, ce haut fonctionnaire suggère de dissiper la confusion des rôles entre fonctionnaires professionnels et élus recasés dans l'administration : « dans une démocratie, un pouvoir administratif fort basé sur la compétence, l'honnêteté absolue et le dévouement, c'est-à-dire sur la sélection des meilleurs, doit exister nécessairement à côté du pouvoir politique basé sur l'élection », au contrôle duquel il est soumis. Son manifeste marque la prise de conscience des hauts fonctionnaires de leur légitimité technocratique au nom de la compétence, face à l'omnipotence parlementaire. Cette idéologie de grands commis de l'État irrigue l'ensemble des corps et des ministères et s'appuie sur le prestige de l'autorité de l'État, du savoir et de l'action dans l'intérêt général sans esprit de lucre. Les directeurs de ministère déplorent l'influence croissante du cabinet, trait d'union politique entre le ministre et les directions d'administration centrale à forte autonomie de gestion. La dérive de la recommandation et du clientélisme arrondissementier débouche sur le scandale des fiches, le « cabinettisme » qui gonfle les privilèges et intègre les conseillers dans les cadres à l'issue de leur mission. La loi de finances du 13 juillet 1911 s'inscrit en réaction en votant une limitation du nombre des membres des cabinets et des effets des « testaments ministériels » sur les promotions du successeur, trop souvent effectuées au détriment des droits des fonctionnaires de carrière.

Comme le relève André Siegfried, quand l'administration ne peut se passer de techniciens et devient industrielle, une confusion des personnels dirigeants se produit, « l'état-major » des inspecteurs des finances, conseillers d'État et X-Ponts rayonnant partout, des banques aux transports, l'interpénétration des secteurs public et privé s'accompagnant d'une camaraderie d'école mâtinée de réseaux partisans. La distribution des emplois publics peut parfois s'éloigner de l'idéal dressé par Dufaure : « donner les places au mérite et l'avancement au travail ».

Le travail, le mérite scolaire, l'égalité devant la loi, la laïcité, ce sont ces valeurs qu'exaltent le vice-président du conseil général des ponts et chaussées Marcel Jozon, frère de Paul Jozon, dans son discours de remise des prix à Rioz le 4 août 1912 : « Il y a quelques centaines d'années, quand la France comprenait encore des hommes de deux sortes, des roturiers et des

---

26. V. Henry Chardon, *L'administration de la France*, Paris, Perrin, 1908, p. 404. *L'organisation d'une démocratie, les deux forces, la nation, l'élite*, Paris, Perrin, 1921.

seigneurs, le travail était considéré comme dégradant et l'instruction comme chose secondaire, utile seulement aux roturiers, dont tous ici, je crois, nous descendons. Ceux qui ne savaient pas lire étaient souvent les premiers dans l'État, et leur mépris pour l'instruction s'affichait au grand jour »[27].

En 1911, le rattachement de l'administration pénitentiaire au ministère de la Justice a fait espérer que ces valeurs républicaines auraient dorénavant pleinement droit de cité en milieu carcéral. Accusé à tort du vol de la Joconde, « las de ce monde ancien », Guillaume Apollinaire est incarcéré et il écrit en prison en septembre 1911, avant d'être relaxé, le poème *À la Santé* inséré dans *Alcools* et publié à la *NRF* née en 1911 :

« J'écoute les bruits de la ville
Et prisonnier sans horizon
Je ne vois rien qu'un ciel hostile
Et les murs nus de ma prison
Le jour s'en va voici que brûle
Une lampe dans la prison
Nous sommes seuls dans ma cellule
Belle clarté Chère raison »[28].

Clarté, raison : des qualités qui devraient plus souvent présider aux réformes législatives, loin des « bruits de la ville », singulièrement en matière de politique et d'administration pénales[29].

---

27. Fonds privé Jean-Marcel Jeanneney.

28 Guillaume Apollinaire, « Alcools », *Œuvres poétiques*, Paris, Gallimard, NRF, Bibliothèque de la Pléiade, 1965, p. 145.

29 Jean Signorel, « Le crime et la défense sociale », p. 129-161, p. 278-303 et p. 405-429.

3

Les origines lointaines et proches du rattachement de l'administration pénitentiaire au ministère de la Justice

par Christian Carlier

La question du rattachement de l'administration pénitentiaire au ministère de la Justice, qui a fait l'objet de débats (politiques et doctrinaux) tout au long du XIXe siècle, avait été posée à l'occasion de toutes les réformes structurelles de l'administration pénitentiaire, jusqu'à ce qu'elle aboutisse, comme tombe un fruit mûr, en 1911.

Ce débat, autour duquel s'articule notre étude, est bien entendu lié à celui, toujours actuel, du rôle des magistrats dans la prison-institution et dans l'exécution de la peine. Le premier comme le second se structurent autour de conceptions divergentes du principe posé par Montesquieu de la séparation des pouvoirs.

À qui appartient le droit de punir, peut-on dissocier ce droit de son exercice ? Si ces questions expliquent le titre de l'étude, celle-ci n'a pas la prétention d'y répondre, mais seulement de lui donner un modeste éclairage en rappelant l'argumentaire des partisans et des adversaires du rattachement.

Le 13 mars 1911, le service des prisons, rattaché depuis la Révolution française au ministère de l'Intérieur, était transféré par décret au ministère de la Justice. En apparence, il s'agissait d'une banale décision administrative dictée par des motifs purement politiques, puisque le même jour, un sous-secrétariat d'État était créé à la Justice qui fut attribué à un député jusqu'alors obscur mais qui venait de rendre des services éminents au nouveau gouvernement qui se mettait en place.

Cet aspect anecdotique n'est pas négligeable, comme on le verra dans la première partie : « l'événement ». Mais cet « événement » était en gestation depuis de nombreuses années, la lutte pour le rattachement[1] ayant atteint sa première acmé au tout début de la IIIe République pour se continuer bien après 1911, provoquant des débats dont nous ferons état dans le troisième temps de cette étude, consacré aux grands débats, grandes réformes. Ces débats dépassèrent la simple question du rattachement pour s'entremêler avec ceux, autrement importants, qui portèrent sur les relations entre la magistrature et les prisons. Les magistrats considéraient que les prisons, qui avaient été sous leur contrôle dans l'Ancien Régime[2], devaient y revenir après que, tout au long du XIXe siècle, quand s'édifiaient une administration et un système des prisons, ils en avaient été écartés. On tentera d'examiner ce qu'il en fut dans notre deuxième partie : les origines du rattachement.

L'organisation de cette étude est donc simplement chronologique. Elle nous est apparue inévitable pour au moins deux raisons :
- le 21 mars 1911, le député Henry Chéron, défendant le rattachement à la Chambre, interrogeait en préalable à son rapport : « S'agit-il d'attribuer la direction des prisons à la magistrature ou de faire passer tous les services pénitentiaires, tels qu'ils sont constitués, d'un ministère à un autre, c'est-à-dire d'un rouage du pouvoir exécutif à un autre rouage du même pouvoir ? »[3] ; or, tous les partisans du rattachement s'accordaient à en espérer un surcroît d'intérêt de la part des magistrats à la principale conséquence de leurs décisions pénales, l'emprisonnement, quand ses adversaires y voyaient un empiétement sur un territoire, la prison, de plus en plus perfectionné et clos par leurs soins. Aussi, la querelle entre partisans et adversaires du rattachement fut-elle l'occasion, sinon le prétexte, du débat, fondamental, sur la place et le rôle des magistrats dans la prison, débat indissociable des importantes réformes qui intervinrent, après 1880, en matière d'individualisation des peines ;
- dans une perspective à plus long terme, le rattachement fut loin de marquer l'aboutissement d'un double processus ;
- d'assujettissement de l'administration pénitentiaire et de la prison à la magistrature ;
- d'individualisation des peines.

Au contraire, acquis près de cinquante ans auparavant, le rattachement devait se retrouver au centre des débats qui, après la Seconde Guerre mondiale, devaient aboutir, entre autres réformes, à l'institution des juges de l'application des peines. C'est dire que, par-delà l'événement, le continuum

1. Dans un souci d'alléger le texte, nous avons traduit : « rattachement » pour « rattachement de l'administration pénitentiaire au ministère de la Justice ».

2. Ce qui explique le terme de « rattachement » préféré à celui de « transfert ». Mais il est vrai aussi que le terme « attachement » eût été incorrect.

3. Chambre des députés, 2e séance du 21 mars 1911.

chronologique s'imposait. Néanmoins, il aurait été possible d'opter pour un plan plus thématique : le rattachement lui-même ; les relations entre les magistrats et la prison.

La démonstration y aurait gagné en clarté, et le principal écueil auquel nous nous sommes heurté aurait été écarté. Nous avons dû « sélectionner » les arguments développés par les partisans et les adversaires du rattachement en 1872, 1878, 1900 puis 1911, afin d'éviter de les répéter, ce qui enlève de la cohérence aux argumentaires successifs et surtout, gomme leur progression idéologique.

Nous avons préféré le réductionnisme à l'incohérence, pour avoir perçu, au fur et à mesure que nous progressions dans son étude, le rattachement comme étant en quelque sorte le « fil rouge » d'une véritable « révolution mentale », pour reprendre les termes utilisés par Robert Mandrou à propos des magistrats qui, au XVIIe siècle, dépénalisèrent la sorcellerie[4].

Une tendance irréversible, qui aurait pour effets le bouleversement de la perception de la délinquance et la transformation du rôle du juge, nous semble en effet, après 1870, avoir été impulsée, au moins dans un premier temps par les magistrats eux-mêmes, y compris ceux qui furent confrontés directement à la réalité de la délinquance. Cette « révolution mentale » est loin d'être aujourd'hui achevée. On ne fera, dans une quatrième partie, « Les suites et la portée du rattachement », qu'effleurer l'analyse de ses dernières traductions sur les plans pénal et pénitentiaire, soit les grandes réformes de l'après Seconde Guerre mondiale.

Nous ébaucherons, pour terminer, une réflexion sur le pourquoi de ce bégaiement de l'histoire pénitentiaire, quand les interrogations suscitées par la prison se renouvellent chaque lendemain d'une crise majeure dans l'histoire générale des hommes.

1. – L'événement (13 mars 1911)

Une péripétie « politicienne »

En 1911, plus que quadragénaire, la IIIe République a atteint sa pleine maturité, et avec elle son personnel politique. Cette maturité peut se résumer, se symboliser peut-être, dans les carrières politiques respectives d'un Clemenceau ou d'un Briand[5]. Celui-là a pris sa retraite de « tombeur de ministères » en devenant, après les élections législatives de 1906,

---

4. V. R. Mandrou, *Magistrats et sorciers en France au XVIe siècle : une analyse de psychologie historique*, Paris, Plon, 1968.

5. Pour l'ensemble de la période postérieure à l'Ancien Régime, nous nous sommes beaucoup appuyé sur la « Nouvelle histoire de la France contemporaine » dans la collection « Points Histoire ».

triomphales pour la gauche, ministre de l'Intérieur dans le gouvernement Sarrien avant d'accepter, en octobre de la même année, la présidence du Conseil, tout en conservant son portefeuille de l'Intérieur. Il devait s'y maintenir trois longues années, au cours desquelles il sut s'imposer, tant auprès des ministères (et parmi eux, de son département de l'Intérieur, et en son sein de l'administration pénitentiaire) que vis-à-vis des commissions parlementaires ; le rapporteur du budget pénitentiaire en 1907, Henry Chéron, que nous retrouverons en 1911 défendant le rattachement devant les députés, ne déclarait-il pas quatre ans plus tôt : « ce n'est pas à l'heure où M. le ministre de l'Intérieur accueille avec le plus grand empressement toutes les réformes proposées, qu'il serait convenable de distraire l'administration pénitentiaire de son département »[6].

Quant à Briand, il avait depuis longtemps oublié son passé de syndicaliste révolutionnaire, et sa carrière ministérielle était déjà étoffée quand il devint à son tour, en 1909, chef du gouvernement en même temps, lui aussi, que ministre de l'Intérieur.

Au début de 1911, le modéré Briand était toujours Président du Conseil ; de nouvelles élections législatives, intervenues en avril et mai 1910, avaient séparé pour longtemps les socialistes, isolés à l'extrême gauche, des radicaux : « républicains » et « réactionnaires » se trouvaient soudain plus d'affinités que de différences, le temps semblait révolu des grandes empoignades idéologiques. Commençait ce que le journaliste Robert de Jouvenel devait appeler « la République des camarades »[7].

Commençait surtout une ère de collaboration fructueuse entre les « techniciens » des ministères, qui n'étaient plus à guetter la « valse des étiquettes » et les responsables politiques quel que soit leur bord ; ceci n'est pas indifférent à notre propos.

En 1911, les problèmes extérieurs n'étaient plus (ou pas encore) prégnants, le « coup de Tanger » avait été réglé par la conférence d'Algésiras de 1906. Sur le plan intérieur, Dreyfus avait été reconnu juridiquement innocent cette même année 1906, le jugement de Rennes ayant été cassé sans renvoi par la Cour de cassation. Plus récemment, la grève des cheminots d'octobre 1910 s'était interrompue sans effusion de sang, à la grande satisfaction de Briand. Même la grande affaire de la séparation de l'église et de l'État paraissait susciter moins de passions.

Dans ces premiers mois de 1911, l'hémicycle était occupé à discuter du budget, ce qui laissait aux députés le loisir de se livrer aux escarmouches de la politique « politicienne » : déjà, en octobre 1910, les coups de boutoir des radicaux - qui disposaient de la part du pauvre dans le gouvernement Briand,

6. Chambre des députés, rapport n° 336 (1907).
7. V. R. de Jouvenel, *La République des camarades*, Paris, Grasset, 1913.

leur domaine réservé, le ministère de l'Intérieur, leur avait en particulier échappé - avaient conduit le président du Conseil à présenter sa démission au président de la République Fallières ; réinvesti en novembre, Briand avait dû s'entourer presque exclusivement de radicaux, et ses anciens ministres modérés, évincés, étaient devenus autant d'adversaires supplémentaires[8].

Les députés furent amenés à discuter du budget de l'administration pénitentiaire au cours de la séance du 24 janvier 1911 ; le rapporteur, Félix Chautemps, en profita pour plaider (une fois de plus, comme on le verra) le rattachement. Bien que la majorité de la Chambre y fût favorable, Briand écarta la proposition, arguant qu'il s'agissait là d'une question de fond qui ne pouvait être réglée au détour d'un banal débat budgétaire.

La question du rattachement était dans l'air depuis des années, mais ce n'est pas elle qui fit « tomber » Briand : l'estocade lui fut portée par un député radical, Louis-Jean Malvy[9], lequel, farouchement anticlérical, reprocha à Briand la reconstitution de congrégations enseignantes dissoutes (en même temps qu'il s'en prenait violemment à la magistrature !). Le 27 février 1911, sans même avoir été mis en minorité, Briand présentait sa démission.

Le soin de former la nouvelle équipe gouvernementale ne fut pas confié, comme on aurait pu s'y attendre, à un radical : le président de la République, fine mouche, ne voulut pas trancher entre le brillant Caillaux et le populaire Berteaux, et leur préféra le sénateur Monis (qui avait été le garde des Sceaux de Waldeck-Rousseau)[10].

Le « tombeur » Malvy ne fut pas oublié dans la distribution de la manne ministérielle : un décret du 2 mars 1911 le nomma sous-secrétaire d'État au ministère de la Justice. Un décret du 13 mars suivant vint préciser les attributions du nouveau sous-secrétaire d'État : il aurait à charge, avec pleine compétence, les services pénitentiaires, et devrait préparer les projets de loi relatifs aux justices de paix ainsi que les mouvements du personnel des juridictions cantonales, qu'il soumettrait au garde des Sceaux.

Par voie de conséquence, ce même 13 mars 1911 était promulgué le décret transférant du ministère de l'Intérieur à celui de la Justice la direction et les services extérieurs de l'administration pénitentiaire.

---

8. V. A. Milhaud, *Histoire du radicalisme*, Paris, Société d'éditions françaises et internationales, 1951.

9. Sur Malvy, voir J. Y. Le Naour, *L'affaire Malvy : le Dreyfus de la Grande guerre*, Paris, Hachette, 2007.

10. V. P. Sorlin, *Waldeck-Rousseau*, Paris, A. Colin, 1966.

Les débats à la Chambre : la formule prime le fond (21 mars 1911)

Parce que l'installation matérielle du nouveau sous-secrétariat d'État nécessitait une dépense supplémentaire, un projet de loi portant ouverture de crédits vint devant les députés. Son rapporteur, Henry Chéron, connaissait bien la question (pour avoir, on l'a dit, rapporté le budget pénitentiaire) et tenta d'amener la discussion sur le fond. Vainement, car le vrai débat fut esquivé, au cours d'une séance particulièrement houleuse[11], au profit de considérations tout à fait secondaires.

Même si la IIIe République avait compté 11 sous-secrétaires d'État à la Justice (le dernier, il est vrai, en 1883), le fait que le poste fût créé pour être confié à Malvy en récompense de sa participation éminente à la chute du gouvernement Briand fut l'occasion d'innombrables interruptions en forme de quolibets. Mais surtout la discussion tourna autour de la question, de pure forme, de savoir si le rattachement devait (aurait dû) se faire par une loi ou un décret.

Pour les partisans d'une loi, les prisons ayant été attribuées au ministère de l'Intérieur par une loi (du 10 vendémiaire an IV), elles ne pouvaient lui être retirées que par une nouvelle loi. Par ailleurs, des lois successives (de 1850 sur l'éducation et le patronage des jeunes détenus, de 1875 sur le régime des prisons départementales, de 1880 sur la répression des crimes commis dans l'intérieur des prisons, de 1885 sur la libération conditionnelle, de 1893 sur la réforme des prisons pour courtes peines) ayant expressément prévu l'intervention du ministère de l'Intérieur en matière pénitentiaire, seul le législateur pouvait lui retirer ces compétences.

Les tenants de la loi disposaient enfin d'un argument « de choc » : une loi de 1897 rendait le gardien-chef responsable du respect du délai de 24 heures pour conduire, dans le cas d'un mandat d'amener, le prévenu au palais de justice ; c'était là un moyen « de contrôle des erreurs ou de l'arbitraire qui pourraient s'introduire dans le fonctionnement de la Justice », c'était aussi « une garantie de la liberté individuelle », « un agent d'un ministère » (le gardien-chef) contrôlant « un agent d'un autre ministère » (*sic*) (le procureur).

Par ce biais, qui ajoutait à la confusion, était introduit le grand argument des adversaires du rattachement (sur lequel nous aurons l'occasion de revenir longuement), celui de la séparation des pouvoirs. Pour les défenseurs du décret de rattachement, le premier argument était d'ordre constitutionnel, l'article 3 de la loi constitutionnelle du 25 février 1875 chargeant le président de la République de nommer à tous les emplois civils et militaires – c'est ainsi, entre autres exemples, que le ministère de l'Agriculture avait été créé

11. Chambre des députés, 2e séance du 21 mars 1911.

par décret, en 1881, ainsi que celui du Travail, en 1906. (En vérité, l'argument était spécieux, la pratique ayant beaucoup varié en la matière : pour ne prendre qu'un exemple contraire, c'est une loi du 20 mars 1894 qui avait présidé à la création du ministère des Colonies).

Les partisans du décret n'eurent pas de difficulté à battre en brèche l'argument suivant lequel diverses lois visant les services pénitentiaires mentionnaient expressément le ministère de l'Intérieur : si tel était le cas, c'était parce qu'à l'époque où ces lois avaient été votées, les prisons étaient dans les attributions du ministère de l'Intérieur, mais jamais la compétence du ministre ne se justifiait sur le fond.

Enfin Chautemps, rapporteur du budget pénitentiaire de 1911, régla son compte à la thèse du gardien-chef institué le garant de la liberté individuelle au nom d'une mythique séparation des pouvoirs : la loi de 1897 ne faisait que préciser, rien de plus, les obligations respectives du procureur et du gardien-chef, et les pénalités découlant, pour l'un et pour l'autre, de leur non-respect.

Toutes ces discussions, comme on l'a dit, étaient de pure forme et constituaient, au mieux, un combat d'arrière-garde pour les adversaires du rattachement déguisés en partisans d'une loi ; ceux-ci, d'ailleurs, ne s'y trompaient pas : « nous sommes devant un fait accompli », avait regretté Lefebvre du Prey qui s'était fait à la Chambre le héraut des opposants au décret de rattachement.

De surcroît, le débat sur le rattachement n'avait aucune raison d'être, le gouvernement ayant annoncé son intention formelle de déposer un projet de loi pour mettre en concordance les divers textes concernés par le rattachement, ce qui fut fait par la loi du 13 juillet 1911 dont le projet avait été adopté sans résistance aucune à la Chambre le 13 avril précédent[12].

Ainsi, le simple effet de ricochet d'une opération purement politique (qui n'eut qu'un effet très provisoire, puisque Cruppi devenu garde des Sceaux à la place de Perrier le 27 juin 1911 supprima le sous-secrétariat d'État) a permis que fût opérée une réforme, on essaiera de le démontrer, d'une portée considérable et sur laquelle aucun gouvernement n'est jamais revenu depuis, à la triste parenthèse près de celui de Laval pendant la Seconde Guerre mondiale. L'anecdote n'en est pas moins intéressante en soi, ne ferait-elle que procurer un modeste éclairage sur les mœurs parlementaires de la IIIe République.

Car il est évident que le rattachement n'est pas intervenu ex abrupto : il est l'échéance d'un combat mené par une poignée de « bourgeois éclairés », souvent des magistrats ou d'anciens magistrats, « spécialistes » donc autant qu'« idéologues » mais aussi « philanthropes » (pour reprendre, faute de

12. Chambre des députés, séance du 13 avril 1911.

mieux, la terminologie trop restrictive des historiens de la prison), combat engagé dès les premières années de la IIIe République et mené sur tous les terrains (financier, juridique, social, moral voire philosophique), et tous azimuts (les instances politiques et administratives, scientifiques et religieuses, universitaires et internationales y participèrent)[13].

Plus profondément, le rattachement est aussi le produit d'une longue histoire, qui commence bien avant la révolution.

2. – Les origines du rattachement (Ancien Régime – 1870)

La magistrature et les prisons sous l'Ancien Régime

De la thèse pour le doctorat de Joseph Magnol, soutenue en 1900[14] jusqu'à (par exemple) une étude rédigée en 1970 et portant sur les « Problèmes actuels de l'administration pénitentiaire »[15], en passant par ce qu'il est convenu d'appeler la doctrine - citons parmi bien d'autres les ouvrages de droit criminel de Vidal[16] et de Donnedieu de Vabres[17], de droit pénal de Merle et Vitu[18], tous les auteurs s'accordent à définir les prisons et l'emprisonnement d'Ancien Régime, ainsi que leur rapport avec la magistrature de l'époque, dans des termes que nous empruntons à Magnol, celui-ci ayant le mérite de l'antériorité :

« Avant 1789, l'unité des services pénitentiaires n'existait pas plus que l'unité de juridiction. Le roi avait ses prisons, les seigneurs justiciers en avaient aussi, sans compter les officialités qui avaient également les leurs. Le mauvais état de ces établissements, qui n'étaient pour la plupart que des cachots insalubres, est trop connu pour y insister. C'est qu'une direction ferme manquait pour les administrer.

D'ailleurs à cette époque, l'emprisonnement n'était pas regardé comme une peine, au moins comme une peine de droit commun. La volonté du roi de France semble avoir toujours été de conférer à l'autorité judiciaire la direction des prisons »[19]. Les propositions de Magnol sont par ailleurs nuan-

---

13. V. en particulier les comptes-rendus de l'admirable colloque criminologique de Strasbourg des 21-23 novembre 1983, dans : « La recherche historique sur la criminalité et la justice pénale » (Strasbourg, 1984).

14. V. J. Magnol, *De l'administration pénitentiaire dans ses rapports avec l'autorité judiciaire et de son rattachement au ministère de la Justice*, Toulouse, V. Rivière, 1900.

15. V. A.M. Martinez et P. Moukadian, *Problèmes actuels de l'administration pénitentiaire* (mémoire pour le D.E.S. de droit public, 1970.

16. V. G. Vidal, *Cours de droit criminel et de science pénitentiaire*, Paris, Rousseau, 1901.

17. V. H. Donnedieu de Vabres, *Traité élémentaire de droit criminel et de législation pénale comparée*, Paris, Sirey, 1943.

18. V. R. Merle et A. Vitu, *Traité de droit criminel*, Paris, Cujas, 1967.

19. Nous juxtaposons là plusieurs phrases dispersées dans la thèse de Magnol.

cées bien plus que contredites par quelques-unes des hypothèses avancées par Michel Foucault dans son ouvrage *Surveiller et Punir* qui porte en sous-titre, faut-il le rappeler, *Naissance de la prison*[20].

En effet, selon Foucault, une révolution mentale et sociale s'est produite à la fin de l'Ancien Régime, qu'est venue avaliser la Révolution française ; à « l'éclat des supplices » s'est substitué l'emprisonnement-panacée, moyen parmi d'autres de « disciplinarisation » des classes dominées.

Il n'est pas dans notre propos de faire revivre ici toute l'histoire de la prison ; observons tout de même que des recherches historiques récentes nuancent et infirment même quelquefois les allégations de Magnol, et de tant d'autres à sa suite, exagérément réductrices[21]. Il y a lieu tout d'abord de rappeler que l'Ancien Régime, tel qu'il est habituellement chronologiquement délimité, a duré quelque trois siècles, quand 200 ans ne nous séparent pas encore de 1789 : il faut en conséquence se méfier de l'excès de « chronocentrisme ». Il s'agit ensuite de définir précisément les termes de la mise en perspective : la magistrature d'Ancien Régime peut-elle se comparer à celle du XIXe siècle ? Quelle était la place de l'emprisonnement dans l'arsenal répressif de l'époque ? De quoi était faite la « palette » carcérale ? Plus près de notre propos, qui contrôlait la prison, quels étaient les rapports de celle-ci avec la magistrature ? Et enfin, y a-t-il eu une évolution des textes, des institutions, des mentalités, sinon du « vécu carcéral » au cours des siècles d'Ancien Régime ?

Nous nous limiterons à reprendre presque terme pour terme les propositions de Magnol, dussions-nous y répondre de manière trop rapide pour ne pas dépasser le cadre étroit de la présente étude.

L'autorité judiciaire et l'unité de juridiction

À quelque point de vue que l'on se place, la magistrature d'Ancien Régime a peu à voir avec celle du XIXe ou du début du XXe siècle : les belles études de François Bluche[22] ont bien mis en valeur les différences entre l'une et l'autre, la première se caractérisant surtout par sa sélection selon un critère

20. V. M. Foucault, *Surveiller et punir. Naissance de la prison*, Paris, Gallimard, 1975.

21 N. Castan, *Justice et répression en Languedoc à l'époque des Lumières*, Paris, Flammarion, 1980 ; Collectif, *La Recherche historique sur la criminalité et la justice pénale : note du Secrétariat général préparé par la Direction des affaires juridiques, 6e Colloque criminologique, Strasbourg, 21-23 novembre 1983*, Strasbourg, Conseil de l'Europe, 1984 ; Perrot (Michelle) (sous la direction de), *L'impossible prison. Recherches sur le système pénitentiaire au XIXe siècle*, Paris, Éditions du Seuil, 1980 ; Petit (Jacques-Guy) (sous la direction de), *La prison, le bagne et l'histoire*, Paris, Librairie des Méridiens ; Genève, Médecine et hygiène, 1984.

22. V. F. Bluche, *Les Magistrats du Parlement de Paris au XVIIIe siècle (1715-1771)*, Besançon, Impr. Jacques et Demontrond, 1960.

exclusivement financier ou héréditaire (de par la vénalité des offices et des charges), par une absence presque totale de formation (juridique, et à plus forte raison spécifique), par l'extraordinaire disparité des conditions, donc des mentalités de ses membres (selon qu'ils appartinssent à une cour souveraine ou fussent juges seigneuriaux), quand les magistrats de 1911, par exemple, sont à bien des égards extraordinairement plus proches des magistrats actuels.

En fait, par « autorité judiciaire », Magnol entend les cours souveraines, c'est-à-dire les parlements. Or, si les parlements rendaient bien la justice en dernier ressort, ils disposaient surtout, ou les avaient accaparés, d'importants pouvoirs politiques et administratifs, ce qui les mettait en position permanente de conflit avec l'autorité royale. Parmi les innombrables arrêts du Conseil d'en-Haut (préfiguration du conseil des ministres) ayant pour objet le Parlement, celui du 21 avril 1718 constatait : « le Parlement a renoncé presque entièrement à rendre la justice pour s'occuper de l'examen ou plutôt de la critique des affaires du gouvernement »[23]. Aussi peut-on légitimement se demander si, dans leurs rapports supposés avec les prisons, les Parlements agissaient en tant qu'autorité judiciaire ou comme contre-pouvoir politico-administratif, le seul qui existât face à l'autorité royale.

Quant à l'unité de juridiction, si à la fin du Moyen-âge la justice était totalement accaparée par les particuliers et les « collectivités »[24], elle était en bonne voie d'être réalisée à la fin de l'Ancien Régime, surtout au criminel, grâce justement à l'action des Parlements. L'histoire de l'Ancien Régime est celle de son unification judiciaire autant que celle de son unification administrative : c'est ainsi que l'ordonnance criminelle de 1670 prévoyait le renvoi obligatoire en appel devant les cours souveraines de toute condamnation à peine corporelle, mort, galères, bannissement, etc.[25] ; que les juridictions municipales devinrent progressivement des juridictions de simple police ; que les officialités durent se limiter à ne prononcer de peines qu'en matière spirituelle et que les juges nommés par les seigneurs furent contraints d'être investis par les magistrats royaux[26].

Même si, comme de tous temps, les situations et les mentalités acquises le contrarièrent, quoiqu'il se heurtât à plus d'une politique d'expédients (telle la justice sommaire rendue par les prévôts des maréchaux, lesquels jugeaient

23. V. Bastard-d'Estang, *Les Parlements de France. Essai historique sur leurs usages, leur organisation et leur autorité*, Paris, Didier, 1857.

24. V. R. Doucet, *Les institutions de la France au XVIe siècle*, Paris, A et J. Picard, 1948.

25. V. G. Du Rousseaud de La Combe, *Traité des matières criminelles suivant l'ordonnance du mois d'août 1670*, Paris, T. Le Gras, 1751.

26. V. M. Marion, *Dictionnaire des institutions de la France aux XVIIe et XVIIIe siècles*, Paris, A. Picard, 1923.

sans appel, peine de mort comprise)[27], un courant unificateur puissant traversa tout l'Ancien Régime, assorti d'une incontestable tendance vers l'adoucissement des pénalités.

L'emprisonnement n'était pas regardé comme une peine, les peines étaient autant de cachots insalubres

Le fait que l'emprisonnement ne fût pas une peine ne l'empêchait pas d'exister :
- à titre préventif, bien sûr, les prisons, ainsi que l'enseignait Bacquet vers 1580, ayant été introduites pour « la garde des malfaiteurs, non pas pour la punition d'iceux », encore qu'il arrivât fréquemment d'interner les prévenus chez des huissiers ou de leur « donner la ville pour prison »[28] ;
- comme moyen de contrainte par corps, les frais en étant à la charge des créanciers ;
- comme moyen d'attente ou de transfert avant le transport pour le bagne ou les galères, et le séjour pouvait y être long, de plusieurs mois, voire de plusieurs années[29] ;
- comme mode d'exécution d'une peine de substitution aux galères s'imposant à l'égard des femmes, des vieillards, des enfants, des malades – et la mesure devint d'autant plus extensive que le besoin économique et militaire en galériens se fit moins sentir ;
- et encore, au moins jusqu'à la fin du XVIe siècle, comme une véritable peine d'emprisonnement, qui pouvait être perpétuelle, prononcée par les juridictions ecclésiastiques[30].

Enfin, et surtout, l'emprisonnement fut de plus en plus utilisé sous forme de mesure administrative : c'était là un moyen de pallier les carences de la Justice, mais aussi celles de l'Église, l'hôpital général, et en son sein le quartier de force (on y incarcéra d'abord les prostituées, puis les condamnés de droit commun, enfin les criminels ayant échappé aux galères), était un mode d'enfermement, et plus explicitement encore les maisons de force et de correction, héritières elles aussi de l'hôpital général (créé à Paris par l'édit de 1656 dans un double but de laïcisation de l'assistance et de répression). On pouvait, de même que dans les prisons d'État, y être emprisonné pour une

27. V. N. Castan, *op. cit.*, 1980.

28. V. A. Esmein, *Histoire de la procédure criminelle en France et spécialement de la procédure inquisitoire, depuis le XIIe siècle jusqu'à nos jours*, Paris, L. Larose et Forcel, 1882.

29. V. Article « Prison », *Encyclopédie méthodique. Jurisprudence*, Paris, Panckoucke, 1786.

30. V. P. Fournier, *Les Officialités au Moyen-âge, étude sur l'organisation, la compétence et la procédure des tribunaux ecclésiastiques ordinaires en France, de 1180 à 1328*, Paris, Plon, 1880.

durée indéterminée et sans motif « pénal » sur simple ordre du roi, signé en blanc et abandonné à la diligence de la police.

Quant à l'état des prisons, on peut rappeler que Voltaire, dénonçant « les cloaques d'infection » qu'étaient les prisons, visait principalement les lieux de prévention, abandonnés à la charge des seigneurs et des municipalités qui s'empressaient de les affermer, en dépit d'édits répétés interdisant cette pratique. Par contre, les prisons royales (prisons d'État où l'on était détenu en vertu d'une « lettre de cachet », ou prisons de droit commun) furent l'objet d'une multitude d'enquêtes et de réformes visant à les améliorer, en particulier dans les dernières années de l'Ancien Régime[31]. À la Bastille, dans les prisons d'État et dans les maisons de force – dont la Révolution fit autant de symboles de l'arbitraire royal – les conditions d'incarcération étaient relativement douces, sinon confortables, pour qui disposait de moyens susceptibles d'améliorer l'ordinaire de la prison[32].

L'autorité judiciaire et la direction des prisons

Après ce long détour destiné à contrebalancer certains jugements trop péremptoires sur la justice et les prisons d'Ancien Régime, nous en arrivons à ce qui constitue notre véritable centre d'intérêt : les relations entre la magistrature et les prisons.

Le grand texte invoqué en la matière est l'ordonnance criminelle de 1670, qui prescrivait aux juges de réglementer les tarifs pour l'hébergement, les « cantines » (tenues par les geôliers) et les extraits d'écrou, et aux procureurs de choisir les fournisseurs du pain des prisonniers – mesure d'une importance vitale en ces temps d'alimentation précaire[33]. Mais surtout, l'article 35 de son titre XIII consacré aux prisons imposait aux procureurs de visiter les prisons une fois par semaine pour « y recevoir les plaintes des prisonniers » cependant que l'article 37 enjoignait aux juges de faire respecter le « présent règlement ».

L'ordonnance de Louis XIV avait été précédée d'une multitude de textes allant dans le même sens, dont le plus explicite est l'édit de Henri II prescrivant aux parlementaires de visiter 3 fois par an les prisons parisiennes ; elle fut suivie de non moins nombreuses prescriptions identiques, toutes visant à substituer, pour la surveillance des prisons, les juges royaux aux juges sei-

31. V. S. Demet, S. Merlat, *De l'enfermement à la détention : la prison à la fin du XVIIIe siècle et au début du XIXe siècle*, mémoire de maîtrise, Histoire, Paris 7, 1975.

32. V. J. Howard, *L'état des prisons, des hôpitaux et des maisons de force en Europe au XVIIIe siècle*, Paris, Éditions de l'Atelier, 1994 (1880), Traduction nouvelle et édition critique par C. Carlier et J.-G. Petit.

33. V. Anonyme, « Mémoire sur les prisons de Paris en 1644 », extrait du *Bulletin de la Société de l'histoire de Paris et de l'Ile-de-France*, 1892, Paris, Ludovic Lalanne.

gneuriaux. On peut en inférer que les juges et procureurs des bailliages comme des seigneuries se désintéressaient de la question, ce que confirment certains documents, en particulier la correspondance des intendants (ancêtres des préfets) qui furent amenés, dès la fin du XVIIe siècle, à porter de plus en plus d'attention aux prisons[34].

Par contre, les cours souveraines, et particulièrement le Parlement de Paris, considéraient la tutelle des prisons (ainsi que celle des établissements de charité) comme une de leurs tâches principales. Mais il s'agissait là d'une prérogative administrative plutôt que judiciaire : si le Parlement multiplia les arrêts portant règlement des prisons (surtout au XVIIIe siècle), d'un autre côté, l'obligation qui lui était faite d'inspecter les prisons, sans tomber totalement en désuétude, ne fut plus retenue qu'à l'occasion de visites toutes rituelles des prisonniers chaque veille d'assomption[35].

Ainsi, malgré les prescriptions formelles du pouvoir, les prisons échappaient aux juges, et plus encore l'exécution de la principale peine d'Ancien Régime restrictive de liberté, les galères, que Richelieu avait placées sous la dépendance du secrétaire d'État chargé de la Marine. Il n'existait pas alors de secrétariat d'État à la Justice, le Chancelier remplissant des fonctions éminemment politiques (il pouvait refuser de sceller édits et ordonnances). Il disposait de quelques attributions administratives, mais dans le seul domaine des belles-lettres et de l'éducation[36].

Ce qui ne signifie pas que les magistrats, principalement les parlementaires, se désintéressassent de la prison : ils s'en occupaient pour les raisons administratives que l'on a évoquées, mais ils étaient également animés de préoccupations philanthropiques (nombre de grandes familles parlementaires, les Lamoignon par exemple, œuvraient pour le soulagement des prisonniers) ou intellectuelles[37]. Malesherbes était parlementaire, qui diligenta la grande enquête sur les prisons des années 1770, comme l'était Servan, l'auteur de l'ironique et critique « Apologie de la Bastille »[38], comme l'était aussi celui, anonyme, du « Projet concernant l'établissement de nouvelles prisons dans la capitale » paru en 1776[39].

34. V. A.-M. de Boislisle, *Correspondance des contrôleurs généraux des finances avec les intendants des Provinces*, Paris, Imprimerie nationale, 1874, vol. 1, p. 32.

35. V. F. Bluche, *La Vie quotidienne au temps de Louis XVI*, Paris, Hachette, 1980.

36. V. M. Marion, *op. cit.*, 1923.

37. V. C. Bloch, *L'Assistance et l'État en France à la veille de la Révolution (généralités de Paris, Rouen. Alençon, Orléans, Châlons, Soissons, Amiens) (1764-1790)*, Paris, A. Picard et fils, 1908.

38. V. J.-M.-A. Servan, *Apologie de la Bastille pour servir de réponse aux Mémoires de M. Linguet sur la Bastille par un homme en pleine campagne*, A. Kehl, Lausanne, chez F. Lacombe, 1784.

39. Cité par C.-A. Dauban, *Les prisons de Paris sous la Révolution d'après les relations des contemporains*, Paris, Plon, 1870.

Ce regain d'intérêt pour les prisons manifesté par les magistrats au cours du XVIIIe siècle s'explique aussi en termes de rapport de force, non pas du fait des incessants conflits auxquels se livrèrent le pouvoir royal et les parlements (et qui se soldèrent toujours à l'avantage de ces derniers) mais, au niveau institutionnel comme sur le terrain, du fait de l'apparition de rouages nouveaux (on a déjà évoqué les intendants) qui accaparèrent les territoires que les magistrats avaient eu le tort de trop longtemps laisser en friches.

La prison fut l'un de ces territoires. Un édit de mars 1667 avait créé la charge de lieutenant général de police, charge distincte de celle de lieutenant civil de la prévôté de Paris (le Châtelet) dont le détenteur était un magistrat de l'ordre judiciaire[40].

Du fait de cette création, la police de la capitale, qui avait toujours incombé à la magistrature, lui était soustraite. Parmi ses importantes attributions, le lieutenant général de police avait autorité sur la Bastille, les prisons d'État et les maisons de force. Il se trouve que des hommes remarquables se succédèrent à la lieutenance de Police (La Reynie, d'Argenson, Sartine, Le Noir), qui tous exercèrent une vigilance rigoureuse sur les prisons et les prisonniers[41]. Grâce à eux, une direction des prisons parisiennes existait bien au XVIIIe siècle, et les détenus ne s'y trompaient pas dont toutes les plaintes s'adressaient au lieutenant de police, jamais aux parlementaires.

Cette direction, bien sûr, était exclusivement parisienne. Elle est l'ancêtre directe de la Préfecture de Police qui devait, au cours d'une grande partie du XIXe siècle, régir les prisons de Paris indépendamment des services du ministère de l'Intérieur. De plus, les lettres patentes du roi portant règlement pour la police des prisons attribuèrent, le 6 février 1753, le contrôle de toutes les prisons aux lieutenants généraux au détriment des lieutenants criminels. Ce texte précisait : « Il ne convenait pas que des officiers, qui ne sont établis que pour instruire et juger les affaires criminelles, eussent inspection sur des prisonniers dont les causes et procès ne sont pas soumis à leur juridiction ».

Il est vrai que les lieutenants généraux étaient aussi des magistrats. À l'occasion de la création de la charge de lieutenant de Police, un principe avait été posé : « les fonctions de la justice et de la police sont incompatibles », qui induisait que les prisons étaient l'affaire de la seconde au détriment de la première. La Révolution, qui fut principalement parisienne, ne devait pas innover en plaçant les prisons sous le contrôle du ministère de l'Intérieur.

---

40. V. M. Chassaigne, *La Lieutenance générale de police de Paris*, Paris, A. Rousseau, 1906 ; ainsi que V. Denis, Edit de mars 1667 créant la charge de lieutenant de police de Paris, *Criminocorpus, revue hypermédia*, mis en ligne le 1er janvier 2008.

41. V. R. Cheyper, *Recherches sur le procès des inspecteurs de police : 1716-1720*, Paris, PUF, 1975.

Ainsi, à la fin de l'Ancien Régime, les prisons étaient devenues sinon un enjeu, au moins un champ partagé entre la magistrature, chargée par les textes de leur contrôle mais qui, le plus souvent, s'en désintéressait, et des structures administratives récentes (intendants et lieutenant général de police) qui avaient su très vite faire la preuve de leur efficacité.

Le phénomène, d'ailleurs, ne fut pas limité aux prisons et quand Necker, en 1781, créa une « Inspection générale des hôpitaux et des maisons de force », il le fit dans le but « de rallier chaque direction particulière aux dispositions générales d'ordre et d'économie »[42]. Pointe là la grande question, qui absorbera la réflexion des 70 premières années du XIXème siècle, de l'unité administrative et de la centralisation du service des prisons.

Parallèlement, à partir du règne de Louis XVI, les prisons bénéficièrent de la tendance générale à l'adoucissement des pénalités : la question préparatoire (infligée dans le cours de l'instruction) fut abolie par la déclaration du 24 août 1780, l'année même où le roi reconnaissait : « la prison est l'école du crime », cependant que parmi les multiples édits du 8 mai 1788 (contre lesquels s'élevèrent les parlements), l'un supprimait la question préalable (infligée avant l'exécution) et un autre l'usage de la sellette.

« Que les prisons ne soient plus des lieux de supplice » espérait Du Pont de Nemours au début de 1789[43].

3. – La magistrature interdite de prison (1789-1870)

La Révolution confie les prisons au ministère de l'Intérieur

Les cahiers des Etats Généraux furent quasi unanimes à dénoncer l'arbitraire des lettres de cachet, à vilipender les justices seigneuriales, « indécentes et rapaces », à réclamer la simplification des procédures et à appeler de leurs vœux une certaine humanisation de la justice et des prisons[44]. Par contre, il n'y eut guère que la noblesse à exiger une « inspection » des prisons par les juges et un contrôle de leurs « administrateurs » – ce qui constitue, a contrario, une preuve supplémentaire de la désaffection des magistrats à l'égard des prisons d'Ancien Régime[45].

Les opinions du Tiers furent plus partagées ; elles se rejoignaient au moins sur le fait qu'il fallait modifier le recrutement des juges. C'est ainsi

---

42. V. J. Imbert (dir.), *Histoire des hôpitaux en France*, Toulouse, Privat, 1982.

43. Cité par M. Marion, *op. cit.*, 1923.

44. V. E. Champion, *La France d'après les cahiers de 1789*, Paris, A. Colin, 1897 ; P. Goubert et M. Denis, *1789, les Français ont la parole : cahiers de doléances des États généraux*, Paris, Gallimard-Julliard, 1973.

45. V. A. Desjardins, *Les Cahiers des États généraux en 1789 et la législation criminelle*, Paris, G. Pedone-Lauriel, 1883.

que furent proposées l'abolition de la vénalité, la représentation du Tiers pour au moins un tiers dans les cours souveraines, ainsi qu'une formation théorique et pratique des magistrats. Certains cahiers souhaitaient même que les juges fussent élus[46].

Après un rapport de Mirabeau sur les prisons en 1790, ce fut à un président à mortier au Parlement de Paris, Lepelletier de Saint Fargeau, que fut confié le soin d'effectuer un avant-projet de code pénal[47]. Très inspirés des idées de Beccaria, les décrets de juillet à octobre 1791 firent de la privation de liberté la pierre angulaire du nouveau système de répression ; la prison en était l'accessoire principal, mais non unique, le décret du 6 octobre prévoyant pour les condamnés criminels, outre les maisons de force, les anciens bagnes et « tous autres ouvrages publics ».

Même si un ministère de la Justice fut créé le 21 novembre 1790 (à qui l'arrêté du 23 brumaire an IV attribua l'exécution d'au moins une peine, la peine capitale)[48], l'administration des prisons fut confiée aux corps administratifs, c'est-à-dire aux directoires de départements (représentés par leurs procureurs généraux syndics) ou aux agents nationaux des districts, leur police revenant aux municipalités. Dès 1792, la charge de gérer le budget des prisons parisiennes fut dévolue au ministère de l'Intérieur[49], au sein duquel fut institué une « Commission chargée de la surveillance générale des prisons »[50].

La fameuse loi du 10 vendémiaire an IV (2 octobre 1795), plaçant l'administration des prisons sous l'autorité du ministre de l'Intérieur ne fit donc qu'officialiser un état de fait et couronner un courant de centralisation qui devait aboutir, 21 jours plus tard, au code pénal du 3 brumaire an IV, lequel introduisait des commissaires exécutifs auprès des départements (les futurs préfets) pour surveiller l'administration des prisons.

---

46. V. P. Bois, *Cahiers de doléances du Tiers-État de la Sénéchaussée de Chateau-du-Loir pour les États-généraux de 1789*, Gap, Impr. Louis-Jean, 1960 ; et M. Bouloiseau, *Cahiers de doléances du Tiers-État du bailliage de Rouen pour les États généraux de 1789*, Paris, PUF, 1957-1960, 2 vol.

47. V. A. Rivière, « Mirabeau criminaliste », *Revue britannique*, 5, 1889 ; et surtout l'introduction de T. Sellin à la réédition du « Système pénitentiaire aux Etats-Unis » de Beaumont et Tocqueville de 1964 aux États-Unis.

48. V. J. Imbert, G. Levasseur, *Le pouvoir, les juges et les bourreaux. Vingt-cinq siècles de répression*, Paris, Hachette, 1972.

49. V. A. Tuetey, « Les prisons de Paris en 1792 », *in* Tuetey (Alexandre), *Répertoire général des sources manuscrites de l'histoire de Paris pendant la Révolution française*, tome VI. Introduction, Paris, Impr. nouvelle, 1902, p. I.-LXXXVI.

50. V. O. Blanc, *La dernière lettre. Prisons et condamnés de la Révolution, 1793-1794*, Paris, R. Laffont, 1984; G. Bourgin, « La Commission des administrations civiles, police et tribunaux », *Annales historiques de la Révolution française*, tome 7, 1930, p. 176-186.

Les prisons s'organisent

À cette date, tout était joué pour plus d'un siècle : les prisons ne devaient plus quitter le ministère de l'Intérieur (à une brève exception près, on y reviendra), et le système était bien en place, avec ses trois pôles d'organisation : le ministère de l'Intérieur, les préfets et les maires.

Dans le cours des 55 années qui suivirent, cette organisation devait se peaufiner :
- au sein des maisons centrales de détention, mises en place par un décret du 16 juin 1808, et prévues pour les condamnés dont le reliquat de peine à effectuer était d'un an au moins, allait se forger, sous l'impulsion des inspecteurs généraux du service des prisons et des directeurs des établissements, une discipline carcérale principalement fondée sur le travail, strictement réglementée et codifiée par de multiples textes (1822, 1831 pour le personnel, 1839, 1842 pour le régime disciplinaire, 1844, 1845, 1849 pour le personnel encore, pour ne citer que les principaux)[51] ;
- une inspection générale des prisons était créée dès 1817, mais elle n'était compétente, qu'à l'égard des maisons centrales ; elle ne devait prendre toute son importance qu'en 1830, avec les nominations de Lucas puis de Moreau-Christophe, avant d'être officiellement structurée en un corps d'inspecteurs généraux doté d'un statut par l'ordonnance du 25 mai 1838[52] ;
- le 15 décembre 1844, une autre ordonnance portait création, au sein du ministère de l'Intérieur, d'une 5e division exclusivement consacrée à l'administration des prisons.

Autour des années 1850, un instrument puissant avait donc été mis en place, qui ne butta véritablement que sur le problème des prisons départementales[53]. Malgré les innombrables textes, en dépit d'incessantes, enquêtes et commissions[54], et quoique le débat fût porté sur la place publique au travers de multiples systèmes[55] et surtout, de l'affrontement entre partisans et

---

51. V. C. Carlier et M. Renneville, *Chronologie relative aux peines et aux prisons en France* (en ligne sur Criminocorpus).

52. V. P. O'Brien, *The promise of punishment. Prisons in Nineteenth Century France*, Princeton, Princeton University Press, 1982 ; et Petit (Jacques-Guy), *Ces peines obscures. La prison pénale en France (1789-1875)*, Paris, Fayard, 1990.

53. Au commencement du siècle, elles appartenaient toutes au domaine de l'État. C'est un décret du 9 avril 1811 (qui ne figure pas au Code des prisons) qui devait transférer aux départements la propriété de ces prisons, décret pris selon les considérations strictement économiques : le budget de l'État, grevé de charges écrasantes, devait trouver à s'aérer avant la campagne de Russie.

54. Autour de la société royale des prisons d'abord : V. C. Duprat, « Punir et guérir. En 1819, la prison des philanthropes », *Annales historiques de la Révolution française*, 1977, 49e année, n° 228, p. 204-246. Les enquêtes se multiplièrent à partir de 1820 : Villermé, Barbé-Marbois, etc., la prison commençant de se refermer sur elle-même avec Gasparin ministre de l'Intérieur dès 1835.

55. Dont, parmi bien d'autres, ceux de Lucas et de Léon Faucher.

adversaires du régime d'emprisonnement individuel[56], les conditions de vie dans les prisons départementales ne différaient guère, en 1837 (quand Gasparin, ministre de l'Intérieur, adressa son rapport sur la question au roi), ou même au début des années 1870 (lors des visites de la grande Commission Parlementaire), de ce qu'elles étaient à la fin de l'Ancien Régime ; mais le problème sera-t-il jamais surmontable, que les maisons d'arrêt dépendissent des départements (comme à partir de 1811), que leurs dépenses de fonctionnement fussent prises en charge par le ministère de l'Intérieur (après 1855) ou qu'elles fussent, depuis 1911, rattachées au ministère de la Justice ?

4. – Les prisons transférées au ministère du Commerce et des travaux publics

La courte période de rattachement (1831-1834) du service des prisons au ministère du Commerce et des travaux publics mériterait une étude plus approfondie. La chute du cabinet Laffite marqua le départ de Guizot de l'Intérieur. Le ministre avait eu l'insigne mérite de nommer Lucas aux fonctions d'inspecteur général de toutes les prisons du royaume (les inspecteurs antérieurs n'ayant compétence que pour les seules maisons centrales), ce qui allait dans le sens de l'unification et dans le but clairement exprimé à Lucas de la « réforme morale » des prisonniers.

Les prisons furent, le 17 mars 1831, rattachées au ministère du Commerce et des travaux publics, confié quatre jours auparavant à d'Argout en raison de l'intérêt (réel) manifesté par le ministre pour la question pénitentiaire, mais aussi à cause de « la grosse question du travail dans les prisons »[57] et du fait du transfert de l'administration départementale et communale de l'Intérieur au nouveau ministère du Commerce.

Ce rattachement marquait surtout la défaite de l'école pénale (pour qui la prison n'était qu'un moyen de dissuasion et d'élimination) et la traduction dans les structures administratives du principe selon lequel les prisons devaient être des lieux d'amendement. Sur ce point, pennsylvaniens (qui souhaitaient un régime cellulaire strict) et unitaires (qui proposaient un régime solitaire brutal pour les « courtes peines » et un régime progressif pour les

---

56. Il est exagéré d'opposer d'une manière réductrice partisans et adversaires du « tout-cellulaire » ; les opinions de L. Faucher, C. Lucas ou encore G. Ferrus (*Des prisonniers, de l'emprisonnement et des prisons*, 1850) sont autrement plus nuancées et complexes. Voir sur ce point l'introduction et les notes lumineuses de Michelle Perrot à Tocqueville (A. de), *Écrits sur le système pénitentiaire en France et à l'étranger*, Paris, Gallimard, 1984. Texte repris *in* M. Perrot, *Les ombres de l'histoire. Crime et châtiment au XIXe siècle*, Paris, Flammarion, 2001.

57. V. Lettre de Guizot à Lucas du 23 novembre 1830, cité in C. Lucas, *De la réforme des prisons, ou de la théorie de l'emprisonnement, de ses principes, de ses moyens et de ses conditions pratiques*, Paris, E. Legrand et J. Bergounioux, 1836, vol. 1.

« longues peines ») étaient d'accord, encore qu'ils proposassent des moyens différents pour y parvenir.

L'insistance mise sur l'amendement – donc la nécessité d'individualiser les peines, comme les jugements avaient commencé de l'être avec l'introduction des circonstances atténuantes en 1832 – impliquait la participation des magistrats à l'exécution des peines, en conséquence un contrôle de leur part de la vie carcérale. Lucas, par exemple, l'avait bien compris et y était très favorable, mais il était très isolé parmi les autres « praticiens ». Pour l'heure, la priorité de « la réforme morale » était mise en balance avec une autre priorité, qui faisait, celle-là, l'unanimité parmi les « praticiens » comme chez les « théoriciens » : l'unification pénitentiaire.

En effet, échappaient au service des prisons non seulement les bagnes et les prisons militaires (celles-ci dépendant du ministère de la Guerre, ceux-là du ministère de la Marine), mais encore, héritage de la lieutenance générale de police, les prisons parisiennes, qui s'étaient dotées de leurs propres règlements dès 1801, et dont le rattachement à la préfecture de police avait été difficilement acquis par l'arrêté du 12 messidor an VIII (1er juillet 1800) puis par les ordonnances de police de 1810 et 1811 avant d'être consacré par l'ordonnance du 9 avril 1819[58].

Le vœu de l'unité de service de toutes les prisons se doublait de celui de la centralisation, qui supposait que l'on donnât à l'État une responsabilité entière sur les prisons départementales. Cette double revendication pénitentiaire fut au centre des débats de 1831. Le rattachement des prisons au ministère du Commerce et des travaux publics ne fut acquis qu'après que deux autres hypothèses eussent été envisagées :
- le rattachement au ministère de la Guerre, « à raison de l'admirable direction des pénitenciers militaires » (ils devaient, sous l'impulsion de Soult, se réformer un an plus tard en s'inspirant largement des idées de Lucas et en adoptant, par exemple, le système cellulaire de nuit) ; (leur organisation venait, elle aussi, d'être bouleversée par un règlement de 1820 et une ordonnance de 1828, visant à leur moralisation et à leur rentabilisation) : le rattachement au ministère des Colonies, dont dépendaient les bagnes.

58. En réalité, un conflit d'autorité avait constamment opposé le préfet de la Seine, qui invoquait le Code pénal (attribuant le service des prisons aux préfets des départements) et le préfet de police, qui faisait valoir de multiples décrets lui attribuant la surveillance des prisons. Et le gouvernement impérial, anticipant sur une solution que nous retrouverons dans les débats de 1911, avait imaginé de partager les attributions du préfet de la Seine et du préfet de police, donnant au premier le matériel et le personnel au second. Il croyait créer ainsi un contrôle et une émulation de l'un par l'autre. Il ne réussit qu'à mécontenter les deux. D'où l'ordonnance de 1819 qui réunit toutes les compétences en matière d'administration des prisons de la Seine entre les mains du préfet de police.

Le rattachement des prisons au ministère du Commerce fut relativement bref : Thiers, qui avait succédé à d'Argout au Commerce à la fin de l'année 1832, ramena les prisons au ministère de l'Intérieur lorsqu'il y fut nommé, le 4 avril 1834. Jamais, en 1831, il ne fut question de rattacher les prisons au ministère de la Justice.

Le Second Empire : l'indifférence pour les prisons ?

Le Second Empire ne contraria pas le service des prisons, ou en tout cas le perfectionnement de son organisation administrative : ainsi, le décret du 12 août 1856 plaçait un directeur des prisons départementales auprès de chaque préfet (mesure rapportée en 1867, dans un but d'économie : plusieurs départements furent réunis en circonscriptions) ; et surtout, le décret du 9 janvier 1858 transformait la division des prisons en une direction de l'administration pénitentiaire (mesure là encore rapportée en 1867, mais la division redevint direction dès le 18 novembre 1871).

Cependant, ces améliorations dans le fonctionnement du service des prisons ne sauraient faire oublier l'extraordinaire indifférence manifestée par le Second Empire pour ses prisons : d'un trait de plume, par l'effet d'une simple circulaire, Persigny mettait fin, le 17 août 1853, à tous les efforts déployés depuis Gasparin, en 1836, en vue de réformer les maisons d'arrêt par l'introduction du système cellulaire ; et la loi du 30 mai 1854 qui abolit les bagnes métropolitains, préféra, pour les condamnés aux travaux forcés, la transportation aux maisons centrales, fleuron de l'administration des prisons.

Enfin, le débat pénitentiaire se transporta (lui aussi) sur le thème des colonies pour jeunes détenus, lesquelles devinrent le terrain exclusif d'exercice de la philanthropie – mais il devait s'avérer (serait-ce une loi de l'histoire pénitentiaire ?) que l'approfondissement de la réflexion sur le traitement pénal des mineurs était une anticipation de celui destiné aux adultes[59].

La magistrature et les prisons au XIXe siècle

Les magistrats ne furent pas les derniers à porter au service des prisons des coups douloureux : l'un des plus éminents, Alphonse Bérenger (de la Drôme), président à la Cour de cassation et académicien, farouche partisan de l'emprisonnement cellulaire (et aussi farouche adversaire de la transportation), ne réclamait-il pas la suppression des maisons centrales, leur préférant

---

59. Cette constatation, effectuée déjà par les « idéologues » de la prison au XIXe siècle, a été remarquablement développée dans la thèse, méconnue, de Alvergnat (Daniel), *L'Illusion de savoir et la parole dépossédée*, Grenoble, Université des sciences sociales, Thèse de doctorat de 3e cycle, 1978.

des « grands travaux » pour occuper les condamnés ?[60] C'était, il est vrai, opinion d'« idéologue » plus que de « praticien », et en 1853, quand Bérenger écrivait ces lignes, les magistrats étaient hors-circuit pénitentiaire depuis déjà bien longtemps.

En 1811, lors de la discussion du Code d'instruction criminelle, Cambacérès regrettait (ou prophétisait) : « il serait assez étonnant que l'administration surveillât et dirigeât, quand c'est la justice qui agit. Certes l'administration doit être chargée d'entretenir les prisons, d'en établir la sûreté, d'y faire régner la salubrité, mais non pas de se mêler des hommes qui sont sous la main de la justice » ; et Treilhard renchérissait : « cette partie du projet se sent un peu du temps où elle a été rédigée ; alors on donnait trop à l'administration pour revenir aux vrais principes, il faut borner l'administration au matériel, et attribuer le personnel à la justice » ; Berlier, quant à lui, trouvait « la ligne de démarcation difficile à tracer » entre la justice et l'administration[61].

Vœux pieux, et le constat était un constat de carence, car tandis que le code pénal de 1810 ne laissait aucune initiative aux magistrats du siège dans l'individualisation de la peine, fût-ce : quant à sa durée, le code d'instruction criminelle excluait, dans son article 605, le juge d'instruction de la police des maisons d'arrêt, ne prévoyant pour ce magistrat (ainsi que pour le président de la cour d'assises) qu'une visite mensuelle dans son article 611. Les dispositions de ce code concernant le procureur de la République n'étaient pas très claires : les articles 165 à 197 lui réservaient « l'exécution du jugement », l'article 376 « l'exécution de la condamnation », mais il n'était jamais question de l'exécution de la peine. Ainsi, du fait même des codes, la « ligne de démarcation » ne traversait pas la prison, elle l'entourait pour en empêcher l'accès à la magistrature.

Face à une organisation monolithique, de plus en plus imperméable à toute intrusion « non pénitentiaire » à partir de l'arrivée de Gasparin (un ancien préfet) à l'Intérieur en 1835[62], la magistrature n'était de toutes les façons pas en état de « forcer la porte » de la prison : elle avait subi les coupes-sombres pratiquées dans ses rangs par la Révolution et souffert dans sa dignité ; elle avait dû se restructurer après l'abolition de la vénalité des offices, dans le cadre de l'élection des juges d'abord, puis dans celui, bonapartiste, des nominations par le pouvoir politique ; épurée, infiltrée de « juges apprentis » (vieille méthode qui n'avait pas fini de faire ses preuves) ou carrément

60. Bérenger (de la Drôme) (Alphonse-Marc-Marcellin-Thomas), *De la Répression pénale, de ses formes et de ses effets, rapport fait à l'Académie des sciences morales et politiques*, Paris, Firmin-Didot, 2 vol. 1852-55.

61. Ces citations sont reprises dans la grande enquête parlementaire de 1872.

62. Gasparin avait été préfet du Rhône auparavant, et à ce titre, s'était occupé avec Lucas de la mise au point d'un règlement pour la prison pour jeunes détenus nouvellement construite.

de politiciens sous les deux monarchies, obligée de prêter serment ou de démissionner sous tous les régimes qui se succédèrent jusqu'en 1870, la magistrature avait eu aussi à assimiler les nouveaux codes. C'est dire que sa préoccupation majeure n'était pas la prison, et ce d'autant plus que, compte tenu de ce qui vient d'être dit, la majorité de ses membres partageaient les idées de l'école pénale[63].

La magistrature, néanmoins, trouva des occasions et des opportunités de s'exprimer sur la question pénitentiaire :
- occasion, lors de la grande époque de la Société royale des prisons, dans les années 1819-1823, au sein de la Société elle-même, mais surtout dans le cadre du Conseil supérieur des prisons (tombé en désuétude, sans être supprimé, en 1830) et par le biais des commissions départementales de surveillance, dont étaient membres de droit les présidents et les procureurs ;
- opportunité, grâce aux rapports trimestriels sur les prisons que les présidents d'assises devaient adresser au garde des Sceaux, à partir de 1821, ce qu'ils firent jusqu'à la fin des années 1860 ; leur excès de zèle, leurs très vives critiques, qui indisposaient les préfets, aboutirent même en 1825 à l'affrontement (épistolaire) du ministre de l'Intérieur et de celui de la Justice, le premier se prévalant de l'article 611 du code d'instruction criminelle, le second, sous la signature du chef de bureau Dalmas (la plume ayant été tenue par Guerry de Champneuf, directeur des affaires criminelles et des grâces et l'initiateur en 1825 du « compte général de l'administration de la justice criminelle ») arguant du « bien du service de l'humanité » et de l'intérêt public[64] ;
- occasion encore quand furent mises en place, par le gouvernement puis la Chambre des Pairs les grandes commissions sur l'emprisonnement cellulaire[65] ;
- occasion toujours au plus fort de l'antagonisme entre Lucas et Moreau-Christophe, en 1844, quand un « sous-chef au cabinet de M. le garde des Sceaux » fit paraître une brochure très inspirée de la « théorie de l'emprisonnement » de Lucas où il réclamait pour la magistrature « une autorité souveraine dans toutes les prisons » - ce qui lui valut la réplique foudroyante de Moreau-Christophe dans son premier volume du code des prisons : « vouloir donc que le juge qui prononce cette peine soit, en même temps l'exécuteur

63. V. M. Rousselet, *Histoire de la magistrature française. Des origines à nos jours*, Paris, Plon, 1957, 2 vol.

64. J.-J. Darmon, « Sous la Restauration, des juges " sondent la plaie si vive des prisons " », *Annales historiques de la Révolution française*, 1977, 49e année, n° 228, p. 247-268.

65. Qui devaient aboutir à la fameuse circulaire Gasparin du 2 octobre 1836, suivant laquelle tous les plans des futures maisons d'arrêt devaient être dressés suivant le système cellulaire.

qui l'inflige, c'est en vérité, vouloir faire de Thémis un geôlier, c'est vouloir substituer à sa balance une clef »[66].
- occasion, enfin, avec l'avènement de la IIe République, le garde des Sceaux réclamant notamment dans son rapport de 1849 : « Il me semble que dans l'application du régime pénitentiaire, l'autorité judiciaire pourrait intervenir avec plus d'efficacité qu'elle ne l'a fait jusqu'ici. Le droit de surveiller le mode d'application de la peine, de participer à la direction morale du condamné, n'est que la conséquence du droit de surveiller l'exécution du jugement »[67].

Il nous semble difficile aussi de ne pas rappeler que le plus grand livre du siècle en matière de prisons, le « Système pénitentiaire aux Etats-Unis » de Beaumont et Tocqueville, fut l'œuvre de deux magistrats !

Malgré ces tentatives de la magistrature de s'approcher (plus que d'y pénétrer) du monde des prisons, et quand même une circulaire du 14 juin 1836 admettait « par courtoisie » les magistrats à visiter les maisons centrales sans autorisation préalable, l'exclusion des magistrats de la prison prévalut de plus en plus, jusqu'en 1870. Ainsi, même dans leur recherche de la manifestation de la vérité, les juges d'instruction devaient se conformer au règlement intérieur des maisons d'arrêt. Ou encore, une instruction du ministre de l'Intérieur du 8 avril 1842 réservait l'initiative des actions judiciaires aux préfets en cas de crime ou délit commis dans les prisons ; devant l'aberration juridique de ce texte et suite à la protestation des magistrats, le ministère de l'Intérieur revint sur sa décision douze ans après. Beaucoup plus tard, une loi du 14 juillet 1865 obligeait le juge d'instruction ayant mis au secret un prévenu à renouveler sa décision par une ordonnance dans un délai de dix jours. Il n'y avait guère que la justice des mineurs à faire exception à ces règles : par exemple, la loi du 5 août 1850 associait le procureur général au préfet dans la haute surveillance des colonies de jeunes détenus.

En 1865, cependant que l'Empire commençait de se libéraliser, étaient créés dans six maisons centrales, à l'initiative des « pénitentiaires du terrain », des quartiers dits « de préservation et d'amendement » : pareille mesure impliquait que les antécédents judiciaires des condamnés fussent connus, donc que les procureurs généraux fournissent des renseignements[68]. L'individualisation de la peine avait un premier balbutiement, une petite porte s'ouvrait à la magistrature.

---

66. Le « sous-chef de cabinet » visé était Alauzet dont l'ouvrage « Essai sur les peines » s'était vu attribuer un prix par l'Institut, prix partagé avec Moreau-Christophe.

67. Cité par G.-M.-A. Ferrus, *Des prisonniers, de l'emprisonnement et des prisons*, Paris, G. Baillière, 1850.

68. V. les interventions de Jaillant, directeur de l'administration pénitentiaire, sur ce point devant la commission parlementaire de 1872.

En 1869, un décret impérial instituait une large commission consacrée à la haute police et surtout au patronage : les magistrats l'investirent en grand nombre. Un pont était établi, qui annonçait toutes les grandes réformes en vue de l'individualisation des peines qui devaient intervenir dans les années suivantes, grâce auxquelles les magistrats allaient voir se grand-(r)ouvrir devant eux les portes de la prison.

5. – Grands débats, grandes réformes (1872-1911)

L'enquête parlementaire de 1872-1873 et ses prolongements

Une loi du 25 mars 1872 votée par l'Assemblée Nationale (élue un an auparavant, elle comprenait 400 députés monarchistes sur 675) créait une commission de 15 membres à l'effet d'ouvrir une enquête sur le régime des prisons[69]. La loi fut adoptée selon la procédure d'urgence et sans discussion, sur la proposition faite par le vicomte d'Haussonville, lors de la séance du 11 décembre 1871 ; la commission avait pour ambition de rendre ses conclusions lors d'un congrès international qui devait se tenir à Londres le 3 juillet 1872, à l'initiative de la toute nouvelle « Association nationale des États-Unis d'Amérique pour la réforme des prisons ».

La commission était loin d'avoir achevé ses travaux à la date prévue, mais trois de ses membres assistèrent au congrès, ainsi d'ailleurs qu'un délégué du ministère de la Justice. La loi du 25 mars 1872 n'avait déterminé ni le mode, ni l'étendue de l'enquête. Aussi la commission (à laquelle s'étaient adjoints 19 membres non parlementaires, parmi lesquels sept magistrats en exercice, ainsi que le directeur des affaires criminelles et des grâces au ministère de la Justice) multiplia-t-elle les auditions de témoins et les visites d'établissements pénitentiaires français et étrangers, cependant qu'elle faisait parvenir un questionnaire à toutes les cours d'appel et à la cour de cassation.

Le questionnaire comportait 32 questions réparties en 3 chapitres :
- le régime des prisons ;
- le patronage et la surveillance ;
- les réformes législatives.

Il était demandé, à la troisième question du chapitre 1 : « Les prisons doivent-elles être placées sous le contrôle d'une autorité centrale ? L'autorité centrale doit-elle partager les pouvoirs de l'administration avec l'autorité locale, et dans quelle mesure ? »

La question, ainsi formulée, n'était pas nouvelle. Elle allait dans le sens du vœu fondamental sur lequel se rejoignaient les grands « praticiens » et bâtisseurs de systèmes pénitentiaires de la première moitié du XIXe siècle :

69. V. *Enquête parlementaire sur le régime des établissements pénitentiaires*, tomes IV et V (1873).

la réalisation de l'unité administrative du service des prisons (et plus généralement de l'exécution des peines) et la « nécessité d'une loi organique » pour y aboutir, comme le réclamait encore en 1870 l'inspecteur général des prisons Vidal[70].

Les cours réclamèrent à l'unanimité l'unité administrative. Mais il est important de noter que douze juridictions (sur les vingt-huit interrogées) firent dévier la question et se prononcèrent sans équivoque pour le rattachement du service des prisons au ministère de la Justice, cependant que onze souhaitaient le maintien des prisons à l'Intérieur. La cour de Nîmes, anticipant sur une solution qui devait être avancée au cours de débats postérieurs, désirait pour sa part que les questions matérielles continuassent de relever des attributions du ministère de l'Intérieur, l'exécution des peines et la gestion du personnel revenant au garde des Sceaux (les quatre dernières juridictions s'étaient dérobées à la question).

Pour reprendre la distinction si chère au député Chéron (entre le rattachement et les relations magistrats-prison), la grande majorité des cours souhaitaient que les magistrats du parquet contrôlassent le pouvoir sans limites des directeurs (en particulier en matière disciplinaire), et les façons de faire, inadaptées sinon condamnables, du personnel. La cour de Limoges alla même jusqu'à proposer que la direction de chaque prison fût confiée à un magistrat.

On trouve dans les réponses des cours tous les arguments qui seront utilisés par les partisans du rattachement en 1911[71] :
- sous l'ancien régime, les juges avaient la haute surveillance des prisons ;
- dans d'autres pays européens, en particulier la Belgique, le service des prisons dépendait déjà du ministère de la Justice ;
- le ministère de l'Intérieur a fait la preuve de son incapacité dans le domaine pénitentiaire, et il est par ailleurs trop politisé.

En fait, au travers du rattachement était explicitement visé le contrôle du magistrat sur la prison, sinon sa place prédominante à l'intérieur de l'institution :
- l'exécution de la peine, dans son suivi, devait être une prérogative du procureur dc la République (ce qui éviterait les conflits administration pénitentiaire-magistrats) ;
- en conséquence, le procureur devait pouvoir contrôler la vie carcérale du condamné et (à plus forte raison, le juge d'instruction, celle des prévenus

70. V. J.-L. Vidal, *Considérations sur la nécessité d'une loi organique sur les prisons et le régime pénitentiaire pour l'exécution des peines*, Paris, Impr. de A. Chaix, 1870.

71. Il est à remarquer que les mêmes cours (de cassation et d'appel) avaient été consultées en 1844 sur la question pénitentiaire et considéraient déjà que cette question était « à la fois administrative et judiciaire » ; V. G. Ferrus, *op. cit.*, 1850.

relevant de son autorité), en particulier les rapports des détenus avec le personnel des prisons ;

Certaines cours, dont la Cour de cassation, allaient beaucoup plus loin dans la prospective, proposant même des réformes qui devaient être acquises près d'un siècle plus tard , et posaient les vraies questions :
- n'était-ce point au magistrat d'intervenir en matière d'« application des peines », donc de décider des « réductions de peine », des grâces, de la réhabilitation, bientôt de la « liberté préparatoire » ?
- Compte tenu du « point de vue élevé où l'Assemblée nationale s'est placée quand elle a ordonné l'enquête, celui de l'influence pénitentiaire sur l'amendement des condamnés », les magistrats n'étaient-ils pas tout désignés pour poursuivre l'individualisation de la peine, jusqu'à la libération du condamné ?

À quelques nuances près, cet argumentaire, on l'a dit, ne devait plus varier, au moins jusqu'à la Seconde Guerre mondiale. Mais, au-delà la question du rattachement, certaines cours (Amiens, Orléans) proposaient des réformes concrètes des services extérieurs des prisons :
- pour les unes, le préfet devait conserver ses prérogatives, mais en tant que « délégué par le ministre de la Justice », et assisté de commissions spéciales « dont l'élément ne serait pas exclusivement judiciaire » mais où, quand même, les magistrats seraient prépondérants ;
- pour les autres, qui n'excluaient pas, bien au contraire, l'existence de commissions de surveillance, les inspecteurs généraux devaient être remplacés par des fonctionnaires délégués de l'administration centrale, mais « hiérarchiquement subordonnés aux procureurs généraux ».

Ces alternatives feront encore l'objet de bien des discussions après que le rattachement eût été acquis. La commission parlementaire se perpétua après avoir achevé ses travaux : le 5 juin 1875, une loi la transformait en Conseil supérieur des prisons, lequel était investi d'un droit d'initiative et de regard absolu en toute matière pénitentiaire. Simultanément, les commissions de surveillance (instituées en 1819 sous forme de commissions spéciales des prisons, mais qui, pour la plupart, étaient tombées en désuétude) étaient réactivées cependant que, conformément aux souhaits de la commission de 1869, l'accent était mis sur le développement du patronage.

Ces mesures entamèrent fortement l'hermétisme des prisons et l'autonomie de leur direction. De surcroît, le 5 juin 1875, était votée la grande loi (inspirée dans son intégralité par la commission parlementaire) qui remit en vigueur l'encellulement individuel dans les prisons départementales, introduisit un système de réductions de peines accordées par le garde des Sceaux et attribua à la peine un caractère moralisateur plutôt qu'afflictif.

Des conflits ne tardèrent pas à se développer entre la direction de l'administration pénitentiaire et le Conseil supérieur des prisons, ce d'autant que la Société générale des prisons, fondée en 1877, devait assurer la liaison entre le Conseil et le « public » notamment par l'intermédiaire de la *Revue pénitentiaire*. Débarrassée de ce regard extérieur, l'administration pénitentiaire allait, dans les dernières années du XIXe siècle, réaliser d'importants progrès dans la double perspective qui l'avait constamment animée : son unité administrative et son autonomie.

Le 8 juin 1887, les prisons de la Seine étaient rattachées à la direction des prisons, et une loi du 5 février 1893 ouvrait la possibilité aux départements de rétrocéder leurs prisons à l'État (était même envisagée la possibilité d'édification de maisons d'arrêt interdépartementales). Des écoles élémentaires de gardiens, ainsi qu'une École nationale pénitentiaire supérieure, étaient instituées par le décret du 19 août 1893. Au plan de l'autonomie, le décret du 15 juin 1891 allait apparemment à son encontre, qui diluait le corps des inspecteurs généraux des prisons dans celui des inspecteurs généraux des services administratifs du ministère de l'Intérieur ; mais le même décret réglementait le recrutement des inspecteurs.

Enfin, dès 1888, un rapport spécial sur l'administration pénitentiaire fut élaboré par la commission du budget de la Chambre des députés. Mais cette autonomie pouvait être une arme à double tranchant en ce qu'elle facilitait le transfert des compétences du ministère de l'Intérieur à celui de la Justice.

La mise en sommeil du Conseil supérieur des prisons, et avec elle l'échec du rattachement (et l'échec des magistrats à se faire ouvrir les portes des prisons) renvoient, au-delà des conflits précédemment évoqués, à des explications de politique intérieure générale[72]. C'est ainsi que Choppin, directeur de l'administration pénitentiaire, dans un rapport au ministre de l'Intérieur du 3 juin 1878, outre qu'il insistait sur les difficultés qu'il rencontrait à faire mettre en application la loi de 1875 (tout en encensant, non sans hypocrisie, son principal auteur, Bérenger), proposait à son ministre dans une instruction en forme de règlement d'application de la loi, le port obligatoire de la cagoule pour les détenus. À cette occasion, Choppin reconnaissait qu'il s'était soustrait à l'obligation qui lui était faite d'attendre les délibérations du Conseil supérieur des prisons sur le sujet, préférant s'en tenir à l'avis de l'inspection générale.

La riposte ne se fit pas attendre : le 17 juin, sur une proposition de Babinet (avocat général à la cour de cassation), après avoir entendu le rapport de Lefèvre-Pontalis, le Conseil supérieur des prisons se prononça par 15 voix contre 8, en présence du ministre de l'Intérieur (de Marcere) et de plusieurs

72. V. notamment E. Dolléans, *Histoire du mouvement ouvrier. 1830-1871*, Paris, A. Colin, 1946-1947, et Renault (Charles), *Histoire des grèves*, Paris, Guillaumin, 1887.

inspecteurs généraux[73] pour le rattachement de l'administration pénitentiaire au ministère de la Justice. L'indépendance et la profondeur de réflexion du Conseil finirent par déplaire. Le 31 décembre 1880, un décret retirait au Conseil supérieur des prisons son droit d'initiative. D'autres voies allaient devoir être trouvées pour briser l'isolement carcéral.

Après la démission de Mac-Mahon, le 30 janvier 1879, les élections sénatoriales de 1879, puis les élections législatives de 1881, assurèrent le triomphe des « républicains ». Comme le déclarait Waldeck-Rousseau : « la politique de la revanche » commençait[74].

Ferry, président du Conseil, aurait voulu s'attacher en priorité à l'œuvre scolaire : les républicains décidèrent de ne lui accorder leur confiance que s'il commençait par « réformer » la magistrature. En réalité, sous cette revendication (qui ne figurait pas au fameux programme de Belleville), ils entendaient épurer la magistrature, ce qui n'était pas si simple : il y avait alors plus de 6000 magistrats (dont près de la moitié, il est vrai, les juges de Paix, n'étaient pas inamovibles) qu'il faudrait remplacer.

Contre les magistrats, majoritairement royalistes, les griefs des républicains étaient innombrables[75], mais trois d'entre eux furent mis en avant :
- la magistrature avait été nommée par « un pouvoir criminel », selon Gambetta[76] ;
- elle était « le réceptacle des fils de famille et des incapables », aux dires de Waldeck-Rousseau[77] ;
- un grand nombre de magistrats s'opposaient à l'expulsion des jésuites et à la fermeture des couvents des congrégations non autorisées (argument qui devait être repris par Malvy, quelques 30 années plus tard).

Déjà, au cours de la campagne pour les élections de 1881, les radicaux avaient fait de l'élection des magistrats un point important de leur programme. Les républicains modérés, parvenus au pouvoir, n'allèrent pas jusqu'à cette extrémité : ils firent traîner les choses. La loi du 30 août 1883, votée après quatre années de controverse, apportait une amélioration du traitement des magistrats mais prévoyait également une réduction de leur effectif. Tant et si bien que si l'on ajoute le nombre des démissions intervenues à la suite des décrets de 1880 (sur les congrégations) à celui des exclusions du

---

73. V. *Bulletin de la Société Générale des Prisons* (1878).

74. V. J. Reinach, *La politique opportuniste. 1880-1889*, Paris, Charpentier, 1890.

75. Les griefs des républicains à l'encontre des magistrats étaient souvent d'ordre personnel, en raison de condamnations prononcées contre eux sous l'Empire ; voir sur cette question M. Garçon, *Histoire de la justice sous la IIIe République*, Paris, Fayard, 1957, 3 vol. et G. Picot, « Les magistrats et la démocratie », *Revue des Deux-mondes*, 15 mars 1884.

76. V. *La République française*, 20 sept. 1878.

77. V. *Journal officiel*, 9 mars 1880.

fait de la « loi sauvage »[78] de 1883, plus de 90 % des magistrats quittèrent leurs fonctions entre 1877 et 1883[79].

Le résultat en fut que des magistrats « républicains » remplacèrent des magistrats « royalistes », leur recrutement se faisant toujours au choix (les conditions d'entrée et d'avancement dans la magistrature ne devaient être fixées, très provisoirement, qu'en 1906), ce qui avait au moins l'avantage de mettre en harmonie le régime et les juges.

Les grandes réformes pénales (1880-1890)

Au début des années 1880, l'administration pénitentiaire semble être ancrée définitivement au ministère de l'Intérieur et à l'abri des tentatives de contrôle d'une magistrature laminée. En réalité, la purge subie par les magistrats avait été plus quantitative que qualitative ; elle avait affecté les parquets plutôt que les juges du siège, et bien davantage les juges de la base (2596 juges de paix sur 2941 avaient été éliminés) que les hauts magistrats, la cour de cassation ayant été intégralement épargnée. Par ailleurs, les hauts magistrats, les hommes politiques, ou encore les magistrats devenus des hommes politiques qui, au sein du Conseil supérieur des prisons, avaient ferraillé avec les représentants de l'administration pénitentiaire et tenté de se faire ouvrir les portes de « l'imprenable citadelle », étaient, comme ils allaient continuer de le prouver, très au-dessus de la mêlée.

Non pas que ces hommes n'eussent pas de conviction propre : d'Haussonville, par exemple, qui présidait la grande commission d'enquête parlementaire, était un conservateur, ami intime de De Broglie et catholique fervent, mais il soutenait, bien avant Sangnier, les banques et les coopératives ouvrières qui tentèrent de s'installer dans les années 1880[80] ; de 1881 à 1885, tous ses articles publiés dans la *Revue des Deux-Mondes* traitaient du combat à mener contre la misère[81].

La plus grande figure parmi cette élite intellectuelle et morale fut incontestablement le sénateur René Bérenger. Son père Alphonse-Marc, haut magistrat puis pair de France, avait appartenu aux deux commissions qui, en 1843, s'étaient prononcées (contre Lucas) pour le régime Pennsylvanien ; dix ans plus tard il est vrai, il devait se montrer beaucoup plus proche des idées

---

78. Ou encore « loi de colère », cité par G. Masson, *Les juges et le pouvoir*, Paris, A. Moreau, Syros, 1977.

79. V. par exemple V. Bernaudeau, « L'Anjou, la République et ses juges : l'épuration du corps judiciaire, entre réaction de légitime défense et instrument de consolidation du régime (1883) », *Criminocorpus, revue hypermédia*, mis en ligne le 3 janvier 2011.

80. V. *Journal des débats* du 15 juin 1883.

81. V. *Revue des Deux Mondes* des 15 juin et 1er octobre 1881, du 15 avril 1883, 15 mars, 1er juillet et 15 décembre 1885.

du même Lucas (ils militaient l'un et l'autre pour l'abolition de la peine de mort). C'est dans ce livre que Bérenger-père demandait, comme on l'a dit, la suppression des maisons centrales[82].

Le fils suivit une carrière très comparable à celle de son père : d'abord magistrat à la cour de Cassation, il fit partie, comme député, de la grande commission parlementaire de 1872, aux travaux de laquelle il prit une part fort active : il fut chargé en particulier du rapport préparatoire à la loi du 5 juin 1875 sur le nouveau régime des prisons départementales, laquelle fut très largement son œuvre[83].

Bérenger s'était aussi fait connaître pour ses positions très fermes en matière d'indépendance de la magistrature : il était partisan de « retirer à l'exécutif le pouvoir discrétionnaire de nommer les juges et distribuer les avancements », se prononçait pour un statut et un concours d'entrée, et souhaitait que fût mis fin « au fléau des sollicitations, des visites incessantes qui rongent les pavés de la Chancellerie »[84].

Bérenger avait une très haute conception des fonctions que devait avoir le magistrat : il lui reviendrait de mettre en œuvre l'individualisation des peines, voire le traitement à appliquer au délinquant, autant dans un but d'utilité (ou de défense sociale) que dans une perspective humaniste (il était, lui aussi, profondément chrétien).

Bérenger devait inspirer, plus souvent de près que de loin, toutes les grandes mesures pénales qui furent prises dans les vingt dernières années du XIXe siècle, dont deux principalement :
- la loi du 14 août 1885 sur la libération conditionnelle (déjà, dans son questionnaire de 1872, la commission d'enquête parlementaire avait invité les hautes juridictions à se prononcer sur l'intérêt de la « liberté préparatoire ») ;
- celle du 26 mars 1891 sur le sursis dont l'objet clairement explicité était l'individualisation de la peine[85].

Ces mesures avaient aussi un objectif secondaire : introduire la chancellerie et les parquets dans le « circuit » de l'exécution des peines. Ainsi, pour la libération conditionnelle, le parquet du lieu de condamnation devait obligatoirement être consulté et, dès 1875, l'instruction des mesures de la grâce, menée conjointement jusqu'alors par les ministères de l'Intérieur et de la Justice, relevait exclusivement du garde des Sceaux. Dans le même sens,

---

82. V. Bérenger (de la Drôme) (Alphonse-Marc-Marcellin-Thomas), *De la Répression pénale, op. cit.*, 1852-55.

83. V. *Enquête parlementaire sur le régime des établissements pénitentiaires*, 1873, tome VII.

84. V. G. Masson, *op. cit.*, 1977.

85. V. J.-L. Sanchez, « Les lois Bérenger (lois du 14 août 1885 et du 26 mars 1891) », *Criminocorpus, revue hypermédia*, mis en ligne le 01 janvier 2005.

la loi du 14 août 1885 fit de la réhabilitation une décision purement judiciaire.

La « voie royale » des réformes législatives (et de l'individualisation des peines) pour ouvrir les prisons aux magistrats et intéresser les magistrats aux prisons n'excluait pas d'autres angles d'attaque. Par exemple, en 1886, un membre de la Société générale des prisons, Léveillé, demandait dans le journal *Le Temps* à ce que fût créé un conseil supérieur des questions pénitentiaires qui siégerait au ministère de la Justice. C'était un combat d'arrière-garde, car les partisans du rattachement avaient trouvé à s'exprimer sur deux autres terrains de prédilection :

- au sein des congrès internationaux d'abord. Dès 1878, au Congrès pénitentiaire international de Stockholm, bien que la question du rattachement ne fût pas inscrite officiellement à l'ordre du jour, fut lue une lettre de Lucas dans laquelle celui-ci se déclarait favorable au système suédois, c'est-à-dire une administration pénitentiaire indépendante (des pressions politiques) et rattachée au ministère de la Justice[86].

Les jurisconsultes catholiques qui tenaient congrès à Aix-en-Provence se déclarèrent quant à eux, les 10 et 11 octobre 1893, officiellement partisans du rattachement. Grâce à ces rencontres, un nouvel argument devait être dégagé en faveur du rattachement, comparatif celui-là : dans la plupart des pays d'Europe, le service des prisons dépendait du ministère de la Justice. En effet, dans les années 1890, le rattachement s'était généralisé – il avait été réalisé dans le grand-duché de Bade en 1890, au Wurtemberg en 1894, en Russie en 1895, en Espagne et en Roumanie en 1897 – et il n' y avait plus guère que l'Angleterre (dont l'organisation administrative et judiciaire n'était pas comparable à celle des pays à système de droit « romaniste »), quelques cantons suisses, le Monténégro et la France pour maintenir l'administration pénitentiaire hors du domaine de compétence de la Justice :

- dans le cadre des sociétés de patronage, surtout. On a vu que, dès 1869 une commission avait été mise en place par Napoléon III avec mission de se pencher sur la question du patronage. De même, la commission parlementaire de 1872 avait fait du patronage l'une des trois têtes de chapitre de son questionnaire.

Les sociétés de patronage avaient connu une grande prospérité dans les années 1830-40, sous l'impulsion de Lucas et de Bérenger. Puis, à l'instar de ce qui se produisit pour les commissions de surveillance des prisons, les bonnes volontés s'essoufflèrent au point qu'une loi du 5 août 1850 confia le patronage des jeunes détenus à l'assistance publique. En 1872, à en croire les magistrats des cours d'appel, le patronage des jeunes détenus était quasiment

86. V. *Actes du congrès international de Stockholm* (1878).

inexistant ; quant aux libérés adultes, absolument rien n'était prévu pour eux[87].

La Société générale des prisons (dont Bérenger fut le président en 1882 et en 1886) allait, dans les années 1880, donner au patronage un grand essor. En 1889 se tint le premier congrès national des sociétés de patronage, qui devait amener la constitution de l'Union des Sociétés de patronage de France. Et en 1900, à l'occasion de l'Exposition universelle, le premier congrès international des Sociétés de patronage fut ouvert à Paris par le garde des Sceaux, qui n'était autre que Monis[88].

Si nombreux que fussent les professeurs de droit, les avocats et les hommes politiques à œuvrer en leur sein, les sociétés de patronage furent investies, majoritairement, par les magistrats. En 1900, l'Union des sociétés de patronage avait pour président d'honneur Charles Petit, conseiller à la Cour de cassation, qui était aussi président de la société de patronage des jeunes adultes (créée par Lucas et dont le premier président avait été Bérenger Père), et deux de ses vice-présidents étaient des magistrats. La plupart des membres du Conseil supérieur des prisons (et de la Société générale des prisons) avaient des responsabilités dans les instances nationales des sociétés de patronage, cependant que les présidents et procureurs des juridictions de province se faisaient un devoir d'appartenir à la société de patronage locale.

Lors du Congrès international de 1900, la commission d'organisation (dont Bérenger fut un membre éminent et actif) était même intervenue auprès du garde des Sceaux afin que les magistrats bénéficient de congés suffisants pour pouvoir participer aux travaux du Congrès. En effet, grâce au patronage, les magistrats, empêchés d'entrer dans la prison par la porte principale, entendaient y pénétrer par un accès apparemment secondaire. Lors du Congrès de 1900, un orateur demanda, en vue du « reclassement des détenus », qu'une société de patronage existât auprès de chaque prison dont tous les membres pourraient visiter l'ensemble des détenus[89]. Cet orateur avait pour nom Joseph Magnol, avocat, il était membre de la société de patronage des détenus libérés de Toulouse, dont le président était Georges Vidal, professeur à la faculté de droit. Cette même année 1900, sous la direction du professeur Vidal, Joseph Magnol soutenait sa thèse pour le doctorat sur le sujet : « De l'administration pénitentiaire dans ses rapports avec l'autorité judiciaire et de son rattachement au ministère de la Justice »[90].

---

87. V. *Enquête parlementaire sur le régime des établissements pénitentiaires*, tomes IV et V (1873).

88. V. *Actes du premier congrès international des sociétés de patronage* (1900).

89. *Idem*

90. V. J. Magnol, *op cit.*.

La proposition de loi Bérenger et la thèse de Magnol (1897-1900)

La thèse de Magnol, dont devaient se nourrir tous les partisans du rattachement jusqu'en 1911 et même après, reprend et ordonne tous les arguments déployés depuis 1872 en faveur du transfert de l'administration pénitentiaire du ministère de l'Intérieur à celui de la Justice. Son argumentaire est autant historique que juridique, et il distingue clairement la question des relations des magistrats avec la prison de celle du rattachement. Toutefois, on note que la grande question de l'individualisation des peines, la voie « royale » pour parvenir au rattachement (et surtout au contrôle qu'entendent exercer les magistrats sur les prisons), est presque entièrement occultée par Magnol.

C'est que cette thèse fut, nous semble-t-il, un texte à la fois de circonstance et de combat :

- *Un texte de circonstance.*

Depuis 1897, les partisans du rattachement avaient décidé d'agir à visage découvert. Le 11 juin 1897, le bureau du conseil de direction de la Société générale des prisons (dont Bérenger était membre) fut reçu successivement par le ministre de l'Intérieur et le directeur du cabinet du garde des Sceaux. Les ministres concernés (qui appartenaient au gouvernement Méline, lequel venait d'accomplir un rapprochement spectaculaire en direction des « conservateurs ») se déclarèrent favorables au rattachement, mais la démarche n'eut pas de suite, l'« affaire Dreyfus » commençant à accaparer les énergies du gouvernement. Le mot « historique » de Méline à la Chambre : « il n'y a pas d'affaire Dreyfus ! » est du 4 décembre 1897[91].

Aussi Bérenger déposa-t-il sur le bureau du Sénat une proposition de loi de rattachement le 6 juin 1898, aussitôt après les élections législatives des 8 et 22 mai, en pleine crise ministérielle et au paroxysme de l'affaire Dreyfus qui monopolisait alors l'attention des parlementaires. Bérenger, quoique conservateur, était un « dreyfusard » de la première heure[92], et il pouvait espérer profiter de l'occasion pour rallier sur son nom, en faveur de son projet, une partie de la gauche. Effectivement, la commission d'initiative parlementaire devait conclure à l'adoption du projet le 3 juillet.

Malgré cette conjoncture favorable, l'habileté de Bérenger qui préféra une loi à un décret (ce qui enlevait aux adversaires du rattachement beaucoup de leurs arguments) et la limpidité du texte proposé – il n'était question que d'un simple transfert « administratif » d'un ministère à un autre (plus il est vrai la

91. Goguel (François), *La Politique des partis sous la IIIe République*, Paris, Éditions du Seuil, 1948.

92. Chastenet (Jacques), *La République triomphante*, Paris, Hachette, 1955.

restitution de ses prérogatives au Conseil supérieur des prisons) – la question fut enterrée au Sénat.

Elle resurgit, au Sénat et à la Chambre cette fois, par l'intermédiaire des rapporteurs du budget des services pénitentiaires, qui devaient tous se déclarer favorables au rattachement à partir de 1898.

La grande voix en faveur du rattachement fut celle du député Cruppi, ancien avocat-général à la cour de cassation (et futur ministre de la Justice en 1911). Cruppi intervint d'abord le 2 mars 1899, lors de la discussion générale du budget du ministère de la Justice, puis quelques mois plus tard lors du débat sur le budget pénitentiaire. Commettant l'erreur d'agir à visage découvert, Cruppi posa la vraie question : « puisqu'on veut individualiser la peine, il faut obliger le magistrat qui condamne à suivre l'effet de la peine ».

Cette prise de position entraîna une levée de boucliers de la part des « pénitentiaires » qui se sentaient complètement soutenus par Waldeck-Rousseau, redevenu leur ministre dans l'intervalle en même temps que président du Conseil (le 22 juin 1899, Waldeck-Rousseau avait déjà été ministre de l'Intérieur, 11 semaines en 1881, puis de février 1883 à mars 1885, en pleine période de la mise en sommeil du Conseil supérieur des prisons)[93].

Aussi quand l'ancien haut magistrat Cruppi tenta, en 1899, par un simple artifice de procédure (réduire de 1000 francs un chapitre du budget pénitentiaire) de provoquer un décret de rattachement, vit-il se dresser devant lui le président du conseil en personne, qui lui déploya tous les arguments allant à l'encontre du décret, y compris celui du gardien-chef contrôlant le Procureur. La question fut renvoyée à la commission des réformes administratives cependant que l'amendement Cruppi était rejeté[94].

- *Un texte de combat.*

La thèse de Magnol parut aussitôt après ces tentatives sur le terrain parlementaire, auxquelles d'ailleurs elle fait référence. Aussi Magnol se montra-t-il extrêmement prudent : il se déclarait partisan d'une loi, quand en 1911, la victoire du rattachement acquise, il devait se faire le partisan convaincu du décret[95]. Surtout, lui qui œuvrait sur le terrain du patronage et s'y déclarait sans ambiguïté pour la transparence des prisons – dans le cadre de l'individualisation – ne réclamait plus que le simple transfert administratif du service des prisons métropolitaines du ministère de l'Intérieur à celui de la Justice, les prisons coloniales restant au ministère des Colonies (ce qui était très en retrait par rapport aux propositions précédentes des partisans du ratta-

93. *Chambre des députés*, séance du 2 mars 1899.
94. V. P. Sorlin, *op. cit.* 1966.
95. *Chambre des députés*, séance du 5 décembre 1899.

chement, notamment celles émises par le Congrès des jurisconsultes catholiques d'Aix en Provence)[96].

Toutefois, Magnol n'esquivait pas complètement le rôle des magistrats : s'il précisait bien que l'administration pénitentiaire en tant que telle ne subirait aucun bouleversement (sauf à recréer un corps autonome d'inspecteurs généraux, ce qui ne pouvait que satisfaire les « pénitentiaires »), il s'attardait longuement sur l'exemple de l'Autriche, où les procureurs généraux avaient la haute main sur les prisons, relayés au niveau local par des commissaires spéciaux qui étaient des substituts ou des juges d'arrondissement. Mais Magnol ne préconisait, pour la France, qu'une réforme plus limitée : une partie du pouvoir des préfets devait revenir aux procureurs généraux.

Ainsi les magistrats seraient associés au contrôle des prisons, mais sans qu'ils « s'abaissassent » à traiter des petits problèmes de gestion et sans qu'ils se substituassent aux agents pénitentiaires, lesquels avaient à accomplir une tâche spécifique et à porter un regard neutre sur les prisonniers. Magnol paraît ainsi nombre d'arguments mis en avant par les adversaires du rattachement. Fort du système ainsi élaboré, il pouvait alors entreprendre (dans ce qui était aussi une thèse de droit) de réfuter le grand argument inlassablement avancé par tous les adversaires du rattachement : celui de la séparation des pouvoirs.

Cette question était déjà, on l'a vu, d'actualité quand avait été créée au XVIIe siècle la lieutenance générale de police : il s'agissait alors de ne pas confondre les pouvoirs de police, dépendant de l'exécutif, et la fonction de dire le droit, impartie à la magistrature.

La Révolution s'attacha, comme chacun sait, à séparer les trois pouvoirs, selon le principe dégagé (principalement) par Montesquieu – un magistrat – dans son « Esprit des Lois » : « Il n'y a point encore de liberté si la puissance de juger n'est pas séparée de la puissance législative et exécutrice. Si elle était jointe à la puissance législative, le pouvoir sur la liberté et la vie des citoyens serait arbitraire, car le juge serait législateur. Si elle était jointe à la puissance exécutrice, le juge aurait la force d'un oppresseur »[97].

En fait, pour des raisons liées à l'urgence, la Révolution réalisa bien la séparation de l'exécutif et du législatif, cependant que le « troisième pouvoir » ne bénéficia pas d'un statut bien déterminé. À preuve, de nombreux ouvrages de doctrine du XIXe siècle (le « Cours de droit administratif » de Ducrocq, les études sur la séparation des pouvoirs de Saint-Girons et Duguit, etc.) considéraient qu'il n'y avait que deux pouvoirs, le législatif et l'exécutif,

96. V. J. Magnol, « Le rattachement des services pénitentiaires au ministère de la Justice », *Revue pénitentiaire et de droit pénal. Bulletin de la Société générale des prisons*, tome 35, 1911, n° 3, mars, p. 513-532.

97. V. Montesquieu, *De l'esprit des lois* (livre XI, chapitre VI).

la fonction de dire le droit n'étant qu'une délégation de l'exécutif. Les faits historiques donnaient raison à la doctrine, la magistrature du XIXe siècle ayant été contrainte de se soumettre aux détenteurs successifs du pouvoir politique[98], et on a vu qu'il en avait été encore ainsi dans les années 1880, comme l'exprimait sans détours le ministre de l'Intérieur Waldeck-Rousseau. Lui qui était avocat souhaitait des magistrats « serviteurs fidèles de l'ordre établi » et déclarait sans ambages : « la fonction judiciaire n'est qu'un démembrement de la souveraineté nationale, la logique veut que ceux qui l'exercent la tiennent de cette même souveraineté ou de ceux qui l'exercent »[99]. On ne pouvait être plus net.

Notons que dans le cadre de cette analyse – les juges étant une émanation de l'exécutif – rien ne s'opposait à ce qu'ils s'occupassent de prisons. Mais la démonstration à l'encontre du rattachement se fondait sur d'autres arguments. La prison, étant un organe de sûreté, revenait au ministère de l'Intérieur, et la séparation des pouvoirs devait être maintenue au niveau de la fonction de juger, « le juge qui prononce la peine » devant être « distinct de l'exécuteur qui l'inflige », pour reprendre les termes de Moreau-Christophe[100].

Cette argumentation avait été à la base des objections développées par les adversaires du rattachement lors de la discussion de 1878 à la Société générale des prisons. Pour Fournier, par exemple, Président du comité des inspecteurs généraux des prisons, les magistrats, connaissant la nature des infractions, risquaient d'avoir un préjugé défavorable à l'encontre des prisonniers dont la « conduite en prison » risquait d'être négligée en tant qu'indice déterminant d'un progrès dans la voie de l'amendement[101]. Ce à quoi Magnol pouvait aisément rétorquer : « le rattachement n'implique pas l'attribution au pouvoir judiciaire d'assurer l'exécution des peines, le chef de l'administration pénitentiaire serait uniquement le ministre de la Justice agent du pouvoir exécutif, chef d'une grande administration ».

La démonstration de Magnol était beaucoup moins lumineuse lorsqu'il proposait de substituer les procureurs généraux aux préfets, ceux-ci pouvant après tout dépendre en tant qu'agents de l'exécutif du garde des Sceaux comme émanation du pouvoir exécutif. À défaut d'invoquer l'argument de l'individualisation des peines, Magnol, prudemment, avançait qu'il y voyait l'avantage d'intéresser les magistrats aux choses de la prison ; alors, « leur

---

98. V. R. Charvin, *Justice et politique*, Paris, 1968, LGDJ ; L. Duguit, « La séparation des pouvoirs et l'Assemblée nationale de 1789 », Paris, *Revue d'économie politique*, tome VII, février, avril et juin 1893, p. 99-132, 336-372, 567-515 ; A. Saint-Girons, *Essai sur la séparation des pouvoirs dans l'ordre politique, administratif et judiciaire*, Paris, L. Larose, 1881.

99. V. P. Sorlin, *op. cit.*, 1966.

100. V. *Code des prisons*, vol. 1 (1845).

101. V. *Bulletin de la Société Générale des Prisons*, 1878.

opinion changerait, peut-être, si, étant officiellement chargés de la surveillance des prisons, ils pouvaient suivre l'effet de la peine, l'amendement progressif et la bonne conduite du condamné ». En quelque sorte, l'amendement des condamnés était utilisé à amender les magistrats !

On était très loin, mais c'était pure tactique, des beaux propos de Cruppi à la chambre le 2 mars 1899 : « le magistrat ne connaît pas assez sa propre justice ; il juge des délits, il applique des définitions abstraites, tandis qu'il devrait connaître des hommes et des délinquants, il connaît le code pénal de 1810, ce tarif démodé de vengeance pénal ; il ne connaît pas le criminel et n'est pas suffisamment initié au rôle que le juge aura dans l'avenir au point de vue des œuvres de patronage et de reclassement »[102].

Les débats de 1911

Après les élections de 1902, qui marquèrent l'arrivée massive de la gauche au pouvoir et celle de Combes à la présidence du Conseil, le terrain politique allait devenir presque exclusivement occupé par les débats sur la suppression des congrégations enseignantes[103].

La question du rattachement ne fut plus guère mise en avant que par les rapporteurs des budgets pénitentiaires. Toutefois Chéron, s'il s'attarda en 1906 sur l'état catastrophique des prisons et les « misères atroces qu'on y rencontre » – « je n'y ai vu nulle part un effort sérieux tenté pour l'amendement des condamnés »[104], invoquait-il à l'appui de sa demande du rattachement – devait un an plus tard, après l'arrivée de Clemenceau au ministère de l'Intérieur, exprimer le souhait, compte-tenu de l'ouverture du ministre aux réformes, que le rattachement fût différé[105].

Le rattachement se fit, en 1911, pour les raisons que l'on a développées, sans que rien n'eût été préparé, sans que personne n'eût été consulté. Aussi les débats à la Société générale des prisons les 26 avril et 10 mai 1911 furent-ils particulièrement vifs, partisans et adversaires du rattachement se trouvant placés devant le fait accompli[106]. L'improvisation de la mesure fut dénoncée, autant que le contexte de son adoption purement politicien en présence de Malvy venu assister à la discussion le 10 mai. Grimanelli, préfet et ancien directeur de l'administration pénitentiaire, considérait que c'était « l'anarchie », les prisons se retrouvant par exemple sans inspection ; les magistrats présents se plaignaient de ne pas avoir été consultés, l'un d'eux

---

102. *Chambre des députés*, séance du 2 mars 1899.

103. V. A. Dansette, *Histoire religieuse de la France contemporaine sous la Troisième République*, Paris, Flammarion, 1951.

104. *Chambre des députés*, séance du 21 mars 1911.

105. *Chambre des députés*, Rapport de Chéron de 1907 n° 336.

106. V. *Revue Pénitentiaire*, 1911.

allant jusqu'à s'exclamer : « c'est un triste cadeau qu'on a fait à la magistrature ! ».

Encore une fois, il revint à Bérenger de dire tout haut, et d'une manière très synthétique, ce que pensaient la majorité des membres présents : « le rattachement au ministère de la Justice que je rêvais était fort différent de celui qu'un décret récent vient de réaliser. Ce qu'on a fait est une improvisation précipitée, sans étude, sans aucun souci des conséquences qu'elle entraîne, faite d'ailleurs uniquement dans un but politique, celui de créer un emploi pour une personnalité ». Et Bérenger ne se mêla pas davantage aux débats.

Soupçonnant que le rattachement ne vivrait pas plus longtemps que le sous-secrétariat d'État (effectivement supprimé par Cruppi devenu garde des Sceaux en juin 1911), les adversaires du rattachement ne ménagèrent pas ses partisans. Cette fois encore, tous les arguments dont nous avons fait état, en premier lieu celui de la séparation des pouvoirs, furent échangés ; d'autres furent plus circonstanciels, influencés par la création concomitante du sous-secrétariat d'État. Ainsi, il fut avancé que le rattachement pouvait permettre l'élaboration d'un plan d'ensemble visant dans le même temps à la suppression des tribunaux peu occupés et des prisons à faible effectif. Léveillé de son côté (l'auteur de l'article « Une tête et deux bras » de 1886) aurait préféré à une division horizontale du ministère de la Justice (suivant laquelle la « tranche inférieure » du ministère, justices de paix et prisons, était retirée au garde des Sceaux pour être confiée au sous-secrétariat d'État) une division verticale, le « civil » et la préparation des lois restant l'apanage du ministre, le pénal et l'exécution des peines entrant dans la compétence du sous-secrétaire d'État.

La discussion finit par être constructive, les membres présents aux deux réunions où la question du rattachement fut débattue se rangeant à l'avis de Larnaude, professeur à la faculté de droit : « Il nous importe peu que ce soit la politique qui ait dicté le rattachement. Ce qui est essentiel est que si le rattachement est bon, il soit maintenu et organisé ». Ceci admis, au moins par les partisans du rattachement, ceux-ci monopolisèrent la parole pour la répartir en deux volets, ceux-là mêmes définis à la Chambre des députés par Chéron : le rattachement lui-même, et le rôle des magistrats par rapport aux prisons.

Sur le premier point, la majorité des membres de la Société générale des prisons s'accordaient à laisser l'administration pénitentiaire « autonome et indépendante, avec une hiérarchie propre, purement administrative », cette autonomie devant même être renforcée pour ce qui concernait le corps des inspecteurs généraux, ce qui fit dire à certaines mauvaises langues, parmi lesquelles celle du professeur Émile Garçon : « les prisons ne seront probablement pas administrées beaucoup différemment », les plus pessimistes voyant dans le rattachement un simple déménagement des bureaux du service des prisons de la rue Cambacérès[107] à la place Vendôme.

Un premier désaccord survint à propos du directeur de l'administration pénitentiaire, le plus grand nombre souhaitant que le poste échût à un directeur « technique » quand d'autres exigeaient que le poste fût obligatoirement occupé par un magistrat. L'unanimité se fit par contre sur l'exigence d'une direction autonome qui fût complètement distincte de celle des affaires criminelles, pour répondre à une proposition d'un maître des requêtes au Conseil d'État dans la *Revue Bleue* (25 février 1911), suivant laquelle l'administration pénitentiaire devait être répartie entre les trois bureaux de la direction des affaires criminelles.

Le sénateur Flandin, ancien procureur général, allait beaucoup plus loin : il souhaitait pour sa part, dans un article de la *Revue Hebdomadaire* (25 mars 1911), que l'administration pénitentiaire fût rattachée directement au garde des Sceaux par l'intermédiaire d'un secrétaire général.

Enfin, la Société générale des prisons s'accordait à considérer que la Chancellerie était un milieu beaucoup moins politisé que le ministère de l'Intérieur, donc plus favorable à l'étude et au développement des problèmes pénitentiaires. Par parenthèse, l'hypothèse d'un rattachement des prisons coloniales et militaires au ministère de la Justice ne fut envisagée que pour mémoire.

Sur le second volet (le rôle des magistrats), les opinions se révélèrent beaucoup plus divergentes. Certains membres étaient partisans de laisser aux préfets tous leurs pouvoirs, d'autres de cantonner ceux-ci à l'administration matérielle des prisons, l'exécution morale et juridique de la peine revenant aux magistrats. Mais la grande majorité des membres de la Société générale des prisons demandaient que les procureurs généraux prissent la place des préfets, cependant que les commissions de surveillance, présidées par les premiers présidents ou présidents, auraient bénéficié de pouvoirs étendus. Un débat s'installa même parmi les plus ardents partisans du rattachement, certains souhaitant que ce ne fussent pas les magistrats du Parquet, trop « hommes de gouvernement », mais ceux du siège qui remplaçassent les préfets dans le contrôle des prisons, ou qui, au moins, eussent à statuer en matière disciplinaire.

Au cours des débats, les magistrats « du terrain » présents (Drioux, juge d'instruction à Paris ou encore Mourrai, conseiller à la cour d'appel de Rouen) moins soucieux de formalisme et de tactique, surent mettre en exergue « le point capital, qui domine toute la question du rattachement »,

107. C'était le siège des bureaux de l'administration centrale.

comme devait dire Drioux, celui-là même qu'avait si bien souligné Cruppi quelque douze ans auparavant.

Pour ces magistrats, l'amendement étant devenu l'objet principal de la peine « le rôle du juge se trouve transformé », aussi le rattachement « doit être suivi d'une réorganisation qui donnera à la magistrature, dans la surveillance effective de l'exécution des peines, la place qui est la condition même de cette réforme ». Et le conseiller Mourrai, auteur de cette déclaration, souhaitait que l'inspection des prisons, régionalisée, fût confiée à des conseillers de cour d'appel – ce qui lui valut une réponse, pour le moins méprisante, de Charles Brunot, inspecteur général : « je ne serais pas rassuré pour la tenue des prisons, si l'état major de celles-ci devenait l'exutoire des demi-valeurs de la magistrature ! ».

Quoi qu'il en soit, ces magistrats « de la base » avaient su amener les débats à leur point nodal - celui de l'individualisation des peines assurée par la magistrature, du jugement à l'après-libération - un magistrat, conseiller à la cour d'appel de Toulouse, Coumoul, allant jusqu'à souhaiter dans une brochure parue en 1911[108] que ce fussent les chambres du conseil et les chambres d'accusation qui statuent sur la libération conditionnelle, avec les interventions contradictoires de la défense et du ministère public.

Finalement, par neuf voix contre une (et une abstention), le bureau de la Société générale des prisons se prononça pour le rattachement, et se déclara, par sept voix contre trois, favorable à la magistrature debout se substituant aux préfets, les services de construction et d'entretien des prisons demeurant dans les attributions de ces derniers aussi longtemps que la propriété des maisons d'arrêt ne serait pas revenue à l'État (ce qui n'advint qu'en 1944).

6. – Les suites du rattachement

Les suites immédiates (1911-1944)

Le décret du 13 mars ne réglait rien, comme on vient de le voir, mais il ne fut pas une mesure provisoire, comme l'espéraient les adversaires du rattachement. L'administration pénitentiaire, si elle fut un temps réunie à la direction des affaires criminelles et des grâces, entre le 20 août 1926 et le 9 août 1930 (à cette date, un directeur fut nommé, mais l'administration pénitentiaire ne redevint direction à part entière, disposant d'un budget annexe, que le 30 octobre 1935) ne fut distraite du ministère de la Justice que par le gouvernement Laval, qui la rattacha au secrétariat d'État à l'Intérieur par le décret du 15 septembre 1943. L'ordonnance du 9 août 1944 rétablissant la léga-

---

108. Dans le cadre d'une enquête sur le fonctionnement des grands ministères.

lité républicaine ramena l'administration pénitentiaire au ministère de la Justice.

Les vœux des adversaires du rattachement ne se réalisèrent donc que très brièvement, et sous des auspices dont il allait devenir difficile de se prévaloir. Par contre, leurs mises en garde contre les difficultés qui risquaient de surgir lors de la mise en place de la nouvelle organisation devaient s'avérer fondées. Ainsi, un décret du 4 juillet 1912 plaçait le personnel de l'administration pénitentiaire en position de détachement du ministère de l'Intérieur, les vacances étant comblées selon le même principe et les avancements se réglant par la concertation des deux ministres.

Cette année 1912, le rapporteur du budget pénitentiaire à la Chambre, Bouffandeau, crut bon de s'élever « une fois pour toutes » contre les objections des fonctionnaires de l'administration centrale, qui « auraient été bien avisés en étant moins bruyants dans leurs protestations » inspirées par « les intérêts corporatifs et personnels plus que par l'intérêt public », ajoutant que le retour des prisons au ministère de l'Intérieur constituerait « une faute intolérable »[109].

Bouffandeau signalait aussi l'urgence de certaines mesures, dont la création d'un corps spécial d'inspecteurs généraux des prisons, et la nécessité de restreindre les attributions considérables conférées aux Préfets en matière d'exécution des peines, ceux-ci devant se limiter au contrôle financier et économique des prisons.

Au Sénat, toujours en 1912, le rapporteur Jeanneney fut encore plus critique, reprochant à la Chancellerie son « inaction », se demandant même si le ministère de la Justice « n'ignore pas qu'il y a eu décret de rattachement », aucune commission n'ayant été constituée pour concrétiser la réforme (ce qui était excessif, une commission avait été mise sur pied le 11 mai 1911, mais elle n'était chargée que d'organiser le transfert des crédits)[110].

Les mêmes reproches furent repris dans la discussion du budget de 1913, Bouffandeau, toujours lui, s'en prenant au garde des Sceaux Cruppi, « orateur éloquent qui avait plaidé au Parlement la cause du rattachement », mais qui n'avait rien fait au cours de son passage (fort bref, du 27 juin 1911 au 14 janvier 1912) à la Chancellerie[111].

« Mariage de raison » bien plus que d'« inclination » avait constaté un membre de la Société générale des prisons en 1911 : ce fut effectivement le cas, même si un temps, à partir du 24 octobre 1911, la direction de l'adminis-

109. V. J. Coumoul, *Du rattachement du régime pénitentiaire au ministère de la Justice. Modalités d'application des décrets du 13 mars 1911*, Paris, Larose et Tenin, 1911.

110. V. *Revue pénitentiaire*, 1912.

111. V. *Revue pénitentiaire*, 1913.

tration pénitentiaire fut confiée à un magistrat de l'ordre judiciaire. Dès le 4 octobre 1919, un préfet était nommé directeur.

Magnol pouvait écrire en 1928 : « Rien, en effet, n'a été changé, ni dans l'administration centrale, ni dans l'administration locale ; ce sont toujours les préfets qui en sont les chefs locaux » ; et dans « le Vidal-Magnol » de 1948 se retrouvait la même constatation, exagérée cette fois. Car en 1935, deux décrets intervenaient (24 ans après celui de 1911) le premier, du 30 octobre, assimilant les fonctionnaires de l'administration pénitentiaire à ceux du ministère de la Justice, le second du 28 décembre, érigeant l'administration pénitentiaire en budget annexe et la pourvoyant d'une agence comptable tout en réalisant l'intégration complète de son personnel à celui de l'administration centrale de la Justice. Par contre, les inspecteurs des services administratifs du ministère de l'Intérieur subsistaient, qui n'étaient que délégués du garde des Sceaux pour la visite des prisons.

Enfin, l'interpénétration des services judiciaires et pénitentiaires était réalisée par le décret du 31 mars 1937, qui réservait aux magistrats les emplois supérieurs. Concernant les services extérieurs, aucune réforme de structure importante ne fut accomplie avant le décret du 22 novembre 1944 divisant le territoire national en régions pénitentiaires, encore que ce décret ne fit qu'harmoniser l'organisation pénitentiaire avec la nouvelle organisation administrative régionale.

Les réformes de l'après Seconde guerre mondiale (1944-1958)

Les horreurs carcérales qu'eut à subir « l'homo custoditus » (non assimilable à l'homo delinquens, durant la guerre) amenèrent les nouveaux détenteurs du pouvoir politique (dont un grand nombre avaient connu l'emprisonnement) à envisager une réforme profonde de la prison.

Le grand artisan du changement pénitentiaire fut un magistrat, Paul Amor, qui décelait, en août 1944, juste avant de prendre en charge l'administration pénitentiaire, « un retard d'une soixantaine d'années dans le domaine pénitentiaire »[112]. Il présida une commission de réforme qui définit 14 principes qui devaient permettre à la prison de prendre « le tournant de son histoire »[113]. On retiendra de ses travaux, dont l'analyse mériterait une autre étude, que le traitement prenait un avantage décisif sur le châtiment, cependant que le 9e principe énonçait : « Dans tout établissement pénitentiaire où sont purgées des peines de droit commun privatives de liberté supérieures à

112. V. G. Vidal et J. Magnol, *Cours de droit criminel et de science pénitentiaire*, Paris, Rousseau, 1949.

113. V. P. Amor, « La réforme pénitentiaire en France », *Revue de science criminelle et de droit pénal comparé*, 1947, n° 1, p. 1-30.

un an, un magistrat exclusivement chargé de l'exécution des peines aura seul compétence pour ordonner le transfert du condamné dans un établissement d'un autre type, pour prononcer l'admission aux étapes successives du régime progressif et pour rapporter les demandes de libération conditionnelle auprès du comité institué par le décret du 11 février 1888 ».

La longue lutte des partisans du rattachement trouvait là son aboutissement. La concrétisation cette fois ne tarda pas. Des « juges de l'exécution des peines » essuyèrent les plâtres de la réforme à Haguenau, Ensisheim et Mulhouse et une circulaire du garde des Sceaux du 1er février 1946, qui instituait des comités d'assistance et de placement des libérés, officialisa leurs fonctions.

La circulaire, reprise par décret du 1er avril 1952, était claire dans ses finalités : « l'individualisation [est] un des buts essentiels de notre réforme. Le magistrat chargé de l'exécution des peines joue un rôle primordial dans cette tâche ». Plusieurs circulaires subséquentes vinrent doter les présidents des « comités post-pénaux » d'attributions supplémentaires le 25 juin 1954, ils eurent la faculté de provoquer directement la libération conditionnelle, et la circulaire du 15 mai 1956 suggérait que les présidents des comités fissent partie des commissions de surveillance des prisons.

Parallèlement, le gouvernement déposait successivement deux projets de loi (en 1954 puis en 1957) en vue d'introduire le sursis avec mise à l'épreuve comme peine de substitution à l'emprisonnement. Ces projets, rejetés, furent introduits dans le nouveau code de procédure pénale, qui officialisa les expériences ou incitations antérieures. Le titre préliminaire et le livre I furent promulgués le 8 janvier 1958.

L'ensemble du code de procédure pénale, qui entra en vigueur le 1er janvier 1959, consacrait la réforme des prisons. L'année 1959 fut considérée par les réformateurs comme « l'année 0 » de l'administration pénitentiaire. Cette réforme ne concernait que les adultes, car les délinquants mineurs dépendaient d'une direction de l'éducation surveillée instituée au ministère de la Justice par l'ordonnance du 1er septembre 1945. Peu de temps auparavant, l'ordonnance du 2 février 1945 avait introduit la possibilité pour les juridictions pour enfants de prononcer en matière pénale des mesures éducatives.

Un article de la *Revue des Sciences Criminelles* de 1946 saluait les réformes intervenues en faveur de l'enfance délinquante : il était signé Joseph Magnol[114].

En 1958 un projet de loi qui tendait à instituer un régime pénal spécifique pour les jeunes adultes de 18 à 25 ans fut déposé sans succès devant le Par-

---

114. V. J. Magnol, « L'ordonnance du 2 février 1945 sur l'enfance délinquante », *Revue de sciences criminelles et de droit pénal comparé*, 1946, n° 1, p. 7-38.

lement. Le professeur Emile Garçon disait déjà en 1922 de la loi de 1912 (instituant la liberté surveillée), qu'elle faisait « sortir l'enfant du droit pénal »[115]. En 1945 et en 1958, le mouvement de dépénalisation entendait aller plus loin, et on ne peut que répéter, après le grand pénaliste suédois Karl Schlyter, qu' il y a dans le « traitement des jeunes » « un enseignement pour le traitement des adultes » ou même sa « préfiguration », comme devait dire plus tard Pinatel[116].

Conclusion : la portée du rattachement

Les grandes réformes pénitentiaires de l'immédiate après-guerre, qui furent impulsées par Paul Amor, s'inscrivent dans le prolongement de la longue lutte pour le rattachement que nous avons tenté de décrire et la revivifient, puisqu'elles visaient principalement à asseoir le pouvoir du magistrat dans la prison. Par contre, les réformes postérieures marquent, à notre avis, une rupture relative dans ce qu'en introduction nous avions défini comme « une révolution mentale ».

Non pas que cette « révolution mentale » ait complètement échoué, ou même qu'elle se soit effilochée : elle s'est, nous semble-t-il, sinon transportée hors la magistrature (la « dépossédant » ainsi du fruit de son combat), au moins diluée parmi d'autres intervenants.

En particulier, si les réformes qu'impulsa Paul Amor sont en parfaite continuité avec les idées qui présidèrent au rattachement, et témoignent de la même volonté d'individualiser la peine, le Code de procédure pénale de 1958 est bien plus le fruit des travaux de la « Commission internationale pénale et pénitentiaire » (et de ceux de Marc Ancel) que des travaux que Paul Amor devait poursuivre à l'ONU. En effet, dans les années 1950, un mouvement « scientifique » (ou qui se définit comme tel), un mouvement intellectuel en tout cas, celui de la défense sociale nouvelle, vint accaparer le champ de la réforme pénitentiaire, en excluant de facto les « praticiens ».

Les réformes contenues dans le Livre V du Code de procédure pénale de 1958 officialisaient en effet l'introduction jusque-là prétorienne du juge de l'application des peines dans la prison, lequel avait à charge le suivi de l'exécution des peines (article 722).

Un sous-directeur de l'administration pénitentiaire, A. Perdriau, remarquait alors que le « Code de procédure pénale a été rédigé dans un esprit réaliste qui tranche sur celui qui présidait autrefois à l'élaboration des textes

---

115. V. E. Garçon, *Le droit pénal, origines, évolution, état actuel*, Paris, Payot, 1922.

116. Dans son « testament politique », cité partiellement dans M. Ancel, *La défense sociale nouvelle un mouvement de politique criminelle humaniste*, Paris, Cujas, 1981 ; Intervention de Jean Pinatel au congrès de défense sociale de Stockholm de 1958.

pénitentiaires ». Malgré cet « esprit réaliste », et quand même l'univers pénitentiaire (avec la création du « milieu ouvert » et l'institution des mesures de substitution à l'emprisonnement) eût pu être rêvé, une fois de plus, comme une peau de chagrin, la prison demeure. Claude Faugeron définissait la prison du XXe siècle, mais l'analyse vaut pour le siècle antérieur, comme un « dispositif de ségrégation et de contrôle répressif évoluant à bas bruit et difficile à contrôler »[117].

Le long combat que nous venons de décrire n'avait justement d'autre finalité, pour « sortir du néolithique », comme dit Tunc, que de tirer l'univers carcéral hors des zones obscures de non-droit où il se complaît par nature[118]. Car il y a unanimité dans tous les écrits sur la prison, qu'ils soient le fait de praticiens ou de théoriciens, d'observateurs ou de romanciers, pour considérer que la plus petite réforme concernant la prison n'est applicable que si elle entraîne un minimum d'adhésion de la part du personnel. Or, il ne semble pas que nos grands magistrats de la fin du XIXe siècle eussent recueilli du personnel pénitentiaire une adhésion indispensable et qui ne fût pas feinte.

Est-ce à dire qu'on ne peut être en la matière que pessimiste ? Certainement non pour au moins deux raisons :
- d'un point de vue historique, sur le long terme, la prison (au moins comme système organisé) n'est qu'un épiphénomène socio-juridique d'à peine deux cents ans d'âge, et l'on est en droit de souhaiter avec Marc Ancel : « le XXIe siècle s'étonnera sans doute de notre étrange fidélité à des modes de réaction criminelle hérités du passé et dont l'expérience démontre l'inefficacité »[119] ;
- sur le plus court terme, l'histoire enseigne aussi que les seules réformes pénitentiaires qui n'eussent pas été que formelles ont été accomplies par des hommes qui avaient eu à connaître de la prison d'une manière ou d'une autre. Comme le disait Victor Hugo : « il n'est pas mauvais que ceux qui font les prisons en tâtent ! »[120].

L'historien de la prison ne peut pas ignorer que l'histoire dont il traite respire à l'unisson des grandes secousses sociopolitiques : 1830, 1848, mais aussi 1853 après que l'un des pères du « tout-cellulaire », Gustave de Beaumont, eût « tâté » de Mazas, 1870, 1945, 1958.

Lucas enseignait déjà en 1838 : « La révolution de juillet, avec le cortège des détentions politiques que toutes les révolutions entraînent à leur suite, a trouvé chez les classes éclairées, qui, dans les jours du calme ou de la paix,

117. V. C. Faugeron, postface à J. Bernat de Celis, L. Hulsman, *Peines perdues : le système pénal en question*, Paris, Le Centurion, 1982.

118. V. A. Tunc, « Pour sortir du néolithique (Recherche et enseignement dans les Facultés de droit) », *Chronique Dalloz*, 1957.

119. V. M. Ancel, *op. cit.*, 1981.

120. Cité dans P. Savey-Casard, « Les enquêtes de Victor Hugo dans les prisons », *Revue de sciences criminelles et de droit pénal comparé*, 1952, n° 3, pp. 427-438.

se croient désintéressées du perfectionnement des prisons, ce sentiment d'une sympathie : générale, mais accidentelle, égoïste même peut-être, qui naît avec les commotions politiques et disparaît avec elles »[121].

Puissent s'en inspirer nos réformateurs pénitentiaires de demain, la tête s'ils veulent dans les étoiles, mais les pieds bien ancrés dans la réalité du sol carcéral.

Bibliographie

D. Alvergnat, *L'Illusion de savoir et la parole dépossédée*, Grenoble, Université des sciences sociales, Thèse de doctorat de 3e cycle, 1978.

P. Amor, « La réforme pénitentiaire en France », *Revue de sciences criminelles et de droit pénal comparé*, 1947, n° 1, p. 1-30.

M. Ancel, *La défense sociale nouvelle un mouvement de politique criminelle humaniste*, Paris, Cujas, 1981.

Anonyme, « Mémoire sur les prisons de Paris en 1644 », extrait du *Bulletin de la Société de l'histoire de Paris et de l'Ile-de-France*, 1892, Paris, Ludovic Lalanne.

Vicomte de Bastard-d'Estang, *Les Parlements de France. Essai historique sur leurs usages, leur organisation et leur autorité*, Paris, Didier, 1857.

de la Drôme Bérenger (Alphonse-Marc-Marcellin-Thomas), *De la répression pénale, de ses formes et de ses effets, rapport fait à l'Académie des sciences morales et politiques*, Paris, Firmin-Didot, 1852-55, 2 vols.

V. Bernaudeau, « L'Anjou, la République et ses juges : l'épuration du corps judiciaire, entre réaction de légitime défense et instrument de consolidation du régime (1883) », *Criminocorpus, revue hypermédia* [En ligne], Varia, mis en ligne le 03 janvier 2011.

O. Blanc, *La dernière lettre. Prisons et condamnés de la Révolution, 1793-1794*, Paris, R. Laffont, 1984.

C. Bloch, *L'Assistance et l'État en France à la veille de la Révolution (généralités de Paris, Rouen. Alençon, Orléans, Châlons, Soissons, Amiens) (1764-1790)*, Paris, A. Picard et fils, 1908.

F. Bluche, *Les Magistrats du Parlement de Paris au XVIIIe siècle (1715-1771)*, Besançon, Impr. Jacques et Demontrond, 1960.

F. Bluche , *La Vie quotidienne au temps de Louis XVI*, Paris, Hachette, 1980.

P. Bois, *Cahiers de doléances du Tiers-Etat de la Sénéchaussée de Chateau-du-Loir pour les Etats-généraux de 1789*, Gap, Impr. Louis-Jean, 1960.

A.-M. de Boislisle, *Correspondance des contrôleurs généraux des finances avec les intendants des Provinces*, Paris, Imprimerie nationale, 1874-1883, 3 vols.

E. G. Bonnefous, *Histoire politique de la IIIe République*, Paris, PUF, 1956.

121. Lucas (Charles), *op. cit.*, 1838.

M. Bouloiseau, *Cahiers de doléances du Tiers-État du bailliage de Rouen pour les États généraux de 1789*, Paris, PUF, 1957-1960, 2 vols.

G. Bourgin, « La Commission des administrations civiles, police et tribunaux », *Annales historiques de la Révolution française*, tome 7, 1930, p. 176-186.

M. Chassaigne, *La Lieutenance générale de police de Paris*, Paris, A. Rousseau, 1906.

N. Castan, *Justice et répression en Languedoc à l'époque des Lumières*, Paris, Flammarion, 1980.

J. Chastenet, *La République triomphante*, Paris, Hachette, 1955.

J. Chastenet, *Jours inquiets et jours sanglants*, Paris, Hachette, 1957.

E. Champion, *La France d'après les cahiers de 1789*, Paris, A. Colin, 1897.

R. Charvin , *Justice et politique*, Paris, 1968, LGDJ.

R. Cheyper, *Recherches sur le procès des inspecteurs de police : 1716-1720*, Paris, PUF, 1975.

Collectif, *La Recherche historique sur la criminalité et la justice pénale : note du Secrétariat Général préparé par la Direction des affaires juridiques, 6e Colloque criminologique, Strasbourg, 21-23 novembre 1983*, Strasbourg, Conseil de l'Europe, 1984.

J. Coumoul, *Du rattachement du régime pénitentiaire au ministère de la Justice. Modalités d'application des décrets du 13 mars 1911*, Paris, Larose et Tenin, 1911.

A. Dansette, *Histoire religieuse de la France contemporaine sous la Troisième République*, Paris, Flammarion, 1951.

J.-J. Darmon, « Sous la Restauration, des juges " sondent la plaie si vive des prisons" », *Annales historiques de la Révolution française*, 1977, 49e année, n° 228, p. 247-268.

C.-A. Dauban, *Les prisons de Paris sous la Révolution d'après les relations des contemporains*, Paris, Plon, 1870.

S. Demet, S. Merlat, *De l'enfermement à la détention : la prison à la fin du XVIIIe siècle et au début du XIXe siècle*, mémoire de maîtrise, Histoire, Paris 7, 1975.

V. Denis, Édit de mars 1667 créant la charge de lieutenant de police de Paris, *Criminocorpus, revue hypermédia*, [En ligne] Histoire de la police, mis en ligne le 1er janvier 2008.

A. Desjardins, *Les Cahiers des Etats généraux en 1789 et la législation criminelle*, Paris, G. Pedone-Lauriel, 1883.

E. Dolléans, *Histoire du mouvement ouvrier. 1830-1871*, Paris, A. Colin, 1946-1947, 2 vol.

H. Donnedieu de Vabres, *Traité élémentaire de droit criminel et de législation pénale comparée*, Paris, Sirey, 1943.

R. Doucet, *Les institutions de la France au XVIe siècle*, Paris, A et J. Picard, 1948.

L. Duguit, « La séparation des pouvoirs et l'Assemblée nationale de 1789 », Paris, *Revue d'économie politique*, tome VII, février, avril et juin 1893, p. 99-132, 336-372, 567-515.

C. Duprat, « Punir et guérir. En 1819, la prison des philanthropes », *Annales historiques de la Révolution française*, 1977, 49e année, n° 228, p. 204-246.

G. Du Rousseaud de La Combe, *Traité des matières criminelles suivant l'ordonnance du mois d'août 1670*, Paris, T. Le Gras, 1751.

Enquête parlementaire sur le régime des établissements pénitentiaires (18 mars 1873), Paris, Imprimerie nationale, 1873-1875, 8 tomes, Versailles, Impr. de Cerf et fils, 1873-1875, 8 vol.

A. Esmein, *Histoire de la procédure criminelle en France et spécialement de la procédure inquisitoire, depuis le XIIe siècle jusqu'à nos jours*, Paris, L. Larose et Forcel, 1882.

C. Faugeron, J.-M. Le Boulaire, *Prisons et peines de prison : éléments de construction d'une théorie*, Paris, CESDIP, Études et Données Pénales, n° 61, 1991.

C. Felgères, *Essais d'histoire et de littérature : M. Maurice Bouchor ; Guizot ; le comte Tolstoï ; M. le marquis de Castellane ; La Revellière-Lépeaux ; M. Paul Bourget ; Rome et la Russie ; le dernier roi d'Arménie*, Paris, A. Savine, 1896.

G.-M.-A. Ferrus, *Des prisonniers, de l'emprisonnement et des prisons*, Paris, G. Baillière, 1850.

E. Garçon, *Le droit pénal, origines, évolution, état actuel*, Paris, Payot, 1922

M. Garçon, *Histoire de la justice sous la IIIe République*, Paris, Fayard, 1957, 3 vol.

F. Goguel, *La Politique des partis sous la IIIe République*, Paris, Editions du Seuil, 1948.

P. Goubert et M. Denis, *1789, les Français ont la parole : cahiers de doléances des États généraux*, Paris, Gallimard-Julliard, 1973.

M. Foucault, *Surveiller et punir. Naissance de la prison*, Paris, Gallimard, 1975.

P. Fournier, *Les Officialités au Moyen-âge, étude sur l'organisation, la compétence et la procédure des tribunaux ecclésiastiques ordinaires en France, de 1180 à 1328*, Paris, Plon, 1880.

D. Halevy, *Clemenceau*, Abbeville, Paillart, 1930.

J. Howard, *L'état des prisons, des hôpitaux et des maisons de force en Europe au XVIIIe siècle,* Paris, Éditions de l'Atelier, 1994 (1880), Traduction nouvelle et édition critique par Carlier (Christian) et Petit (Jacques-Guy).

J. Imbert, Levasseur (Georges), *Le pouvoir, les juges et les bourreaux. Vingt-cinq siècles de répression*, Paris, Hachette, 1972

J. Imbert (sous la direction de), *Histoire des hôpitaux en France*, Toulouse, Privat, 1982.

R. de Jouvenel, *La République des camarades*, Paris, Grasset, 1913.

C. Lucas, *De la réforme des prisons, ou de la théorie de l'emprisonnement, de ses principes, de ses moyens et de ses conditions pratiques*, Paris, E. Legrand et J. Bergounioux, 1836-1838, 3 vol.

J.-.Y. Le Naour, *L'affaire Malvy : le Dreyfus de la Grande guerre*, Paris, Hachette, 2007.

J. Lucas-Dubreton, *Aspects de monsieur Thiers*, Paris, Fayard, 1948.

J. Magnol, *De l'administration pénitentiaire dans ses rapports avec l'autorité judiciaire et de son rattachement au ministère de la Justice*, Toulouse, V. Rivière, 1900.

J. Magnol, « Le rattachement des services pénitentiaires au ministère de la Justice », *Revue pénitentiaire et de droit pénal. Bulletin de la Société générale des prisons*, tome 35, 1911, n° 3, mars, p. 513-532.

J. Magnol, « L'ordonnance du 2 février 1945 sur l'enfance délinquante », *Revue de sciences criminelles et de droit pénal comparé*, 1946, n° 1, p. 7-38

R. Mandrou, *Magistrats et sorciers en France au XVIe siècle : une analyse de psychologie historique*, Paris, Plon, 1968.

M. Marion, *Dictionnaire des institutions de la France aux XVIIe et XVIIIe siècles*, Paris, A. Picard, 1923.

G. Masson, *Les juges et le pouvoir*, Paris, A. Moreau, Syros, 1977.

R. Merle et A. Vitu, *Traité de droit criminel*, Paris, Cujas, 1967.

A. Milhaud, *Histoire du radicalisme*, Paris, Société d'éditions françaises et internationales, 1951.

L. M. Moreau-Christophe, *De la réforme des prisons en France, basée sur la doctrine du système pénal et le principe de l'isolement individuel*, Paris, Huzard, 1838.

L. M. Moreau-Christophe, *Polémique pénitentiaire extraite des divers écrits et des documents officiels publiés par la réforme des prisons tant en France qu'à l'étranger*, Paris, Marc Aurel frères, 1840,

P. O'Brien, *The promise of punishment. Prisons in Nineteenth Century France*, Princeton, Princeton University Press, 1982.

M. Perrot (sous la direction de), *L'impossible prison. Recherches sur le système pénitentiaire au XIXe siècle*, Paris, Éditions du Seuil, 1980.

M. Perrot, *Les ombres de l'histoire. Crime et châtiment au XIXe siècle*, Paris, Flammarion, 2001.

J.-G. Petit (sous la direction de), *La prison, le bagne et l'histoire*, Paris, Librairie des Méridiens ; Genève, Médecine et hygiène, 1984.

J.-G. Petit, *Ces peines obscures. La prison pénale en France (1789-1875)*, Paris, Fayard, 1990.

F. Ponteil, *L'Éveil des nationalités et le mouvement libéral 1815-1848*, Paris, PUF, 1960.

J. Reinach, *La politique opportuniste. 1880-1889*, Paris, Charpentier, 1890.

C. Renault, *Histoire des grèves*, Paris, Guillaumin, 1887.

M. Rousselet, *Histoire de la magistrature française. Des origines à nos jours*, Paris, Plon, 1957, 2 vol.

A. Saint-Girons, *Essai sur la séparation des pouvoirs dans l'ordre politique, administratif et judiciaire*, Paris, L. Larose, 1881.

J.-L. Sanchez, « Les lois Bérenger (lois du 14 août 1885 et du 26 mars 1891) », Criminocorpus, revue hypermédia [En ligne], Autour des Archives d'anthropologie criminelle, 3. Criminologie et droit pénal, mis en ligne le 1er janvier 2005.

P. Savey-Casard, « Les enquêtes de Victor Hugo dans les prisons », *Revue de sciences criminelles et de droit pénal comparé*, 1952, n° 3, p. 427-438.

J.-M.-A. Servan, *Apologie de la Bastille pour servir de réponse aux Mémoires de M. Linguet sur la Bastille par un homme en pleine campagne*, A. Kehl ; Lausanne, chez F. Lacombe, 1784.

P. Sorlin, *Waldeck-Rousseau*, Paris, A. Colin, 1966.

G. Suarez, *Briand : sa vie, son œuvre avec son journal et de nombreux documents inédits*, Paris, Plon, 1938-1941.

L. Theis, *François Guizot*, Paris, Fayard, 2008.

A. Tuetey, Les prisons de Paris en 1792, in Tuetey (Alexandre), *Répertoire général des sources manuscrites de l'histoire de Paris pendant la Révolution française*, tome VI. Introduction, Paris, Impr. nouvelle, 1902, p. I.-LXXXVI

A. Tunc, « Pour sortir du néolithique (Recherche et enseignement dans les Facultés de droit) », *Chronique Dalloz*, 1957.

G. Vidal, *Cours de droit criminel et de science pénitentiaire*, Paris, Rousseau, 1901.

J.-L. Vidal, *Considérations sur la nécessité d'une loi organique sur les prisons et le régime pénitentiaire pour l'exécution des peines*, Paris, Impr. de A. Chaix, 1870.

G. Vidal et J. Magnol, *Cours de droit criminel et de science pénitentiaire*, Paris, Rousseau, 1949.

M. Vogel, *Contrôler les prisons : l'inspection générale des services administratifs et l'administration pénitentiaire 1907-1948*, Paris, la Documentation française, 1998.

4

La République et la réforme pénitentiaire. Grandeurs et décadences d'un projet politique mobilisateur (1880-1914) [1]

par Martine Kaluszynski

La République et la réforme pénitentiaire

La IIIe République est une période dense. Industrialisation, urbanisation ont bouleversé les modes d'existence. Au pouvoir, la jeune République prône des valeurs d'ordre, de stabilité, de travail, et à la volonté de tout mettre en oeuvre afin de les faire respecter. Le crime, la criminalité sont les terrains privilégiés pour refléter les inquiétudes, les peurs d'une société en mouvement. Le sentiment d'insécurité économique et sociale ne fera que se déplacer vers ce pôle visible. L'idée est de montrer sans aveuglement, ni surinvestissement que la réforme pénitentiaire et par là même la prison ont été de vrais projets politiques mobilisateurs dans les débuts de la IIIe République.

La prison est l'objet de nombreuses discussions entre les philanthropes et les hommes politiques. La réforme va être un instrument de développement, de ce pouvoir politique en construction. Dans cette période, on parle bien de réforme pénitentiaire et non pas de réforme pénale. Ce dispositif fonctionne comme un triptyque où on retrouvera trois thèmes chers aux politiques pénales : la récidive, cette « obsession créatrice »[2] du temps, la délinquance juvénile et la prison. Au cœur de ce trio, la prison est ce mal nécessaire mais

1. Ce texte a fait l'objet d'une première publication dans l'ouvrage codirigé par Jean Charles Froment et Martine Kaluszynski (dir.), *L'administration pénitentiaire face aux principes de la nouvelle gestion publique. Une réforme administrative comme les autres ?* Grenoble, PUG, 2011.

2. Pour paraphraser l'intitulé de l'article de B. Schnapper « La récidive, une obsession créatrice au XIXe siècle », *Voies nouvelles en histoire du droit. La justice, la famille, la répression pénale (XVème-XXème siècles*, Publications de la faculté de droit de Poitiers, 1991, 680 p.

investi dans sa possible mission de réinsertion[3]. Parler de réforme pénitentiaire c'est forcément s'interroger sur cette notion de réforme, son rôle, son impact politique. Il s'agit bien de concevoir la réforme et de l'interroger comme un projet politique. C'est tout l'enjeu du travail amorcé par Christian Topalov dans son séminaire puis dans son ouvrage : « Laboratoires du nouveau siècle, la nébuleuse réformatrice et ses réseaux en France (1880-1920) » et des travaux qui les prolongent[4]. Les projets de réforme touchent de nombreux domaines d'action publique, ils ne vont pas tous aboutirent mais tous sont féconds et riches[5].

La réforme, instrument politique constitutif de la République ?

Le projet de réforme est constitutif, majeur, prédominant, pour cette jeune République en quête de légitimité, qui va ici témoigner d'une capacité inventive dans la création du politique. Questions pénales et questions sociales sont indéfectiblement liées.

Tout d'abord, je vais donner quelques éléments législatifs et politiques fondateurs sur la question des prisons, puis m'intéresser précisément à la réforme en actions, c'est-à-dire aux différents acteurs de la réforme pénitentiaire qui témoignent d'une cogestion tout à fait intéressante entre des acteurs du privé et secteur public[6], enfin voir ce que donne la réforme en pratiques, en s'attachant aux innovations et expériences mises en oeuvre.

---

3. V. C. Faugeron et J-M. Le Boulaire, « Prisons, peines de prison et ordre public », *Revue française de sociologie*, vol. 33, no 1, 1992.

4. V. Les travaux de Renaud Payre, entre autres, sa thèse, *À la recherche de la "science communale". Les "mondes" de la réforme municipale dans la France de la première moitié du vingtième siècle*, thèse de science politique sous la direction d'Olivier Ihl, IEP de Grenoble, décembre 2002. Voir l'ensemble des travaux autour des Sciences de gouvernement. O. Ihl, M. Kaluszynski, G. Pollet (dir.), *Les sciences de gouvernement*, Paris, Economica, 2003, 218., O. Ihl, M. Kaluszynski ; « Pour une sociologie historique des sciences de gouvernement », *Revue française d'administration publique*, n°102, avril-juin 2002, pp. 29-243.

5. Nous rejoignons ici les propos d'une sociologie politique de la réforme tel qu'en parle Philippe Bezes dans son analyse des politiques françaises de réforme de l'administration. V. P. Bezès, *Gouverner l'administration. Une sociologie des politiques de la réforme administrative en France (1962-1997)*, thèse de doctorat de science politique dirigé par Jacques Lagroye, IEP de Paris, 2002 ; P.Bezès, *Réinventer l'État. Les réformes de l'administration française (1962-2008)*, Paris, PUF, coll. Le lien social, 2009, 544 p ; P.Bezès, « La réforme de l'Etat à l'épreuve de la gouvernementalité », Armand Hatchuel Ken Starkey Eric Pezet, (dir.), *Gouvernement, Organisation et Entreprise : l'héritage de Michel Foucault*, Presses de l'Université de Laval, Sainte Foy, Québec, 2005.

6. V. M. Kaluszynski « La réforme des prisons sous la troisième République. Une cogestion d'acteurs publics et privé », *Revue française d'administration publique*, n°99, juillet-septembre 2001, pp. 393-403.

La réforme pénitentiaire, ébauchée par l'Assemblée constituante (qui créa la prison pour peines inconnues sous l'ancienne monarchie et institua véritablement le système pénitentiaire en France) fut continuée par Napoléon 1er, dont un décret du 16 juin 1808 créait les maisons centrales et dont un décret du 22 septembre 1810 affectait à la transformation des prisons départementales un fonds de 11 millions bientôt absorbé par la guerre. Le gouvernement de la Restauration parvint à cette même transformation au moyen d'une subvention annuelle aux départements. Après la mission en Amérique de MM. Tocqueville et de Beaumont, le gouvernement de Juillet entreprit avec énergie l'application du régime cellulaire, mais cette réforme subit un long temps d'arrêt. La Révolution de 1848 l'avait entravée.

En 1853, une circulaire de M. de Persigny, ministre de l'Intérieur, l'interrompit d'un trait de plume, condamna le régime cellulaire comme trop dispendieux et lui substitua celui de la séparation par catégories suivant la situation légale. Le 11 décembre 1871, alors que le souvenir de la Commune est encore vif, c'est sous le régime du tout nouveau président de la République Thiers que va être initiée une proposition en ce sens.

Le 25 mars 1872 une grande enquête parlementaire est ordonnée par l'Assemblée nationale appelée commission d'Haussonville. Cette commission est nommée pour étudier les établissements pénitentiaires et fournir des rapports sur l'état de ces établissements. Autre événement clé, la loi du 5 juin 1875, appelée loi Béranger, généralise l'emprisonnement cellulaire dans les prisons départementales ; isolement total en cellule pour les prévenus et les condamnés à moins d'un an d'emprisonnement en contrepartie d'une remise d'un quart de la peine ; détenu astreint au silence et port d'une cagoule.

Ces deux éléments sont le tuteur idéologique d'une politique criminelle où on retrouve une philosophie spécifique au temps qui veut éviter un double écueil : d'une part un sentimentalisme déplacé qui prendrait les criminels comme des malades, insuffisamment conscients (critique des théories lombrosiennes), d'autre part la tendance contraire engendrée par une dureté implacable. Cette « philosophie » est animée par des notions de devoir à remplir envers les condamnés[7]. Ainsi, rapidement, l'âme du système pénitentiaire deviendra le patronage, complément indispensable de toute répression pénale. Cet esprit de réforme tentera de traverser l'ensemble des projets et législations concernant le champ pénal tout au long de notre période[8].

---

7. V. J. Lacointa, « Rapport sur la réforme pénitentiaire devant la Société d'économie sociale », R.P. 1882, pp. 608-632.

8. On pense à la loi du 27 mai 1885 sur la relégation et l'organisation du bagne en Guyane. Puis, la loi du 14 août 1885 sur la libération conditionnelle, la loi du 26 mars 1891 sur le sursis simple. Le décret du 13 mars 1911 transmet au ministère de la Justice la gestion de l'administration pénitentiaire. V. C. Carlier, *La balance et la clef*, Rapport dactylographié,

La réforme pénitentiaire est un projet politique porté par un ensemble d'acteurs publics privés qui se mobilisent et travaillent ensemble[9].

1. – La réforme en action. Une configuration multiple d'acteurs dans le champ pénal

L'administration pénitentiaire

L'ouvrage rigoureux de Pascal Durand-Barthez nous renseigne bien au niveau des structures du ministère de la Justice, entre autres de l'administration pénitentiaire[10]. De nombreux directeurs s'y sont succédé dont, entre autres, Louis Herbette[11]. On sait que cette administration est dépendante à l'origine du ministère de l'Intérieur (L. 10 vendémiaire an IV), l'administration pénitentiaire a été rattachée au ministère de la Justice par le décret du 13 mars 1911. Toutefois, jusqu'aux années 1930, il y a maintien des structures existantes, le préfet demeurant l'intermédiaire et l'intervenant au nom du garde des Sceaux, les magistrats restant à l'écart. C'est seulement à la fin de 1935 que les fonctionnaires de l'administration centrale sont assimilés au personnel des autres directions de la Chancellerie et bénéficient, depuis le décret du 31 mars 1937, du statut de la magistrature.

La direction de l'administration pénitentiaire était, au ministère de l'Intérieur, structurée en fonction des types d'établissements pénitentiaires existants : outre un bureau chargé du personnel, de la comptabilité et des statistiques, il existait des bureaux spécifiques pour les courtes peines (prisons départementales), les longues peines (centrales et pénitenciers agricoles), les établissements de jeunes détenus et institutions de patronage. Le service des transfèrements (en régie depuis 1897) était rattaché directement à l'administration pénitentiaire, avec son important matériel de voitures et wagons cellulaires (depuis 1868) qui ont remplacé après 1837 la chaîne dont le service était donné à l'entreprise. Fusionnée de 1926 à 1935 avec la direction des affaires criminelles, la direction centrale est organisée par le décret-loi du 30 octobre 1935 en une direction de l'administration pénitentiaire et de l'éducation surveillée avec un service du personnel et trois bureaux : af-

---

ministère de la Justice, Paris, 1986, 89 p. et il faudra attendre 1945 pour qu'une réforme de la politique pénale intègre la nécessité pour la peine de participer à la réinsertion du délinquant.

9. V. J-C.Froment, « Introduction » *Revue française d'administration publique*, no 99, dossier « Administration et politiques pénitentiaires », juillet-septembre 2002, pp. 390-391.

10. V. P. Durand-Barthez, *Histoire des structures du ministère de la Justice (1789-1945)*, Travaux de recherches de l'université de droit et d'économie et de sciences sociales de Paris, PUF 1973, 96 p.

11. V. L. Herbette, *Parcelles de vie*, Auxerre, 1899, 71 p. et M. Wendling, *M. Herbette, directeur de l'administration pénitentiaire (1882-1891)*, Mémoire de Maîtrise. Paris-VII 1989.

faires générales et comptabilité, peines et transfèrements, mineurs. La direction de l'éducation surveillée devient autonome en 1945 avec pour attributions l'étude de l'enfance traduite en justice, les méthodes d'observation et d'éducation applicables aux établissements de jeunes détenus, la gestion des ces derniers et le contrôle des services sociaux auprès des tribunaux pour enfants ainsi que celui des institutions privées recevant des mineurs.

Plusieurs organismes jouent un rôle important auprès de la direction. On y trouve l'inspection générale des services administratifs, chargée de contrôler le fonctionnement des établissements, le Conseil supérieur de l'administration pénitentiaire, héritier du Conseil général des prisons (1819-1830), puis du Conseil supérieur des prisons institué en 1875. D'autres conseils consultatifs ont été ensuite créés : le Conseil national pour la protection des enfants traduits en justice, le Comité d'hygiène pénitentiaire, la Commission de classement des récidivistes (pour le tri des relégués), le Comité de libération conditionnelle, le Comité de la médaille pénitentiaire et les Conseils de discipline pour le personnel.

Un acteur discret mais influent : l'IGSA

Il existe un acteur discret mais influent des politiques conduites au sein du ministère de l'Intérieur, c'est l'Inspection générale des services administratifs (IGSA)[12]. Cette dernière est chargée de contrôler par des tournées périodiques le fonctionnement des établissements. A partir de 1907 et de sa réorganisation par Clémenceau, l'inspection générale des services administratifs (IGSA) se voit transformée profondément. L'IGSA est ainsi amenée à élaborer pragmatiquement et progressivement un ensemble de normes de bonne administration, dont on peut dire qu'elles se constituent en une doctrine pratique d'action administrative, qu'elle diffuse dans l'ensemble des services soumis à son contrôle[13]. Dans le cas de l'administration pénitentiaire, il est essentiel de souligner que son rattachement au ministère de la Justice en 1911 ne la soustrait pas au contrôle que l'inspection générale exerçait jusqu'alors sur elle. L'IGSA conserve, en effet, dans sa compétence le contrôle des services transférés au ministère de la Justice en 1911. Pendant toute cette période, outre les liens directs qui subsistent avec leur ministère d'origine pour les personnels de l'administration centrale, l'inspection générale des services administratifs maintient son activité en matière d'administration pénitentiaire. Son influence continue à peser dans ce qui constitue pour elle un domaine traditionnel d'intervention. Les inspecteurs

12. V. M. Vogel, *Normalité administrative et spécialité pénitentiaire. L'inspection générale des services administratifs et les transformations de l'administration pénitentiaire. 1907-1948*, Rapport GIP Justice 1997.

13. V. M.Vogel, *op. cit.*, p. 6.

généraux ont été au XIXe siècle au premier plan dans les discussions doctrinales sur le secteur pénitentiaire[14]. Cette tradition se poursuit après la réforme de l'inspection en 1907, où l'IGSA développe son rôle normatif et sa fonction de mise en cohérence des politiques sectorielles. Formellement détachée du ministère de l'Intérieur, l'administration pénitentiaire y reste cependant largement liée. Marie Vogel parle « d'un véritable cabinet administratif à l'influence durable ». Il ne s'agit pas de voir là une hypothétique main invisible des transformations administratives, mais de réévaluer la portée d'un acteur institutionnel et d'une logique d'action jusqu'ici mésestimées »[15].

Le Conseil supérieur des prisons

La loi de 1875 instaurant les transformations du régime cellulaire pose le problème du financement. Combien coûtera la transformation des prisons ? Aussi, pour veiller à l'exécution de cette loi, la loi du 5 juin 1875, conformément au projet Bérenger, prévoit en son article 9 la création d'un « Conseil supérieur des prisons », composé d'hommes s'étant notoirement occupés des questions pénitentiaires auprès du ministre de l'Intérieur[16].

Un décret du 3 novembre 1875 institue ce Conseil. Il est composé de seize membres de droit choisis en raison de leurs fonctions[17], de douze personnalités nommées par le ministre de l'Intérieur parmi les spécialistes des questions pénitentiaires, enfin des membres de l'Assemblée nationale désignés par elle pour faire partie de la commission d'enquête sur le régime des établissements pénitentiaires. La mission du Conseil supérieur des prisons est diversifiée. Celui-ci doit être obligatoirement consulté sur tous les programmes de construction et d'aménagement des prisons départementales, sur le montant des subventions aux départements, sur le règlement concernant l'application du régime cellulaire.

Ses membres peuvent visiter tous les établissements pénitentiaires. Le Conseil peut être saisi par le ministre de toute question se rattachant au régime pénitentiaire et lui faire toute suggestion. Il se réunit souvent au ministère de l'Intérieur. Le Conseil supérieur n'est pas seulement un corps consultatif appelé à donner son avis sur les questions qui lui sont soumises, « c'est encore un corps délibérant possédant un droit d'initiative propre qui lui permet de présenter au ministre ses vues sur toutes les questions se rattachant au

14. V. J. G Petit, *op. cit*, p 597.

15. M. Vogel, *op cit*. P. 9.

16. Le Code des prisons, t. VI, p. 398.

17. Notamment le sous-secrétaire d'Etat à l'Intérieur, les plus hauts magistrats, les hauts dignitaires ecclésiastiques, le préfet de police, les directeurs des administrations concernées, le président de l'Académie de médecine, etc.

système pénitentiaire »[18]. Ainsi, en 1878, il se prononce pour le rattachement de la direction des prisons au ministère de la Justice. En 1881, un événement va toucher à la réorganisation de ce corps, voire participer à son démantèlement et par là même montrer l'étendue d'action du Conseil. Le Conseil supérieur va devenir un corps purement administratif, et sa compétence ne s'étend plus à l'étude des réformes dont l'expérience peut révéler la nécessité dans les diverses branches de la législation et de l'administration pénitentiaires.

Ses attributions premières demeureront désormais l'apanage exclusif de la Société générale des prisons, dont l'organisation absolument indépendante de celle du Conseil supérieur ne saurait être en rien modifiée par le décret. Le 16 décembre 1878, M. le ministre de l'Intérieur s'adressant aux membres du conseil de direction de la Société générale des prisons, leur disait : « Il importe au gouvernement et à l'administration de pouvoir s'appuyer sur le concours de l'opinion publique et de voir autour d'eux, se renouveler le grand mouvement qui s'est déjà produit, dans la première moitié de ce siècle, en faveur de la réforme pénitentiaire. Pour atteindre ce résultat, aucun moyen ne saurait être négligé. Il appartient à la Société générale des prisons d'y concourir »[19].

Plus largement, le statut, les missions, la place et le rôle de ces conseils supérieurs émergeant[20] à la fin du XIXe siècle devraient être étudiés globalement. « Cette façon pour l'Etat de réaliser au sommet ce qu'il avait tenté de constituer à la base avec le corps des instituteurs » écrit P. Rosanvallon[21]. Ainsi, dans la plupart des cas, on retrouve ici de grands notables professionnels plus ou moins choisis par le gouvernement, ce qui donne à ces conseils un statut de « quasi-chambre représentative spécialisée ».

Ainsi, tous ces conseils, et le Conseil supérieur des prisons en particulier, ont joué dans l'architecture administrativo-politique de la IIIe République un rôle intéressant et particulièrement révélateur de l'intérêt témoigné par l'Etat à créer, à trouver des espaces intermédiaires afin d'entretenir une relation constante avec la société que les seuls mécanismes de la vie ou l'action politique ne pouvaient assurer. C'est une combinaison subtile entre « la doctrine française de la souveraineté et les impératifs d'un gouvernement, articulée sur les mouvements de la société »[22].

18. RP, 1878, p.163.

19. *Journal officiel* du 26-27 décembre 1878.

20. V. P. Rosanvallon, *Les expériences de régulation néo-corporatives de l'Etat en France*, Le Seuil, 1990, pp. 116-118.

21. *Idem*, p. 117.

22. P. Rosanvallon, Les expériences de régulation néo-corporatives de l'Etat en France, *op. cit.*, p. 117.

Un décret du 5 novembre 1937 transformera le vieux Conseil supérieur des prisons, créé dans l'élan de la loi de 1875 sur le régime cellulaire, en un Conseil supérieur de l'administration pénitentiaire. Il s'agit, explique Vincent Auriol, dans son rapport au président de la République, de lui donner « une formation plus souple et une compétence élargie ». La Société générale des prisons reprendra ce rôle.

La Société générale des prisons

La Société générale des prisons, lieu de production des réflexions sur les pénalités à la fin du XIXe siècle, mi-société savante, mi-commission extraparlementaire est le territoire privilégié de ce groupe socio-professionnel important que sont les juristes[23].

La Société générale des prisons est née en 1877, deux ans après la loi sur l'emprisonnement cellulaire, elle-même fruit de réflexions issues de l'enquête parlementaire de 1872[24]. Elle se trouve placée dans la filiation de la Société royale des prisons fondée par Louis XVIII, dans la similitude des buts à atteindre et s'inspire d'un exemple américain : la Société nationale.

En dehors de l'administration pénitentiaire et du conseil supérieur des prisons, la Société vise à la bonne application de la loi de 1875 et par là tente de faire entrer dans les mœurs la réforme pénitentiaire, afin d'en faciliter et d'en généraliser l'exécution. Cette « association d'initiative gouvernementale » dont les statuts sont approuvés par arrêté le 22 mai 1877 est reconnue d'utilité publique en 1889. La création de la SGP est peut-être due à une absence d'unité administrative. On voit bien que la matière pénitentiaire se répartit entre les départements, le ministère de l'Intérieur, le ministère de la Marine (travaux forcés).

La détermination d'origine de cette Société, son investissement dès sa fondation par les agents de l'Etat, son activité de débats témoignent en un premier temps d'une vocation « politique ». Les hauts fonctionnaires sont assez nombreux, les hommes politiques ont aussi leur place dont beaucoup d'orléanistes ralliés à la République pour la plupart, tels Du Faure ou De Marcère. Ces hommes sont républicains parce que, selon le mot

---

23. La SGP a souvent été utilisée comme instrument de travail sur la prison. Notre objectif est d'y voir un décrypteur de questions plus larges pour une réflexion sur la généalogie de la construction sociale du fait criminel, une contribution à l'histoire des savoirs et de leurs usages sociaux, et sur les tentatives de recomposition ou d'agencement des rapports « Etat-société civile » à travers ce prisme particulier qu'est le monde de la Justice. V. M. Kaluszynski, *Etat, philanthropie, mouvement social. La Société générale des prisons. Pour une sociologie des relations entre professionnels, savoirs, ordre social et politique*, Paris, projet CNRS, 1991.

24. V. J-G Petit, *Ces peines obscures. La prison pénale en France 1780-1875*, Paris, Fayard 1990.

d'Haussonville, « c'est le régime qui divise le moins et qui semble le plus propice à éloigner le spectre de la Révolution » et, en même temps, ils sont proches de cette déclaration du ministère Du Faure en 1876 dont on retrouve beaucoup de membres à la Société : « Fidèle à l'esprit libéral et conservateur des institutions, nous proposons à la République un programme de restauration sociale. Elle a besoin plus que toute autre forme de gouvernement de s'appuyer sur les saintes lois de la religion, la morale et la famille, sur la propriété individuelle et respectée, sur le travail encouragé et honoré »[25].

Cette Société est composée d'hommes très différents[26] dans leurs statuts, leurs professions, leurs confessions, leurs étiquettes politiques, intéressés au projet réformateur et unis par une organisation de travail, s'appuyant sur un savoir qui transcende les clivages. On trouve dans cette Société, mais ils seront également présents en d'autres lieux, des hommes-carrefour animés par une morale qui vient parfaitement s'inscrire dans un projet philanthropique multiple mais toujours fondé sur le droit. Une forme « apolitique » de l'engagement dont le pouvoir a néanmoins capacité à bouleverser l'ordre social et qui fonctionne à travers des réseaux[27].

Cette Société va constituer un groupe de pression[28] dans une action officielle et officieuse grâce aux compétences qu'elle va s'octroyer, devenant un espace d'expertise et d'élaboration législative. Impulsant, animant les débats, la Société, on l'a vu, est plus qu'un laboratoire d'idées permettant une réflexion poussée hors du cadre de l'Etat, et aboutit à des propositions susceptibles de faire avancer la réforme pénitentiaire grâce à des changements législatifs.

Ces agents de l'Etat, présents à l'application des lois, se retrouvent et se sont créés une sphère où se discutent les projets à l'origine de l'élaboration des lois. Ils se constituent une légitimité supplémentaire dans un champ satellite qui emprunte des méthodes se voulant rigoureuses, scientifiques. En se démultipliant, ils ont un vrai rôle d'expert et jouent de tous leurs statuts. La Société s'impose comme une sorte de commission privée, extra-parlementaire, siégeant en permanence et a toutes les qualités d'un laboratoire de la législation pénale[29].

---

25. Cité par C. Brudieu, *La revue pénitentiaire, 1877-1900*, dactylographié, p. 4.

26. V. P. Lascoumes, « Pluralité d'acteurs, pluralité d'actions dans la création contemporaine des lois », in C. Debuyst, *Acteur social et délinquance*, Lièges, Bruxelles, 1990.

27. V. M. Kaluszynski, « Réformer la société. Les hommes de la Société générale des prisons 1877-1900 », *Genèses Etatisations*, n°28, sept. 1997, pp. 75-93.

28. V. M .Offerlé, *Sociologie des groupes d'intérêt*, Paris, Montchrestien, Clefs politique Paris, 1994.

29. V. l'ensemble de nos travaux sur cette question, entre autres, M. Kaluszynski, « La Revue pénitentiaire 1877-1900. Un réseau de réformateurs sociaux », sous la direction de F. Chauvaud ; J-G Petit, *L'histoire contemporaine et les usages des archives judiciaires (1800-*

Ces quelques éléments esquissent l'ossature administrativo-politique du champ pénitentiaire et des espaces préoccupés de la réforme des prisons au XIXe siècle[30] mais la réforme, c'est aussi des innovations déjà présentes mais qui se multiplient et investissent le champ pénal. Nous allons en présenter trois.

2. – La réforme en pratiques. Expériences et innovations dans les prisons

L'œuvre des bibliothèques pénitentiaires internationales

On doit à Louis Paulian la création de bibliothèques pénitentiaires internationales. Partout, dans toutes les nations civilisées, il s'agit d'améliorer le sort moral des prisonniers. On comprend de plus en plus que la peine ne doit pas seulement avoir pour effet de punir le condamné, mais qu'elle doit tendre surtout à l'amender : il ne suffit pas de punir les méchants, il faut encore et surtout les amender en les soumettant à un régime moralisateur. Toutes les administrations pénitentiaires poursuivent cet amendement. Elles font appel à la discipline, au travail, à l'influence de l'instituteur, de l'aumônier, des sociétés de patronage, pour essayer de redresser les natures perverses que le vice, l'ignorance, la passion ou le mauvais exemple ont poussé dans la voie du crime. On s'efforce d'éduquer les condamnés, de les instruire, d'en faire, en un mot, des hommes capables de gagner honnêtement leur pain. Dans tous les budgets des administrations pénitentiaires, il existe un crédit destiné à l'achat de livres pour les bibliothèques des prisons. Malheureusement, dans ces bibliothèques qui, il faut bien le dire, ne se composent souvent que de quelques misérables volumes, on a oublié de faire la part du condamné étranger.

Louis Paulian, secrétaire rédacteur à la chambre des députés, secrétaire du Conseil supérieur des prisons, également fondateur de cette œuvre écrit :

1939, Paris, Honoré Champion, Editions Slatkine, Genève, 1998, pp. 269-280 ; M. Kaluszynski, « Construire la loi. La Société générale des prisons (1877-1900) », sous la direction de M. Kaluszynski ; S. Wahnich, *L'Etat contre la politique ? Les expressions historiques de l'étatisation*, Paris, L'Harmattan, collection Logiques Politiques, septembre 1998, pp. 205-221 ; M. Kaluszynski, « Les artisans de la loi. Espaces juridico-politiques en France sous la IIIe République », *Droit et Société*, 40,1998, pp. 535-562 ; M. Kaluszynski, « Qui produit la loi ? Espace(s) juridique(s), espace(s) politique(s) avant la Première Guerre mondiale », in M. O. Baruch et V. Duclert, (dir.), *Servir l'Etat de l'affaire Dreyfus à Vichy. Histoire politique de l'administration de la IIIe République*, Editions La Découverte, Printemps 2000, pp. 83-95.

30. Et encore, nous n'avons pas parlé des unions internationales, des sociétés juridiques, des congrès pénitentiaires internationaux qui structurent ce champ et élaborent le projet de réforme pénitentiaire.

« Visitant un jour les établissements pénitentiaires d'un pays étranger, le hasard m'a amené dans une prison juste au moment où un condamné français allait rendre le dernier soupir. C'était un homme du monde qui avait occupé jadis, dans sa patrie, une position importante, et qui, après bien des péripéties et des fautes, était venu échouer dans cette prison.

Pendant de longs mois ce malheureux était resté enfermé entre quatre murs au milieu de codétenus et de gardiens dont il ne comprenait pas la langue et desquels il avait de la peine à être compris. La bibliothèque de la prison ne contenait pas un seul livre français dont la lecture pût le consoler ou le soutenir, et, sans le hasard qui m'avait amené auprès de ce condamné à cette heure suprême, le malheureux serait mort sans entendre un seul mot qui pût lui rappeler la patrie. « Assurément la prison est et doit être très dure pour tous ceux qui n'ont pas su l'éviter, mais n'est-elle pas trop dure, lorsqu'à la privation de la liberté vient s'ajouter la tristesse de l'exil ? Nous donnons des livres aux condamnés. Est-ce que l'étranger qui est en prison et qui, lui, ne peut profiter ni des leçons de l'instituteur, ni des consolations de l'aumônier, ni des visites des parents, n'a pas davantage besoin d'avoir à sa disposition quelques livres écrits dans la langue de sa patrie ? »[31] Et plus loin il dit :

« Il m'a semblé qu'il y avait là dans les prisons une lacune à combler et qu'elle devait l'être par l'initiative individuelle. J'ai pensé que dans chaque pays, à côté de l'administration pénitentiaire, il y avait place pour une société libre dont le rôle consisterait à se procurer des livres destinés aux nationaux qui subissent leurs peines dans les prisons des pays étrangers. « Ces livres sont destinés aux prisonniers français qui subissent leur peine dans les prisons étrangères. Sur la couverture nous imprimerons en français une traduction du règlement principal de la prison, afin que le détenu étranger ait un moyen certain de connaître les obligations auxquelles il doit se soumettre. Nous demanderons à chaque administration de nous fournir le texte de cette note que nous nous contenterons de traduire en français ».

« Qu'il se fonde dans chaque capitale une œuvre analogue, et bientôt nous pourrons procéder à un système d'échange de volumes au grand profit de tous. Il est bon de remarquer que c'est surtout dans les villes frontières et dans les ports de mer, que dans tous les pays on compte un certain nombre de condamnés étrangers. En organisant avec une intelligence quelques bibliothèques internationales dans un très petit nombre de villes, nous arriverons bientôt à faire face aux premiers besoins. Nous rendrons surtout un immense service à toute une catégorie de détenus très intéressants, je veux dire aux marins qui, à la suite de rixes ou d'ivresse, se font arrêter dans un port de mer et qui, une fois en prison, par ignorance des règlements, et à

31. V. L. Paulian, RP 1890, p.562.

cause de l'impossibilité où ils sont souvent de se faire comprendre, aggravent leur situation et transforment en délit ce qui n'était qu'une contravention sans importance ».

« A tous ces malheureux, la notice imprimée sur la couverture de nos volumes, servira de guide et de conseil »[32].

La SGP elle-même a une commission "Bibliothèques" et dès 1892 elle établira une bibliographie pénitentiaire à l'usage de ses sociétaires et de tout lecteur intéressé à connaître ou à posséder cet instrument. Ce projet est important, il dénote d'une première entrée "culturelle" dans la prison, également d'un souci "d'oxygénation" ou de socialisation à l'intérieur de cet espace clos et fermé.

Les visites dans les prisons

De 1877 à 1900, c'est le pasteur Jules Arboux qui est un des rapporteurs principaux (avec R. Querenet) sur la question des visites dans les prisons[33]. Jules Arboux est une figure de la réforme pénitentiaire et sociale. Ici même c'est un orateur éloquent qui défend l'aspect de la réforme morale et le souci de donner à la peine une réelle efficacité en prouvant le bien moral du détenu. Il le faut d'autant plus qu'il attribue à l'aumônier la mission de mener cette tâche.

Cette question est largement débattue ; ainsi le sénateur Bérenger est assez sceptique sur certains aspects de ce projet[34], et estime qu'aucun visiteur laïque ne peut remplacer l'aumônier. Ce que J. Arboux entend formuler par le souci d'un apostolat véritable qui doit guider cette action de visite ou de conférence dans les prisons. L'ouvrage de Madame C. Arenal dédié à Madame Isabelle Bogelot directrice de l'œuvre des libérés de Saint-Lazare, *Le manuel du visiteur du prisonnier*, montre bien les principes qui sous-tendent cette action.

Cette action semble bien répondre en Amérique, Angleterre, Hollande, partout où le système cellulaire est sérieusement organisé, et assez peu en France. Il est vrai que le bénévolat est à l'origine du projet et donc celui-ci dépend de la disponibilité, de l'assiduité des « visiteurs ».

---

32. V. L. Paulian, RP 1890, p.563.

33. V. R. Querenet, *« Visites dans les prisons », Rapport de la Commission chargée de préparer les réponses de la Société générale des prisons au questionnaire du Congrès de Rome*, BSGP, 1883, pp. 647-651 ; J. Arboux, « Les conférences et les visites dans les prisons », RP, 1884, pp. 854-868 ; J. Arboux, « Les conférences et les visites dans les prisons », *RP*, 1885, pp. 5-12 ; J. Arboux, *Manuel des visiteurs de prisons*, Paris, Marchal Billard, 1894, RP 1894, pp.421-458 ; J. Lacointa, « La visite des prisonniers », *RP*, 1894, pp. 618-631.

34. R. Bérenger, *RP*, 1888, p. 515.

Si tous « s'entendent » relativement sur l'existence utile de ces visiteurs de prisons (annexée à la mission de l'aumônier qui est le premier chargé de remplir dans la prison l'œuvre de moralisation dont elle a besoin) tous s'accordent également sur la difficulté de ce projet. Problème matériel, nature des visites, sérieux des visiteurs, objectif visite, formation des visiteurs, etc., d'où l'idée d'un manuel mais qui sera également très controversé[35]. Ainsi les visites dans les prisons, différentes des commissions de surveillance et des sociétés de patronage entrent dans une certaine idée de la réforme pénitentiaire.

Les commissions de surveillance

Plusieurs articles de la *Revue Pénitentiaire* abordent ce thème important[36] car il s'agit de réglementer, régir la relation de la prison, ou plutôt des prisonniers, avec l'extérieur. C'est ici un des points de la réforme pénitentiaire qui veut réorganiser sur des bases solides les commissions de surveillance des prisons, et d'en préciser leurs attributions.

Si ces commissions, en effet, doivent s'inquiéter, dans une certaine mesure, des détails matériels, si elles doivent avoir un certain contrôle administratif, elles doivent aussi – nous dirons presque surtout – s'occuper du sort des prisonniers, être en contact permanent avec eux, et préparer dans la prison, grâce aux conseils donnés, cette grande œuvre qui attend le détenu au jour si difficile de sa libération, le patronage »[37].

On peut s'attarder sur ce point, plus qu'un autre, car avec cette question (comme celle du patronage), nous abordons des mesures qui tendent à « ouvrir » la prison, à en « déplacer » l'aspect répressif, à le « socialiser ». Les commissions de surveillance des prisons furent créées par l'ordonnance royale du 9 avril 1819, qui instituait la Société royale pour l'amélioration des prisons. Elles succédaient aux conseils charitables, établis auprès des prisons par décret impérial du 29 août 1810. L'ordonnance de 1819 augmentait les

---

35. Quels principes doivent présider à la rédaction d'un Manuel de visiteur ?, *RP* 1894, pp. 422-458.

36. Petits entrefilets : « Circulaire relative aux commissions de surveillance », *RP*, 1879, pp. 102-105 ; « La commission de surveillance des prisons de Douai », *RP*, 1879, p. 784 ; J. Lacointa, « La commission de surveillance des prisons de Toulouse », *RP*, 1879, pp. 914-923 ; « La commission de surveillance de la prison de Douai », *RP*, 1880, pp. 243-246 ; « La circulaire du 17 décembre 1878 », *RP*, 1880, pp. 689-691.

37. V. R. Querenet, « Les commissions de surveillance des prisons », *BSGP*, 1882, pp. 27-46 ou C. Granier, « Les commissions de surveillance », *RP*, 1895, pp. 612-649 ; R. Querenet, « De l'utilité des conseils ou commissions de surveillance des prisons ou d'institutions analogues, de leur organisation et des pouvoirs que la loi doit leur attribuer, Quatrième question Congrès Rome », *RP*, 1883, pp. 562-567.

attributions qu'avaient précédemment les conseils. Aux termes de l'article 16 de cette ordonnance, en effet :

1° Elles étaient chargées de la surveillance intérieure des prisons en ce qui concerne la salubrité, la discipline, la tenue régulière des registres d'écrou, le travail, la distribution des profits du travail, l'instruction religieuse, la réforme morale des détenus, et la conduite envers ceux-ci des concierges et gardiens ;

2° Elles établissaient les cahiers des charges pour les marchés des fournitures relatives aux différents services de la prison et passaient lesdits marchés ;

3° Elles dressaient chaque année l'état des détenus qui avaient acquis des droits à la clémence royale ;

4° Elles transmettaient au gouvernement, par l'intermédiaire des préfets, les documents et renseignements relatifs à l'état et au régime de chaque prison, ainsi que leurs vues, propositions et demandes sur les améliorations à introduire dans le service.

L'ordonnance de 1819 prescrivait l'institution de ces commissions de surveillance auprès de chaque prison départementale. Le soin de les composer était remis au préfet ; mais le premier président et le procureur général, dans les villes sièges d'une cour d'appel, le président du tribunal et le procureur du roi, dans les autres villes, en étaient membres de droit. D'après l'importance des villes, le nombre des membres faisant partie de la commission était de trois à sept membres nommés par le ministère de l'Intérieur sur la présentation du préfet et choisis parmi les notables de la localité. A Paris était créée une commission de surveillance de douze membres pris dans le sein de la Société royale.

Mais bientôt, à peine installées, ces commissions allaient soulever des susceptibilités et devenir importunes à l'administration des prisons, jalouse d'une autorité sans partage. Quoi qu'il en soit, une ordonnance royale du 25 juin 1823 vient leur enlever toutes les attributions qu'elles tenaient de celle du 9 avril 1819. Les commissions n'eurent plus désormais que le droit de former des vœux. Dès lors tout retomba sous le régime de l'ancienne législation ; les prisons départementales continuèrent à être visitées une fois l'an par le préfet, une fois par mois, dans chaque arrondissement, par le maire et le juge d'instruction, et une fois par trimestre par le président des assises. Les Commissions de surveillance n'étaient cependant pas abolies. Lorsqu'en 1872 une Commission d'enquête sur le régime des établissements pénitentiaires fut nommée par l'Assemblée nationale, une des premières questions dont elle se préoccupa fut celle qui se trouve soumise aujourd'hui aux études de la Société, celle des Commissions de surveillance. Dans sa déposition, M. Jailhand, dont la compétence en ces matières ne fait doute pour personne, en réclama très énergiquement le maintien ; et une circulaire du ministère de l'Intérieur, du 30 juin 1872, vint prescrire leur réorganisation.

La commission d'enquête avait envoyé à toutes les commissions de surveillance, par l'intermédiaire des préfets, le questionnaire qu'elle avait préparé. Dix seulement répondirent, et l'on est presque en droit de supposer qu'à ce chiffre plus que modeste, se bornait le nombre de celles qui étaient encore en fonction au moment où le questionnaire avait été expédié.

M. Bérenger avait préparé un projet de loi sur le rôle des commissions de surveillance. Et M. Desportes, le secrétaire général de la Société, avait également soumis un projet sur le même sujet, à la commission d'enquête de l'Assemblée nationale, dans sa séance du 1er juillet 1873. Chaque commission devra être astreinte à un rapport annuel dans lequel elle signalera les abus réformés, les améliorations réalisées, celles qui devraient l'être ; les efforts faits et les résultats obtenus pour l'amélioration matérielle et morale des détenus. Ces rapports dépouillés feraient l'objet d'un rapport général au Conseil supérieur des prisons. Les commissions doivent être un élément modérateur dans la distribution des punitions, du moins avoir le pouvoir de faire les propositions pour les grâces et pour les libérations provisoires. Les membres de la commission de surveillance, ayant accès auprès du détenu, ayant pour attribution principale sa régénération morale, sont mieux à même de connaître des dispositions intimes de chacun des détenus, d'apprécier la mesure dans laquelle chacun d'eux doit bénéficier des mesures de clémence. Pour y arriver il serait facile d'instituer dans les établissements pénitentiaires, à l'instar de ce qui se fait dans les parquets, des fiches individuelles contenant tous renseignements, notes et observations sur le compte de chacun des détenus. Ces commissions de surveillance auraient à fournir chaque année un rapport adressé au Conseil supérieur des prisons. Là, ces rapports, qui contiendraient également tous renseignements relatifs au patronage, seraient dépouillés et serviraient à la confection d'un rapport général qui serait soumis au ministre de la Justice et au ministre de l'Intérieur.

La plupart des législations étrangères se sont préoccupées de la réforme miracle des condamnés ; toutes ont reconnu la nécessité du patronage, et plusieurs l'on organisé sur des bases solides et sérieuses.

Le débat rebondit à l'intérieur de la SGP en 1895 sous forme d'une discussion autour du rapport de Camille Granier, inspecteur général des prisons. Celui-ci met l'accent sur l'aspect d'assistance pénitentiaire et la nécessité du principe de décentralisation. Il insiste sur les difficultés, les échecs des commissions de surveillance réactivées par tous les gouvernements et en attribue les causes au fait que les prisons étant administrées par une commission composée du président du tribunal, du procureur d'Etat et de deux membres nommés par le ministre de la Justice, en dehors du personnel administratif, les commissions de surveillance (indépendantes de l'administration) seraient trop autonomes, trop libres et donc dangereuses. Les commissions de surveillance déclineront peu à peu, laissant plutôt la place aux sociétés de patronage (bien que les missions en soient différentes). Ces débats sont néanmoins intéressants car ils mettent en lumière ces actions, ces orientations qui ont voulu « humaniser » ou « socialiser » la prison, ce sera également le cas des visites et conférences dans les prisons.

Les sociétés de patronage

Le patronage est une institution particulière dont voici une histoire succincte[38]. La société de patronage est avant tout située dans la sphère du pénal. Dans un premier temps en amont de la prison, elle sera plus tard un instrument de prévention lorsqu'elle concernera non seulement les libérés de prison, mais aussi les enfants en danger, devenant un lieu de transition entre le monde de la prison et le monde libre. Elle reste définie et limitée par des circulaires et des textes juridiques ; elle a mission de protéger, préserver, rééduquer. En cela elle n'est pas comparable au "patronage scolaire", qui se fonde autour de l'école et dont le principal but est de saisir l'enfant, l'adolescent, à un moment qui peut être critique, celui où il va prendre contact avec la société.

La « préhistoire » du patronage (1819-1880) : aider le libéré de prison

Les sociétés de patronage ont été créées avant tout, dans leur objectif premier, dans un contexte pénitentiaire en direction des libérés de prison. Dès le début du XIXe siècle, on pense que l'heure de la libération peut être fatale pour ceux qui viennent de subir leur peine. Le libéré doit résister aux sollicitations de ses anciens amis, lutter contre lui-même et contre la société qui l'évite et le repousse. Il faut donc une structure qui permettra à cet individu d'échapper à la récidive. Ainsi primitivement la société de patronage se donne pour but de reclasser dans la société les individus qui ont subi une ou plusieurs peines, et de donner les secours nécessaires pour placer et maintenir parmi les honnêtes gens, les condamnés libérés.

L'ordonnance royale du 9 avril 1819 a posé les premières bases du patronage. Cette ordonnance en nommant des commissions de surveillance dans les prisons, s'attache au principe de la réforme morale des détenus. Elle est surtout connue pour sa création de la Société royale des prisons, qui est l'une des plus brillantes sociétés de son époque, non seulement par le prestige de ses membres, mais aussi par les précieux appuis dont elle dispose, notam-

---

38. V. M. Kaluszynski et Alii, *Une expérience, la société de patronage. Un objet, l'enfant en danger moral*, Rapport Mire-Cnrs, 1991, dactylographié.

ment celui du roi qui lui assure des moyens financiers appréciables. La Société royale dont le but est de « concourir avec l'administration publique à apporter dans les prisons du royaume toutes les améliorations que réclament la religion, la morale, la justice et l'humanité », doit participer à l'élaboration d'un projet de réforme des prisons. Aussi, afin de mieux connaître leur situation, elle procède dès 1820 à une enquête par un questionnaire adressé à chaque préfet.

Parallèlement à cette création, l'ordonnance de 1819 organise sur tout le territoire, pour compléter l'action de la Société parisienne, des commissions de surveillance dans chaque département. Leurs membres, dont le nombre varie de trois à sept (la commission de Paris, quant à elle, a exceptionnellement douze membres pris au sein de la Société royale), doivent siéger au chef-lieu du département sous la présidence du préfet ou du sous-préfet. L'ordonnance, dans son article 16, prévoit que ces « commissions sont chargées de la surveillance intérieure des prisons et de tout ce qui concerne la salubrité, la discipline, la tenue régulière de registres d'écrou, le travail, la distribution des profits du travail, l'instruction religieuse, la réforme morale des détenus ».

L'action des commissions de surveillance se situe donc essentiellement à l'intérieur des prisons. Pourtant nombreuses sont celles qui apportent aussi quelques secours aux libérés en difficulté. Souvent, en effet, leur situation à leur sortie de prison les pousse à la récidive : démunis de tout argent, mal habillés, ne sachant où aller, ils sont condamnés à « recommencer » si personne ne leur vient en aide. Les pouvoirs publics conscients du problème vont, en faisant appel à l'initiative privée et en développant une politique d'encouragement, jeter les bases d'un patronage des libérés.

La circulaire du comte d'Argout du 3 décembre 1832 tente de mettre en place un patronage officiel. Ce patronage s'adresse aux mineurs jugés en vertu de l'article 66 du code pénal, c'est-à-dire ceux qui, ayant agi sans discernement et donc exempts de toute peine, sont acquittés et remis à leurs parents, si cela est possible, mais le plus souvent conduits à une maison de correction pour y être élevés jusqu'à leur majorité. La circulaire du comte Duchâtel du 28 mai 1842 adressée aux préfets, expose les principes, qui selon lui, doivent servir de base à cette organisation du patronage.

En 1848, un projet de loi fut déposé dans le sens de la circulaire du 28 mai 1842. Ce projet resta sans suite en raison des événements politiques de 1848. La loi du 5 août 1850 sur l'éducation et le patronage des jeunes détenus reviendra à ce principe, puisqu'elle le pose clairement dans son article 19. Enfin, la grande réforme introduite par la loi du 5 août 1850 est la séparation entre les détenus adultes et les mineurs par la création, pour ces derniers, d'établissements spéciaux dépendants de l'administration pénitentiaire. Mais cette loi consacre aussi une forme nouvelle de patronage. En effet, elle met en place un patronage organisé par l'assistance publique et aboutira à la loi du 5 juin 1875 sur le régime des prisons départementales.

Les réticences des commissions de surveillance.

De nombreuses circulaires encourageaient les commissions à se transformer ou à créer des sociétés de patronage, mais leur concours fut vainement attendu, décevant les intéressés et les sympathisants Dans une autre circulaire, le 21 mars 1882, le ministre de l'Intérieur recommandait aux préfets d'organiser le patronage auprès des établissements pénitentiaires, où l'emprisonnement individuel était pratiqué et d'instituer un patronage qui fut autre chose qu'une assistance purement matérielle[39]. Néanmoins, les progrès sont très lents. En 1880, on compte 65 sociétés de patronage en fonction, 9 sociétés de patronage sur le point d'être fondées[40]. C'est dans ces années que l'essor des sociétés de patronage, tant au niveau des moyens législatifs, financiers ou humains, va se développer.

Que dire de ces premières années qui voient les premiers patronages se fonder ? C'est une période où ceux-ci prennent une assise institutionnelle. La création des sociétés ne se révèle pas souvent une réussite. Le fonctionnement saccadé de cette histoire institutionnelle peut se décrypter à travers le côté décousu et fragmenté du fil chronologique. Cette période est l'amorce de l'évolution que subira le patronage dans les années 1890. Consacré essentiellement aux prisonniers libérés, il va s'adresser par la suite aux jeunes détenus puis aux jeunes en danger moral. Il y a toute une transformation de la catégorie de population concernée. On assiste ici à la fois à l'extension du regard sur les individus et leur statut et peu à peu à un élargissement du pénal au civil. Le patronage restera marqué par son caractère pénal, mais sortira du cadre purement pénitentiaire qui était le sien à l'origine. Sans doute cette évolution est liée aux approches de la philosophie pénale, elle-même en mouvement, du XVIIIe à la fin du XIXe. Il y a un changement de statut et d'esprit à la fois dans l'idéologie juridique et dans la politique pénale. L'idée de naturalité héritée des Lumières, l'idée de prévention s'introduisent dans une ossature jusqu'alors plus rigide. Le pénal va au fur et à mesure de l'avancée dans le XIXème siècle, se rapprocher du social jusqu'à en être un parfait décrypteur.

---

39. Si le libéré n'a pas de famille, ni d'amis, il faut que les membres des sociétés de patronage lui en tiennent lieu, qu'ils cherchent où, comment, dans quelles conditions, le libéré pourrait être plus utilement pour son avenir, placé et occupé ; qu'ils se mettent en rapport avec des cultivateurs, des chefs d'atelier, avec des sociétés de patronage existant dans la région où le libéré aura choisi sa résidence » (circulaire du 21 mars 1882).

40. V. Fuchs, *Bulletin de la Société générale des prisons*, 1889, p. 731.

L'essor des années 1890 : le patronage en marche

Les années 1880-1890 sont des années d'essor. Les sociétés de patronage, présentes dès le début du siècle, se développent véritablement dans cette période. On peut parler alors d'un réel « mouvement » du patronage. Le contexte est plus favorable, plus ouvert à ce type de préoccupations philanthropiques, la « question sociale » s'est amplifiée : axée au début sur le thème de la prison, ou sur les difficultés du monde ouvrier, elle étend à d'autres catégories de populations ses interrogations et ses remèdes (par exemples les pauvres, les enfants, etc.).

Ces quelques années constituent un moment-charnière, nourri de plusieurs événements concomitants : des avancées législatives décisives, l'émergence des notions d'intérêt de l'enfant et de prévention, le rôle de la Société générale des prisons, berceau théorique du patronage, ainsi que la volonté d'une fédération des sociétés de patronage qui sera consacrée par l'Union des sociétés de patronage. Le premier congrès national du patronage fut organisé en 1893 à Paris sur l'initiative de la Société générale des prisons. Il était présidé par Jules Simon et par le conseiller Ch. Petit. C'est dans ce congrès que fut instituée une union des sociétés de patronage.

On voit ici un ensemble d'expériences, d'innovations dont les racines s'ancrent bien avant le moment républicain mais qui seront très fortement investis, mobilisés dans cette période où la réforme est un enjeu majeur.

Conclusion

Loin de se réduire à une émanation du pouvoir central, la réforme des prisons et, par là même, la réforme pénitentiaire, se révèle le produit d'interactions complexes, d'une part entre les principes, les règles posées, d'autre part, entre des acteurs qui évoluent selon des configurations particulières sur diverses scènes. Il se conjugue ainsi l'idée et la volonté d'une combinaison société civile/Etat, afin, dans un premier temps, d'assurer le triomphe de la réforme pénitentiaire et, dans un second temps, de faire entrer dans les mœurs une décision politique. Il y a une vraie « porosité » entre les espaces et une véritable « cogestion » entre acteurs publics et acteurs privés. Ce mode de fonctionner du politique, même indirect, est intéressant car il ne passe pas forcément par le classique déploiement parlementaire mais repose sur la mise en place d'un processus s'établissant entre le public et le privé, entre l'Etat et la société, favorisant un aller-retour entre deux sphères que souvent on a opposées.

L'image d'une République fondée sur le clivage n'est plus alors de mise et on découvre un mode de fonctionnement du politique pour ce régime républicain en construction[41], peut-être même l'incontournable nécessité de l'alliance pour atteindre une pleine efficacité. L'Etat est pénétré par la société de la même façon qu'il entretient des liens étroits avec elle. La réforme pénitentiaire transcende les clivages politiques, rassemble tous secteurs confondus, et par là même est un projet moteur dans une République en train de prospérer[42].

Ce projet politique est mobilisateur et constructeur[43] mais dans ce triptyque où cohabitent récidive, enfance délinquante et prison, c'est la prison[44], qui malgré la réforme Amor de 1945[45] et des velléités ponctuelles, sera mise à mal[46]. A croire que la réforme pénitentiaire, suivant la conception foucaldienne serait à jamais vouée à l'échec, une réforme impossible. Mais cela serait sans tenir compte des contextes, des acteurs, de l'historicité qu'il faut sans cesse interroger.

La « réforme » de la prison est à peu près contemporaine de la prison elle-même[47]. Elle en est comme le programme. La prison s'est trouvée dès le

---

41. V. C. Nicolet, *L'idée républicaine en France, Essai d'histoire critique*, NRF. Ed. Gallimard, Paris, 1982.

42. Nous n'avons pas évoqué le volet colonial extrêmement riche et spécifique qui a sa propre histoire, son propre développement.

43. Voir le niveau des budgets pénitentiaires importants de 1877à 1900, il y a un intérêt réel sur ces questions qui s'amenuisera dès 1900. En 1908, les crédits augmentent à nouveau, sous l'impulsion de Clémenceau,V. R .Badinter, *La Prison républicaine*, pp. 204-209 et aussi Le budget des prisons à la chambre des députés, *RP*, 1887, pp. 86-104, 140-165, *RP* 1888, pp. 400-442, pp. 536-566, *RP* 1891, pp. 291-298, 1100-1111, *RP* 1892, pp. 1148-1160 ; Le budget du service pénitentiaire à la chambre des députés, *RP* 1893, pp. 313-329 ; Le budget des services pénitentiaires, *RP*, 1897, pp. 1336-1343l ; Le budget des prisons à la Chambre, *RP*, 1898, pp. 267-280 ; Le budget des services pénitentiaires, *RP*, 1899, pp. 202-222 ; Le budget des services pénitentiaires à la Chambre, *RP*, 1900, pp. 96-105, etc.

44. V. G. Chantraine, « Les temps des prisons. Inertie, réformes et reproduction d'un dispositif institutionnel », in Ph. Artières et P. Lascoumes (dir.), *Gouverner, Enfermer. La prison, un modèle indépassable ?*, Paris, Presses de Sciences Po, 2004.

45. La réforme Amor repose sur l'idée qu'il est possible d'obtenir l'amendement du condamné par sa rééducation morale. Cette tâche de rééducation morale des détenus est principalement confiée aux éducateurs ainsi qu'aux assistantes sociales sur qui repose l'essentiel du dispositif. V. Cl. Faugeron et J.-M. Le Boulaire, « La création du service social des prisons et l'évolution de la réforme pénitentiaire de 1945 à 1958 », *Déviance et Société*, vol. 12, no 4, 1988, pp. 317-359 ; Cl. Faugeron, « De la Libération à la guerre d'Algérie : l'espoir d'une réforme pénitentiaire » in J-G. Petit *et* al, *Histoire des galères, bagnes et prisons (13e-20e siècles)*, Toulouse, Éd. Privat, coll. « Bibliothèque historique Privat », 1991.

46. Jean-Charles Froment constate ainsi depuis la fin des années 1980 que l'administration pénitentiaire tente de trouver de nouveaux mythes capables de restaurer la légitimité d'un service public profondément affaibli. V. J.-C. Froment, *La République des surveillants de prison. Ambiguïtés et paradoxes d'une politique pénitentiaire en France (1958-1998)*, Paris, LGDJ, coll. Droit et Société », 1998.

47. V. M. Seyler, « La banalisation pénitentiaire ou le voeu d'une réforme impossible », *Déviance et société*, vol. 4, no 2, 1980, pp. 131-147 ; P. Artières, P. Lascoumes, G. Salle (dir.), *Gouverner, Enfermer. La prison, un modèle indépassable ?*, Paris, Presses de SciencesPo, 2004,

début engagée dans une série de mécanismes d'accompagnement, qui doivent en apparence la corriger mais qui semblent faire partie de son fonctionnement même, tant ils ont été liés à son existence tout au long de son histoire [...][48].

La réforme pénale est à ce point investie comme un enjeu politique qu'elle servira de « pilote », inspirera pour son organisation et dans sa configuration la mise en œuvre des politiques d'assistance, des futures politiques sociales. Elle est, dans cette période, un instrument structurant de l'action publique, constitutif du régime républicain en développement, tout en étant porteur de principes d'un programme de gouvernement qui en évoluant se rigidifiera et abandonnera la souplesse, la latitude, que seule la dynamique de la réforme pouvait instiller aux projets politiques difficiles, comme la prison et la réforme pénale.

48. V. E. Farges, « Penser la réforme pénitentiaire avec Michel Foucault. Apports et limites », *Raisons politiques*, n°25, févier 2007. p. 115.

LA SITUATION CONTEMPORAINE DE L'ADMINISTRATION PÉNITENTIAIRE

5

Identité pénitentiaire et intégration au ministère de la Justice

par François Février

Lorsque m'a été demandé de proposer une contribution lors de ce colloque, j'avoue avoir accepté sans doute sans bien apercevoir la difficulté dans laquelle je me plaçais. A l'écueil que présente le sujet en lui-même (*prétendre dessiner l'identité pénitentiaire, qui plus est en l'accolant à la thématique du rattachement de l'Institution au ministère de la Justice en quelques lignes)* s'ajoute, en effet, tel qu'il m'est donné de le constater aujourd'hui, la vanité pour ne pas dire l'incongruité d'immiscer ma contribution entre celles d'auteurs qui font autorité et celles d'autorités qui prennent de la hauteur. A ce propos, je voudrais juste dire l'insigne présomption de simplement oser évoquer la thématique du rattachement après un Christian Carlier qui, dans son ouvrage « la Balance et la clé »[1] me paraît avoir résolument et brillamment résolu la question et avant un Jean-Charles Froment qui, dans une thèse magistrale, dessinait les paradoxes de la politique pénitentiaire durant les cinquante dernières années du XXe siècle[2].

A cette difficulté première, s'en ajoute une seconde, en forme de paradoxe, que nombre d'entre vous auront déjà relevé. Il y a, en effet, quelque chose de paradoxal, voire d'ironique à évoquer ce qui se rapporte au rattachement de l'administration pénitentiaire au ministère de la Justice à l'heure où certains signaux paraissent indiquer, sinon une grande proximité de l'institution pénitentiaire avec son ancienne administration de tutelle, au moins un certain trouble quant à la distinction des missions respectivement dévolues aux deux ministères.

---

1. V. C. Carlier, *La balance et la clef*, Rapport dactylographié, ministère de la Justice, Paris, 1986, 89 p.

2. V. J.-C. Froment, *La République des surveillants de prison. Ambiguïtés et paradoxes d'une politique pénitentiaire en France (1958-1998)*, Paris, LGDJ, coll. Droit et Société », 1998.

Faut-il ici rappeler qu'après la loi pénitentiaire du 24 novembre 2009 qui confère aux personnels de surveillance la qualité de « force de sécurité intérieure », sans que l'on sache précisément ce qu'infère juridiquement cette qualification, s'engage actuellement la translation des compétences de transfert et d'extractions depuis le ministère de l'Intérieur vers l'administration pénitentiaire[3].

Au total, sans doute, ce centenaire intervient-il finalement encore un peu trop tôt pour se prononcer sur une identité pénitentiaire spécifique, à l'heure où celle-ci paraît plus que jamais en devenir, qui plus est sous l'empire d'une loi toute récente que, précisément, on aura attendu cinq ans.

Par ailleurs, la recherche de ce qui compose une identité professionnelle ou institutionnelle convoque tant de champs de connaissances, de disciplines, d'approches, qu'avant même de commencer, l'on doit confesser une forte probabilité d'échec de la démarche. On ne pourrait prétendre cerner cette identité sans détailler l'histoire de l'institution et de sa fonction sociale, sans évoquer par exemple les statuts des personnels, le dialogue social, l'architecture carcérale, l'émergence du travail social en prison, le développement du milieu ouvert et la diversification des cadres d'intervention pénitentiaires. De même, l'identité pénitentiaire réclamerait, pour être cernée, d'en passer par l'évocation de la cabalistique pénitentiaire, ce vocabulaire si particulier réservé aux initiés, d'adosser cette construction identitaire aux événements, grands et petits, tragiques ou communs qui ont émaillé la mémoire pénitentiaire (si joliment restituée dans des ouvrages coordonnés, entre autres, par Jean-Michel Armand). Autant de secteurs, d'approches, de champs de compétences qui, n'étant pas nôtres, auront du être écartés.

Pour autant, si la copie risque de n'être pas bonne, on ne saurait nier que le sujet est bon !

Cent ans après son intégration au ministère de la Justice, quelques évolutions de fond, quelques paradoxes aussi éclairent, en effet, une question que nous nous posons tous ici : Qu'est-ce que la pénitentiaire ? Qu'est-ce que c'est qu'être un pénitentiaire aujourd'hui ?

J'avoue, à ce titre que, depuis le poste que j'occupe à l'Ecole nationale d'administration pénitentiaire et suivant mon parcours, cette question s'est avérée récurrente... depuis le jour même de mon arrivée, en qualité de

3. Les débats entourant cette translation dessinent, suivant les positions adoptées, une mise en cohérence et une extension des missions pénitentiaires (prémisses de la création d'une police pénitentiaire, à l'instar de nos voisins italiens) ou bien une priorité accrue des missions strictement sécuritaires (en termes d'allocation des ressources humaines et budgétaires), au détriment de ce qui, jusqu'ici, paraissait composer l'identité pénitentiaire, faite de surveillance dans et hors les murs et d'insertion et de probation, dans la perspective de prévention de la récidive.

contractuel, où une secrétaire m'indiqua s'interroger sur mon droit à congés, dans la mesure où je n'étais pas « un pénitentiaire », en passant par cette affirmation d'un personnel dont je tairais le nom qui, faisant le distinguo entre les personnels de direction et de surveillance et tous les autres se félicitait qu'un poste dédié à l'insertion et à la probation soit confié à un « vrai pénitentiaire ». Pour finir par l'interrogation de l'un de mes collaborateurs qui, voici quelques jours encore, à la porte d'une prison, semblait s'étonner que je dispose d'une carte professionnelle...

Au long de ces quelques années, il m'est ainsi apparu que, non seulement l'identité pénitentiaire voyait ses contours dessinés par la proximité du rapport au détenu (nombreux sont encore ceux qui, aujourd'hui, réservent l'appellation de « pénitentiaire » aux agents qui œuvrent au maintien de la sécurité en détention, à l'exclusion donc de milieu ouvert), mais plus encore que, cent ans après le rattachement au ministère de la Justice, jamais la comparaison avec les forces de police n'a autant été revendiquée par les personnels de surveillance, à l'heure de définir leur mission.

Il en résulte qu'à l'heure de ce centenaire, pour lequel le terme d'intégration progressive me paraît d'ailleurs plus adéquat que celui de rattachement, l'administration pénitentiaire semble encore tiraillée entre le lointain souvenir d'une appartenance au ministère de l'Intérieur et l'affirmation d'une identité autrement plus complexe et spécifique qui, par-delà la reconnaissance d'une « troisième force de sécurité », doit composer avec des notions floues de prévention de la récidive, d'insertion et de probation, de privation ou de restriction de liberté tout en œuvrant à la restauration des droits de la personne placée sous main de justice.

A la vérité, pour vous proposer au moins quelques caractéristiques saillantes de cette identité pénitentiaire, à l'aune de ce centenaire, il m'est apparu commode de considérer que ce tiraillement avait quelque chose de commun avec la situation d'un adolescent qui, entre ses deux parents séparés, tenterait de mêler héritages et ruptures pour construire son propre chemin. A cet égard, ces cent années de construction identitaire pour une Pénitentiaire, aujourd'hui logée à équidistance de la place Vendôme et de la place Beauvau, me paraissent traversées par deux mouvements : un mouvement d'émancipation, auquel son appartenance au ministère de la Justice n'est sans doute pas indifférente ; un mouvement de maturation, dans le cadre duquel continue de se révéler l'influence conjuguée des deux tutelles successives.

1. – Emancipation

Après le « coup » du 13 mars[4], l'administration pénitentiaire semble avoir continué son chemin comme si de rien n'était. Le plus souvent dirigée par un préfet, ses établissements continuèrent d'ailleurs d'être contrôlés par l'Inspection générale des services administratifs jusqu'en 1948, déniant ainsi toute réalité à l'un des principaux arguments en faveur du rattachement (permettre à l'autorité judiciaire de contrôler la prison).

Malgré tout, l'évolution de l'administration pénitentiaire durant ce siècle a révélé des ruptures et continuités qui, aussi bien les unes que les autres, ont souligné que ce détachement du ministère de l'Intérieur recouvrait une certaine réalité.

A ce titre, on peut relever deux tensions dans l'évolution de l'AP : l'aspiration à une certaine autonomie, en premier lieu, dont la réforme Amor paraît être l'un des points d'orgue ; la confrontation à une nouvelle responsabilité, juridique principalement, à laquelle l'appartenance au ministère de la Justice n'est vraisemblablement pas étrangère.

Autonomie (balancier entre décloisonnement et enclavement)

Sauf à être démenti, l'administration pénitentiaire a toujours cultivé une certaine aspiration à l'autonomie, que ce soit sous l'empire du ministère de l'Intérieur ou sous l'autorité du ministère de la Justice (l'un des arguments majeurs des opposants au rattachement résidant d'ailleurs précisément dans la crainte d'une perte d'autonomie de l'Institution à l'égard notamment des magistrats).

Cette aspiration à l'autonomie, si elle ne doit pas masquer la permanente recherche de décloisonnement de l'Institution, se traduit principalement par un mouvement constant de réforme dont la réforme Amor et l'intégration des RPE sont, à soixante ans d'écart deux illustrations patentes.

Le décloisonnement de l'Institution pénitentiaire n'est pas une nouveauté issue de l'intégration au ministère de la Justice. Bien au contraire, on sait à quel point les établissements ont été considérés, dès l'ère napoléonienne, comme un levier stratégique d'aménagement du territoire, à ne considérer, par exemple, que les maisons centrales qui constituaient aussi un point de ralliement pour l'organisation militaire du pays.

Ce décloisonnement, traduction très concrète de l'émancipation de l'Institution pénitentiaire, s'est poursuivi et accentué depuis l'intégration au ministère de la Justice, notamment ces quarante dernières années, sans que

---

4. Les circonstances politiques et parlementaires qui, finalement conduisent au rattachement, au bénéfice immédiat de la création d'un poste de secrétaire d'Etat.

l'on puisse toutefois inférer que l'appartenance au ministère de la Justice en soit un élément facilitateur. Ce processus, aussi qualifié de « déterritorialisation » par Jean-Charles Froment, laisse apercevoir une entrée progressive de ce que l'on appelle la Société civile dans les prisons, tandis qu'à l'évidence (ce qui n'est pas sans conséquence sur l'identité pénitentiaire), le personnel pénitentiaire sort progressivement de l'enceinte qui, jusqu'alors, masquait son action.

Il n'est pas indifférent de relever, même si cela appartient à l'histoire récente, qu'après un premier mouvement d'accueil de services publics de droit commun dans les prisons[5], c'est avec le monde de l'entreprise que le service public pénitentiaire s'associe à compter de la fin des années 80. De la gestion déléguée de la loi de 1987 au partenariat public/privé d'aujourd'hui, le service public pénitentiaire aura fait figure de précurseur, en sa qualité de service régalien, dans la modernisation et, paradoxalement, l'ouverture de son action, en association avec de multiples partenaires extérieurs.

Mais ce mouvement d'association croissant croise une seconde tension, elle aussi d'autonomie, qui n'est pas sans rappeler le caractère quelque peu enclavé de l'institution pénitentiaire. La réforme permanente du service public pénitentiaire trouve, en effet, ses traductions majeures dans des initiatives de l'administration pénitentiaire elle-même, menée avec ses propres moyens, le plus souvent en réaction au manque de soutien du législateur (qui aurait dû être l'instigateur naturel de ces réformes).

Fait majeur qui, pour le coup, renvoie à la question du rattachement ainsi qu'à celle du lien unissant l'administration pénitentiaire aux magistrats, les deux réformes qui nous paraissent les plus exemplaires ont toutes deux rapport au souci de donner du sens à la peine, non pas au stade de son prononcé mais bien à celui de son exécution.

La réforme Amor, en premier lieu, jette les bases d'un parcours d'exécution de peine qui (il est utile de le préciser) réunit les personnels pénitentiaires et un magistrat dans l'animation et la mise en musique du Régime progressif. Il est assez remarquable, en relisant les 14 points de la fameuse réforme, d'y trouver pêle-mêle les prémices de la création d'un juge de l'application des peines, d'une CAP, mais aussi d'un parcours d'exécution de la peine dont le régime progressif ainsi que l'évaluation de la dangerosité et de la sociabilité, la perspective d'une sortie préparée sont les principaux outils.

La lecture de ces 14 points renvoie à 60 ans d'écart à celle des Règles pénitentiaires européennes et du référentiel d'engagements de l'AP qui, sans

5. A compter du milieu des années 70 jusque dans les années 90, l'école, l'hôpital, la formation professionnelle, les services d'aide social pénètrent progressivement les murs des prisons.

doute plus que tout autre, souligne l'énergie développée par l'Administration pénitentiaire pour conférer, par elle-même et pour elle-même, en l'absence une fois encore de texte contraignant préalable, un sens à l'exécution de la peine et aux caractéristiques de la détention. L'appropriation inédite en Europe de cette recommandation a constitué pour l'administration pénitentiaire française, plus encore qu'un palliatif à l'absence de loi pénitentiaire, une clé de management et de réforme totalement adaptée à ses besoins… puisque le référentiel de pratiques et de procédures qui en a été inféré a pour auteur… l'AP elle-même.

Ainsi, en écho au slogan qui avait été retenu pour la première campagne médiatique de recrutement des personnels, ces deux réformes marquent tout de même un peu l'idée que pour se réformer, l'administration pénitentiaire s'est bien souvent portée à penser que pour la prison change, il fallait la changer « entre nous ».

Ce « entre nous » auquel l'identité pénitentiaire ne rechigne pas, ni du point de vue de ses personnels, ni de celui de l'Institution elle-même, comporte toutefois des limites qui, ces dernières années, ont montré que l'émancipation est tout autant gage de liberté que de responsabilité, responsabilité dont il faut à un moment ou l'autre rendre compte, en l'occurrence, face à un juge.

L'AP face à ses juges

En regard du centenaire que nous célébrons, cet avènement d'une responsabilité juridique plus forte, contrebalançant un rapport parfois ambigu et pour le moins paradoxal de l'Institution au droit, est bien sûr très récent. Cette responsabilité nouvelle n'en constitue pas moins un facteur indiscutable de construction de l'identité pénitentiaire.

Faut-il rappeler, à cet égard, que la juridiction administrative avait jusqu'en 1995 tenu l'administration pénitentiaire hors de son jugement aussi bien du point de vue de la légalité de ses actes que de la responsabilité des préjudices subis dans le cadre de ses activités. Le régime protecteur des mesures d'ordre intérieur conférait à l'époque aux sanctions disciplinaires pénitentiaires la même valeur juridique que les heures de retenue prononcées dans un collège ou un lycée… plus encore, seule la responsabilité administrative pour faute lourde pouvait impliquer le service public pénitentiaire, à l'instar des activités de police.

Depuis lors, l'administration pénitentiaire a vu peu à peu l'intégralité de ses prérogatives entrer dans l'escarcelle du contrôle d'un juge de l'excès de pouvoir toujours plus exigeant. Tour à tour, au terme d'un dialogue plus ou moins pressant avec son juge, l'administration pénitentiaire a dû réformer son droit pour le mieux soumettre au principe de légalité, aussi bien en matière de discipline que d'isolement, plus tard de transfèrement et de rotations de sécurité ou de classement et déclassement d'emploi... aujourd'hui de fouilles, demain d'expression collective ou de droit à l'image des personnes détenues. La responsabilité de l'Etat en matière de suicide, jusqu'en 2003 attachée à la preuve d'une faute lourde rapportée par les requérants a depuis lors été inversée par la jurisprudence qui ne cherche plus qu'une faute simple commise par l'administration pour accepter de réparer le préjudice subi par la personne détenue (jurisprudence dépassée si l'on ose dire par la loi qui, depuis le 24 novembre 2009, a même reconnu une hypothèse de responsabilité sans faute et, qui plus systématique, en cas de décès d'une personne détenue résultant de violences[6]).

L'administration pénitentiaire qui, par essence même, est une institution de la loi et qui par nécessité doit bien souvent composer avec les difficultés que lui pose à elle-même l'application stricte des textes, a encore vu apparaître un second juge, tout aussi nouveau, en 2000-2001, à l'occasion de la première condamnation de l'Etat prononcée par la Cour européenne des droits de l'homme en matière pénitentiaire.

Depuis dix ans, plus d'une dizaine de condamnations sont intervenues, entraînant pour chacune la nécessité de réviser notre réglementation ou nos pratiques, avec cette difficulté supplémentaire, ressentie par les personnels, que la plupart de ces affaires avaient pour requérants des condamnés, médiatiques ou dont la prise en charge est des plus complexe (Papon, Ilitch Ramirez, Kidher, Payet, Frérot, pour ne citer que quelques-unes de ces décisions).

Plus récemment encore et dans ce rapport de l'institution au droit qui connaît de nouveaux observateurs extérieurs, est enfin apparu un Contrôleur général des lieux de privation de liberté qui, par définition, s'emploie moins à saluer les engagements ou souligner les difficultés de l'Institution qu'à en signaler les carences et les dysfonctionnements.

Seule, finalement, la relation de l'AP au juge judiciaire semble suivre une évolution moins heurtée, même si le positionnement des acteurs, entre le juge mandant et l'administration exécutrice masque en réalité des jeux et enjeux de pouvoir importants. On ne peut manquer de souligner à cet égard le déplacement certes récent, mais conforté depuis 2004 et confirmé depuis 2009, qui rallie plus précisément le parquet, garant de l'exécution des peines et l'administration pénitentiaire, au détriment d'un JAP qui, moins de dix ans après avoir enfin vu reconnaître son pouvoir juridictionnel, assiste à ce que d'aucuns appellent une déjudiciarisation de certaines mesures (qu'elles soient d'aménagement ou d'exécution de fin de peine).

6. Art. 44 de la loi pénitentiaire du 24 novembre 2009.

Durant cette phase d'émancipation, le service public pénitentiaire n'a pas paru immédiatement impacté dans son identité par le rattachement au ministère de la Justice. Sans doute, la seconde phase, de maturation, doit-elle davantage à cet ancrage dans le système judiciaire.

2. – Maturation

A de nombreux égards, la décennie 2000 aura été décisive pour l'administration pénitentiaire. Placée sous le feu des médias, des critiques, des interrogations politiques et citoyennes, à la croisée de tant de problématiques saillantes (récidive, dangerosité, « dérives sécuritaires » ou « échec du filet social »...), au cœur d'une soudaine frénésie législative qui réforme le droit pénal tous les deux ans, la pénitentiaire entre aux yeux de tous dans le XXIe siècle comme si elle sortait du XIXe.

Cette décennie 2000 est donc celle d'une accélération des réformes, d'une mise en question de tout ce qui fait la pénitentiaire : les murs, les personnels, les mesures, l'efficacité des procédures et la recherche de certitudes dans le résultat, les statuts, la formation, la législation, le vocabulaire, la communication, le défi de recrutements massifs et la dilution subséquente de la mémoire professionnelle causée par le départ des anciennes générations, la redéfinition des pratiques professionnelles, la régulation des flux, la lutte contre le suicide, la rénovation et l'invention de nouvelles procédures de sécurité, l'impact décisif des nouvelles technologies de communication... ou de contention.

De cette frénésie, ressort paradoxalement une phase de maturation, comme si toutes ces mises en abîme de l'institution réclamaient que soient revues et réaffirmées ses valeurs fondamentales, affinées ses missions, mieux dessinés ses contours, même si le prix à payer pour cette remise au cœur de débat citoyen est que la pénitentiaire devienne aussi un enjeu au mieux politique, au pire politicien.

Dans cette tension vers une certaine maturation de l'identité pénitentiaire, l'appartenance au ministère de la Justice n'est peut-être pas à tous coups déterminante mais certainement pas indifférente. Elle contribue en tout cas à expliquer certains tâtonnements, certaines hésitations et soutient pour une large part les plus sensibles affirmations.

Hésitations

Aucune maturation ne s'effectue sans tâtonnements, hésitations, réflexions, expérimentations, sans atermoiements. De ce point de vue, ce sont sans doute précisément les principaux piliers de l'identité pénitentiaire qui se trouvent d'une certaine manière interrogés par cette mise en lumière et donc en abîme de la pénitentiaire.

On peut brièvement en citer trois : le trouble qui affecte la notion pourtant cardinale de sécurité ; le flou entourant le concept tout aussi essentiel d'insertion ; le paradoxe enfin qui frappe la dualité des missions.

Le trouble de la sécurité – La notion de sécurité est sans doute le pilier le plus évident, ou à tout le moins le plus apparent de l'identité pénitentiaire. Pourtant, partagé avec d'autres forces et déployé en plusieurs significations à l'intérieur même de l'institution, le concept persiste à résister à l'unité, la synthèse, le consensus.... Et pour tout dire la clarté.

A la fois soutenu institutionnellement par la création d'une sous-direction de l'état major de la sécurité (appellation mêlant toutefois appellation administrative et connotation militaire), revendiqué ostensiblement par la formule « troisième force de sécurité », le concept même de sécurité pénitentiaire s'avère en réalité, peu propice à une identification de tous les pénitentiaires. On doit, en effet, s'interroger sur le sens même accordé à cette notion, rapporté aux missions pénitentiaires. La sécurité qui nous fait nous placer comme troisième force de sécurité serait-elle la même que celle qui caractérise les deux premières ? En d'autres termes, le surveillant et le gardien de la paix exerceraient-ils une mission identique pour qu'on les assimile dans un même classement, autour d'une notion uniforme ? A l'évidence, non.

Ne peut-on distinguer une sécurité d'intervention et une sécurité de gestion ? Une approche sécuritaire passive (les outils), et une approche sécuritaire active (les techniques et pratiques professionnelles).

A la vérité, la notion de sécurité peut réunir les personnels pour peu qu'on en admette au préalable la diversité des réalisations et des approches. Convenir que la qualité de l'accueil d'une personne détenue, la mise en œuvre de ses droits au quotidien, le travail effectué par les personnels d'insertion et de probation, le soin apporté au maintien des liens familiaux ou à la formation sont autant d'investissements sécuritaires. Convenir aussi que diverse, elle-même, la notion de sécurité appelle une spécialisation des fonctions et des métiers qui, à l'évidence, est désormais à l'œuvre dans une pénitentiaire qui se rénove : depuis la création des équipes régionales d'intervention et de sécurité (ÉRIS), jusqu'au processus arrivant, depuis la prévention du suicide jusqu'aux unités de visite familiale, depuis les brigades cynophiles jusqu'aux ateliers de zoothérapie dans certains établissements, depuis les escortes jusqu'au projet de sortie, tout est en réalité investissement sécuritaire. Univoque dans sa formulation et son dessein de comparaison, la formule de « troisième force de sécurité » ne peut donc à elle seule contenir et valoriser la complexité et la diversité de l'identité pénitentiaire.

L'éclaircissement de la notion viendra peut-être dans un second temps et s'avérera d'autant plus nécessaire qu'elle supporte aujourd'hui une diversification des fonctions et pour tout dire des métiers, notamment du surveillant (ERIS, surveillant PSE, surveillant UHSI ou UHSA, formateur, moniteur, surveillant en SPIP, responsable d'escortes, etc.)[7].

Le flou de l'insertion – précisément, au chapitre des tâtonnements ou hésitations, la mission d'insertion a elle-même souffert de troubles identitaires. Sœur cadette des missions pénitentiaires, elle a eu bien du mal à s'insérer (sans jeu de mot) dans le paysage pénitentiaire. Les circulaires méthodologiques ont certes progressivement affiné les définitions. L'évolution des techniques (doit-on citer le diagnostic à visée criminologique – DAVC – ou les programmes de prévention récidive – PPR –) et des technologies (APPI[8]) ont certes déplacé les positionnements professionnels. Les appellations ont certes été révisées (depuis la suppression des terminologies attachées au travail social jusqu'à l'ajout de l'adjectif pénitentiaire dans la désignation des différents grades du corps). Il n'en demeure pas moins que les personnels pénitentiaires d'insertion et de probation ont longtemps clamé (eux aussi) leur manque de reconnaissance et de visibilité, exprimé jusqu'à la plus douloureuse difficulté d'être identifiés aussi bien à l'interne qu'à l'extérieur de l'institution, à l'heure de nouer des partenariats dont ils doivent pourtant assurer une part essentielle de la charge.

Le paradoxe de la dualité des missions – Au titre des hésitations, des tâtonnements, ce trouble et ce flou se retrouve bien évidemment dans la définition des missions de l'administration pénitentiaire qui, sous l'empire de la loi du 22 juin 1987, donnait davantage l'apparence d'une institution clivée, partagée entre des injonctions paradoxales (punir et réinsérer), entre une mission de moyens (la garde) et une mission de résultat (la réinsertion) très inégalement investies.

---

7. Surveillant chargé du suivi des placements sous surveillance électronique ; surveillant chargé de la sécurité et des escortes à l'unité hospitalière sécurisée interrégionales et/ou à l'unité hospitalière spécialement aménagée.

8. Application des peines-probation-insertion.

Et c'est peut-être finalement de la loi, entre autres, qu'à ces premières hésitations viennent aujourd'hui répondre des affirmations plus solides qui tendent à mieux dessiner ce que peut être une identité pénitentiaire au XXIe siècle.

Affirmations

Dans cette frénésie réformatrice de la décennie 2000, on relève en effet quelques points d'éclaircissements, d'affirmations, des voies de stabilisation qui, sans renier le passé, éclairent un peu plus l'avenir.

Je ne peux résister à ce stade à l'évocation du constat qu'avait en son temps formulé un directeur de l'administration pénitentiaire aux alentours de 2002. Reprenant à son compte les conclusions des rapports parlementaires de 2000 dont l'un des chapitres s'intitulait *« restaurer l'identité de l'administration pénitentiaire »*, il avait confié qu'il avait trouvé une institution désorientée, déprimée, et qu'il s'agissait de lui redonner un cadre, une discipline et une fierté. Les uniformes ont alors changé et les directeurs des services pénitentiaires (DSP) en ont été dotés, les statuts ont été revus, des recrutements massifs ont été engagés dans tous les corps, des symboles ont été restaurés et la visibilité de la pénitentiaire s'est très largement développée (depuis la communication médiatique jusqu'à, très prosaïquement, l'apparence des véhicules pénitentiaires qui, aujourd'hui arborent une identité pénitentiaire). L'Ecole elle-même a vu ses orientations singulièrement modifiées (avec en arrière fond la question de savoir si elle devait être une école professionnelle ou une école d'application, ce qui ne signifie pas la même chose).

Arrivé au chevet de cette institution, un autre directeur d'administration pénitentiaire a poursuivi le travail et au cadre plus rigide laissé par son prédécesseur, il a ajouté une vision, une mise en dynamique autour d'une charte d'action : les RPE (règles pénitentiaires européennes). Ce contexte posé, on peut relever des illustrations des affirmations identitaires posées ces dernières années.

Répondant à l'inextricable dualité de missions, la loi pénitentiaire désigne un but ultime et fédérateur : la prévention de la récidive. Ambitieuse et complexe, la notion comporte au moins cette vertu d'unifier les missions et actions pénitentiaires autour d'une même finalité, en même temps qu'elle identifie un résultat à atteindre même si l'on sait à quel point il est difficilement mesurable.

Adossée à la problématique du rattachement, cette mission de prévention de la récidive a, qui plus est, l'avantage de rallier la pénitentiaire aux finalités judiciaires et policières et de placer, ironie de l'histoire, la pénitentiaire à équidistance de ses deux institutions mères.

Seconde illustration : sans toutefois lui reconnaître la qualification d'usager, la loi pénitentiaire replace nettement la personne détenue au centre des prestations pénitentiaires. La re-définition de ses droits et devoirs a le mérite de clarifier aux yeux du citoyen ce qui doit être derrière les murs des prisons, avec certes tout un cortège de complications et de difficultés d'application (aussi bien en termes sécuritaires, concernant les procédures de fouilles, par exemple, que du point de vue de l'organisation de la vie en détention, avec l'obligation d'activité des condamnés, dont l'effectivité demeurera longtemps incertaine).

Troisième illustration, concernant les personnels : l'instauration d'un code de déontologie et d'une prestation de serment. A l'instar de la police, donc, mais aussi de la magistrature, les personnels pénitentiaires peuvent donc désormais appuyer leur discours identitaire sur un texte et un serment commun à tous. Cela ne fait pas tout, certes, d'autant que le serment ne revêt pas de caractère obligatoire (pour les personnels déjà titulaires à son entrée en vigueur) et que la déontologie réclame de singuliers efforts pour rallier toutes les conceptions du métier. Mais cela n'en demeure pas moins une affirmation structurante qui, au fil des générations, pourra devenir essentielle.

Ultime illustration, identitaire s'il en est : par la force des événements ou des volontés, la pénitentiaire se donne de plus en plus à voir ! Exposée médiatiquement, dans un mélange de critiques et de reconnaissance, l'institution a rompu le silence et s'expose, elle-même, de multiples manières, dans les forums, les colloques, les programmes de diplômes universitaires, les salons des métiers, dans des reportages et des événements et même dans une tentative, il est vrai avortée, de série télévisée. Sans oublier, bien sûr, la volonté pour l'avenir d'inscrire la pénitentiaire dans les rangs du défilé du 14 juillet.

C'est par cette évolution de la communication que l'on voudrait conclure, sans prétendre donc avoir le moins de monde résolu dans une formule quasi chimique le mystère des composantes de l'identité pénitentiaire.

Dans ce qu'elle a donné à voir d'elle-même, dans le domaine stratégique des campagnes télévisées de recrutement, la pénitentiaire a sans doute synthétisé en quelques vingt-quatre images secondes cette évolution constante, faite d'émancipation et de maturation, d'hésitations et d'affirmations, d'autonomie et de décloisonnement, de revendication de son utilité sociale.

La comparaison de deux clips de recrutement, dont on sait l'indice de médiamétrie et donc l'importance stratégique, aussi bien en termes de message qu'en potentialités de résultats est à ce titre révélatrice. A quelques années d'intervalle, on peut observer que l'on a tour à tour recruté deux profils distincts et donc diffusé deux images différentes. D'un côté, en 2003, un type « normal » (qui est d'ailleurs un vrai surveillant), en civil, bien dans ses baskets (ce qui tombe bien, puisqu'il est dans un gymnase), cherchant à convaincre de l'intérêt de ses missions, afin de susciter avec le sourire autant de vocations à « changer la prison avec nous ». Quelques années plus tard, à compter de 2008 (et même si on ne voit ni CPIP, ni personnels de direction, administratifs ou techniques), on montre une prison, des uniformes, on imprime des valeurs (« humanité », « respect », « autorité »). On aperçoit même, de loin en loin, cette personne détenue que la société avait jusqu'alors recluse. Dans cette œuvre de communication stratégique, qui a donc si rapidement évolué, s'affiche enfin une affirmation identitaire qui a tous les traits d'une revendication : à l'ancien slogan de ralliement, un peu angélique, « *La prison change, changez-la avec nous* », se substitue une affirmation franche, pour ainsi dire décomplexée et assurément identitaire : « *Quelle société peut se passer de nous ?* »

Au total, la pénitentiaire aura donc sans cesse revendiqué son identité, peut-être moins pour en masquer les incertitudes que pour en assurer la reconnaissance par le citoyen qui lui confie cette mission si difficile qu'il répugne à la regarder. Au total, passé le centenaire, les personnels de toutes les générations pénitentiaires semblent ainsi parler de la même voix, dire la même chose à une société dont ils assurent une part de la sécurité mais dont ils révèlent aussi une part de l'échec. Des premières confessions écrites de gardiens de prison aux clips de recrutement d'aujourd'hui, la pénitentiaire clame le paradoxe de son identité et réclame de n'être pas ignorée dans toutes ces contradictions qui font son quotidien, son honneur mais aussi sa terrible difficulté. Ainsi, un centenaire semble avoir passé sans que le défi d'une reconnaissance identitaire n'ait pris une ride, de sorte que le surveillant de 2011 pourrait aisément se reconnaître dans la parole du gardien de 1906 qui, dans le premier numéro de « *l'Etoile* », déclarait ainsi : « *Prisonniers nous-mêmes, presque autant que nos pensionnaires, nous ne devons plus être les garde-chiourmes cruels et brutaux d'autrefois. Nous estimons comme notre Ministre que la société n'a pas le droit de punir, mais seulement de prévenir et de relever... dans les malheureux dont la garde nous est confiée, nous devons voir des hommes qui sont nos frères, des hommes déchus sans doute, au relèvement desquels nous devons contribuer, sans nous rebuter, sans nous lasser jamais* »[9].

---

9. V. Léon Lacoste, Premier éditorial de « l'Etoile », publication de l'association amicale des gardiens de prison, décembre 1906.

6

L'administration pénitentiaire : une force de sécurité intérieure ?

par François Dieu

L'article 12 de la loi pénitentiaire du 24 novembre 2009 précise : « *Les personnels de surveillance de l'administration pénitentiaire constituent, sous l'autorité des personnels de direction, l'une des forces dont dispose l'Etat pour assurer la sécurité intérieure. Dans le cadre de leur mission de sécurité, ils veillent au respect de l'intégrité physique des personnes privées de liberté et participent à l'individualisation de leur peine ainsi qu'à leur réinsertion. Ils ne doivent utiliser la force, le cas échéant en faisant usage d'une arme à feu, qu'en cas de légitime défense, de tentative d'évasion ou de résistance par la violence ou par inertie physique aux ordres donnés. Lorsqu'ils y recourent, ils ne peuvent le faire qu'en se limitant à ce qui est strictement nécessaire* ».

Cet article vient confirmer deux informations fondamentales : en premier lieu, la césure au sein de l'administration pénitentiaire entre, d'un côté, les personnels de surveillance et de direction, d'autre part, les personnels d'insertion et de probation ; en second lieu, l'intégration de la fonction de surveillance de l'administration pénitentiaire dans la production régalienne de sécurité. Aussi les agents mobilisés pour remplir cette fonction constituent une force que la loi qualifie de « *sécurité intérieure* » : ils exercent une mission de sécurité, disposent du droit de recourir à la force et peuvent être amenés à participer à ce qui s'apparente à des tâches de maintien de l'ordre, le tout conjointement à leurs missions plus judiciaires et dans le respect de l'intégrité physique des personnes détenues.

Si le texte de l'article a pu apparaître, dans une première lecture, explicite, voire novateur, il demeure significatif d'une difficulté bien compréhensible à qualifier précisément ce qu'est aujourd'hui l'administration pénitentiaire, à savoir une organisation hybride, à la fois service de la justice en charge de l'exécution des peines et composante de l'appareil de sécurité. La présente intervention a pour objet de s'intéresser à cette seconde facette, en apportant quelques clarifications conceptuelles utiles pour employer sereinement à son propos les termes de « sécurité » et de « sécurité intérieure ».

L'administration pénitentiaire présente donc deux facettes, l'une judiciaire, l'autre sécuritaire. Le rattachement désormais centenaire au ministère de la Justice et les pouvoirs dévolus aux magistrats par le droit pénal et pénitentiaire expliquent la prépondérance objective de la facette judiciaire. A maints égards, l'administration pénitentiaire est une composante à part entière, voire le bras armé du ministère de la Justice, ce qui justifie d'ailleurs depuis peu la prise en charge de la sécurité du siège du ministère, Place Vendôme, par ses agents. Bien que relevant administrativement d'une direction spécifique directement rattachée au ministre, ses services et ses agents n'en sont pas moins juridiquement en situation de subordination à l'égard des magistrats, ce qui lui confère alors le positionnement pas toujours valorisant d'une administration d'exécution. L'administration pénitentiaire n'entretient, par contre, aucune relation de subordination au niveau central avec le ministère de l'Intérieur et au niveau local avec le préfet, tant sur le plan organique que fonctionnel, sous réserve des prérogatives du représentant de l'Etat en matière de maintien de l'ordre et de contrôle des établissements (présidence de la commission de surveillance appelée à être remplacée par le conseil d'évaluation). La montée en puissance, au cours des dernières années, de la facette sécuritaire ne semble pas remettre en cause l'appartenance de l'administration pénitentiaire à la « famille judiciaire ». Elle est plutôt de nature à faire mieux accepter une activité de sécurité pendant longtemps reléguée, en dépit de son importance sociale et institutionnelle, à la partie la moins noble du travail des surveillants pénitentiaires, voire à la face cachée de la prison.

1. – L'administration pénitentiaire, partie intégrante de la force publique

Au plan de l'organisation politique de la société, la sécurité demeure, et sans même faire référence à la sempiternelle idée rousseauiste de contrat social, une priorité consubstantielle à l'action étatique. En se plaçant dans le domaine des droits fondamentaux de la personne, la sécurité s'impose, presque naturellement, comme une exigence dans toute société organisée, par référence à l'article 2 de la Déclaration des droits de l'homme et du citoyen du 26 août 1789 : « *Le but de toute association politique est la conservation des droits naturels et imprescriptibles de l'homme. Ces droits sont la liberté, la propriété, la sûreté et la résistance à l'oppression* ». Contrairement à ce qu'il est possible de lire çà et là, la « sûreté » n'est pas ici synonyme de « sécurité » : la sûreté exprime, plus exactement, une conception politicojuridique de la sécurité, puisqu'il s'agit de reconnaître la sécurité juridique du citoyen face au(x) pouvoir(s), ce qui se traduit, en matière de libertés publiques, par le droit pour chacun de n'être ni arrêté, ni détenu arbitrairement. En fait, la sécurité des personnes et des biens s'inscrit, plus largement, dans l'idée même de « *conservation des droits de l'homme* », qui suppose l'existence d'une « *force publique* », « *instituée pour l'avantage de tous* » (« *et non pour l'utilité particulière de ceux à qui elle est confiée* ») (articles 12 et 13).

En charge de « *défendre l'État contre les ennemis du dehors et assurer au dedans le maintien de l'ordre et l'exécution des lois* » (art. 1er du titre IV de la constitution du 3 septembre 1791), la force publique conceptualisée par les révolutionnaires est une force manœuvrière et, comme le précise la loi du 15 juin 1791, « *essentiellement obéissante* », constituée alors par l'armée de ligne, la gendarmerie nationale et la garde nationale. Cette conception œcuménique et instrumentale ne devait disparaître qu'avec le transfert progressif des pouvoirs de police judiciaire aux policiers et gendarmes. Si le Code d'instruction criminelle de 1808 avait reconnu la qualité d'officier de police judiciaire (OPJ) aux officiers de gendarmerie et aux commissaires de police, les autres militaires de la gendarmerie et fonctionnaires de police ne se virent, quant à eux, octroyer la qualité d'agent de police judiciaire (APJ) qu'à partir de la mise en œuvre, en 1959, du Code de procédure pénale. Cette évolution a conduit à bouter hors de la force publique les forces armées (dont les personnels n'ont pas été investis de la qualité d'agent de la force publique), qui se voyaient dans le même temps déchargées de leurs tâches de maintien de l'ordre au profit de la gendarmerie (avec la mise en place, au début des années 20, des pelotons mobiles de gendarmerie) et de la police (avec la création, à la Libération, des compagnies républicaines de sécurité). Dans sa définition actuelle si restrictive, la force publique se présente comme une force fonctionnellement policière et organiquement partagée entre la police et la gendarmerie. En revanche, en considérant la force publique comme une entité propre, il est possible de conserver en son sein les deux sous-ensembles réunis par les constituants de 1789 : l'un regroupant les forces faisant face aux menaces d'agression externes au système social dans une « force publique militaire » chargée de la défense nationale; l'autre regroupant les forces faisant face aux menaces d'agression internes au système social dans une « force publique policière » chargée du maintien de l'ordre public.

Cette notion, qui a conservé une signification politique et juridique, semble donc généralisable à toutes les administrations qui participent à la production régalienne de sécurité, comme les polices municipales, la douane et l'administration pénitentiaire, par-delà leur rattachement respectif aux communes, ministère du Budget et ministère de la Justice. Dans sa récente décision relative à la loi du 14 mars 2011 d'orientation et de programmation pour la performance de la sécurité intérieure (LOPPSI), le Conseil constitutionnel a rappelé qu'elle ne pouvait s'appliquer, par contre, à la participation du secteur privé en matière de sécurité, dans le cas notamment de la vidéosurveillance. Pour ce qui est de l'administration pénitentiaire, son rattachement à la force publique, en dépit de son caractère « naturel », a fait l'objet d'une indécision constante de la doctrine juridique[1], qui a pu tirer argument de certaines dispositions tendant à opérer une séparation avec les forces de police et de maintien de l'ordre. Ce n'est pas le cas en matière de respect des règles déontologiques, l'administration pénitentiaire relevant de la compétence, simultanément, du Contrôleur général des lieux de privation de liberté (qui est chargé, selon l'article 1er de la loi du 30 octobre 2007, de « *contrôler les conditions de prise en charge et de transfèrement des personnes privées de liberté, afin de s'assurer du respect de leurs droits fondamentaux* »), mais aussi, comme tous les organismes publiques et privés du domaine de la sécurité, de celle de la Commission nationale de la déontologie de la sécurité (CNDS), instituée par la loi du 6 juin 2000 et dont les activités ont été intégrées, depuis le 1er mai 2011, dans le Défenseur des droits. Cette autorité administrative indépendante a été amenée à formuler, au cours des dernières années, diverses observations et recommandations sur les questions, entre autres, de placement des détenus à l'isolement et au quartier disciplinaire, de fouilles, de prévention du suicide et d'accès aux soins, de protection des détenus vulnérables et d'usage de la force par les personnels de surveillance[2].

La reconnaissance de cette appartenance de l'administration pénitentiaire à la force publique est, en quelque sorte, le préalable à la prise en considération de sa dimension policière, ce qui suppose alors de faire abstraction de ce que recouvre le terme de « police » dans le sens commun. Cette proposition n'en est pas moins de nature à provoquer des vociférations et des irritations au sein même d'une administration pénitentiaire culturellement attachée, au moins au niveau de certains de ses cadres, à un ancrage judiciaire qui semble interdire toute allusion à une dimension policière. C'est oublier d'ailleurs que les forces de police sont aussi ce qu'on peut appeler des « forces de justice ». En effet, elles relèvent de l'autorité judiciaire pour l'accomplissement des missions de police judiciaire, qui sont, on le sait, les plus sensibles en termes de libertés publiques, mais aussi au plan de la culture professionnelle et des représentations. Aussi police nationale, gendarmerie nationale et polices municipales sont-elles, à travers l'action de leurs agents, des auxiliaires de la justice, obéissant aux instructions données par les magistrats dans le

---

1. V. J-Ch. Froment, *La République des surveillants de prison (1958-1998)*, LGDJ, « Droit et société », Paris, 1998, p. 269.

2. V. Commission Nationale de Déontologie de la Sécurité (CNDS), *Rapport au président de la République 2006*, pp. 45-87 ; *Rapport au président de la République 2007*, pp. 26-31 ; *Rapport au président de la République 2008*, pp. 33-40 ; *Rapport au président de la République 2009*, pp. 50-64 ; *Rapport au président de la République 2010*, pp. 85-90.

cadre, il est vrai, d'une mécanique institutionnelle complexe de double subordination fonctionnelle. Il s'agit malgré tout d'un volet important de leur légitimation qui transforme, dans un Etat démocratique, l'exercice d'une fonction répressive en un service de la loi et de la justice, les magistrats ayant également, par-delà leurs prérogatives en matière de direction des investigations judiciaires, une mission de contrôle des agissements coercitifs des agents. Force de justice, l'administration pénitentiaire est aussi, par certains de ses aspects, une force de police, tout comme la gendarmerie, force de police, peut être aussi une force de justice.

Il est vrai que le terme de « police », en dépit de sa redoutable banalité, fait l'objet d'une profonde méconnaissance, tout en étant devenu, pour certains, une avanie, un repoussoir. Aussi qualifier ainsi l'administration pénitentiaire pourrait être non seulement réducteur au regard de ses autres missions, voir même outrageant. La police pâtit, en effet, d'une image extrêmement dégradée, en étant la victime principale d'un rapport à l'ordre détestable et ambivalent. C'est manifestement le cas pour la police nationale, la gendarmerie étant parvenue, quant à elle, à conserver un capital confiance qui s'explique par son insertion dans le tissu social, son identité militaire et la persistance de représentations populaires mettant en avant ses valeurs de légalisme et de dévouement[3]. La fonction de police reste attachée à l'idée de répression et d'arbitraire. L'avènement de la démocratie demeure, il est vrai, un phénomène encore récent, après plusieurs siècles de pouvoir oppresseur et une réplique traumatisante au cours du vingtième siècle que constitue le régime de Vichy et la Collaboration. Les Français se méfient de l'ordre, tout en ayant, dans le même temps, des attentes considérables en matière de sécurisation et de contrôle. La police est par trop souvent considérée, pour reprendre la formule d'Auguste Comte, comme un objet d'admiration ou de critique, avec une prépondérance, c'est le moins que l'on puisse dire, de la seconde perception. Cette fonction suscite invariablement controverses et débats qui soulignent combien l'ordre inquiète, dérange et en même temps fascine.

Le terme de police est aussi souvent appréhendé dans son sens organique, en faisant l'objet d'une assimilation à la police nationale. C'est également le cas pour la police judiciaire que l'on réduit souvent au service de police spécialisé dans la lutte contre la grande délinquance (direction centrale de la police judiciaire et ses structures locales que sont les services régionaux de police judiciaire). Compte tenu de cette assimilation, mais aussi dans l'espoir de protéger son caractère militaire, la gendarmerie s'est longtemps refusée à se considérer comme une force de police, tout en ayant également renoncé à utiliser l'expression de police judiciaire pour qualifier ses formations spécialisées au profit de la notion d' « unités de recherche » (sections de recher-

3. V. F. Dieu, *Sociologie de la gendarmerie*, L'Harmattan, Paris, 2008.

ches au niveau régional et brigades de recherches au niveau des arrondissements)[4]. Il s'agit là d'une approche très réductrice quand on sait que pendant longtemps le terme de « police » a eu une acception particulièrement large. Dès le XVe siècle, ce terme renvoie, en effet, à l'activité de l'État distincte de la justice, de la diplomatie et de la défense, qui vise à assurer le bon ordre, en particulier par la réglementation économique. Avec la construction et le renforcement de la puissance étatique, s'est développée, sous l'Ancien Régime, une « science de la police » visant, d'une part, à décrire les structures administratives et les règles de droit positif qui leur sont applicables, d'autre part, à rechercher les moyens destinés à assurer une bonne gestion des affaires publiques, comme, par exemple, le célèbre « *Traité de police* » de Nicolas de la Mare, commissaire du roi au Châtelet (1705-1710). Ce n'est qu'à partir du XIXe siècle que le vocable « administration » va se substituer à celui de « police », qui se limitera au domaine de *« maintenir l'ordre public, la liberté, la propriété, la sûreté individuelle* » selon la formulation retenue par le Code de Brumaire an IV.

2. – La contribution de l'administration pénitentiaire à la fonction policière

Appréhender l'administration pénitentiaire comme une force de police suppose de concevoir le terme dans son sens fonctionnel, la police désignant alors toute institution qui contribue, de manière permanente ou épisodique, à l'exercice de la fonction policière, à savoir « *la fonction dont sont investis certains membres d'un groupe pour, au nom de la collectivité, prévenir et réprimer la violation de certaines des règles qui régissent ce groupe, au besoin par des interventions coercitives faisant appel à l'usage de la force* »[5]. Si la police n'est pas le seul appareil contribuant à la régulation sociale, sa particularité réside dans la possibilité qui lui est faite de recourir à la contrainte physique légitime, qui est, comme l'a montré Max Weber, la caractéristique première du pouvoir politique institutionnalisé. Cette approche fonctionnelle de la police correspond à ce que les anglo-saxons appellent le « *policing* », expression intraduisible en français, sauf peut-être à recourir à la notion d' « action de sécurité » et ses quatre fonctions : le renseignement (collecte et analyse d'informations sur les menaces criminelles) ; la prévention (mesures non coercitives pour empêcher la survenance d'actes crimi-

4. V. J-H. Matelly, *Une police judiciaire… militaire ? La gendarmerie en question*, L'Harmattan, « Sécurité et société », Paris, 2006.
5. V. J-L. Loubet del Bayle, *Police et politique. Une approche sociologique*, L'Harmattan, Paris, 2006, p. 22.

nels) ; la répression (recours à la force et à la sanction contre les criminels) ; la gestion de crise (intervention urgente lors d'évènements graves)[6].

La question de l'utilisation de la force, qu'évoque d'ailleurs la loi pénitentiaire, est au cœur de la définition fonctionnelle de la chose policière. Parce qu'elle incarne une structure et un symbole d'autorité dont la raison d'être est de permettre à l'État de conserver son statut de détenteur exclusif de la menace instituée, la police est nécessairement une agence sociale de production et de distribution d'une violence « instrumentale » (impersonnelle et dépassionnée), par opposition à la violence « colérique » déployée par les criminels, les émeutiers et les terroristes[7]. La violence revêt pour la police une dimension à la fois fondatrice et fondamentale : fondatrice parce que le souci de rendre effectif le monopole de la contrainte physique est à l'origine de l'émergence des organisations policières ; fondamentale parce que, de même qu'on ne peut concevoir d'État sans organisation chargée de faire respecter les règles qu'il a édictées, il parait difficile d'appréhender l'activité policière sans envisager la possibilité qui est reconnue à la police d'user en ultime recours de la violence[8]. Dans ses travaux précurseurs, Egon Bittner définit ainsi la fonction policière comme « *un mécanisme de distribution d'une force coercitive non négociable, mis au service d'une compréhension intuitive des exigences d'une situation* »[9]. La reconnaissance de la violence comme caractéristique principale de l'activité policière suppose toutefois d'intégrer dans sa définition d'autres déterminants fonctionnels, comme la production et le traitement de l'information[10] ou encore la possession et l'utilisation d'un savoir expert[11].

Cette approche, qui place la violence au cœur de la définition de la police, a fait l'objet d'une tentative de remise en cause par le criminologue québécois Jean-Paul Brodeur[12]. Appréhendé comme « *un truisme qui n'est jamais interrogé* », l'usage de ce qu'il appelle la « *violence légale* » ne serait pas l'apanage de la police, puisque des individus autres que les policiers bénéficient, dans certains cas, de la possibilité d'avoir légalement recours à la

---

6. V. M. Cusson, « De l'action de sécurité », in *Traité de sécurité intérieure*, Presses polytechniques et universitaires romandes, Lausanne, 2008, pp. 43-57, p. 45.

7. V. Ph. Braud, *Les jardins des délices démocratiques*, Presses de la FNSP, Paris, 1991, pp. 136-156.

8. V. F. Dieu, « Éléments pour une approche socio-politique de la violence policière », *Déviance et Société*, vol. 19, n°1, 1995, pp. 35-49.

9. V. E. Bittner, *The Functions of the Police in Modern Society*, Oelgeschlager, Cambridge (Mass.), 1970, p. 46.

10. V. Ch. Reiss, « Police Organization in the Twentieth Century », in M. Tonry et N. Morris, *Modern Policing*, The University Press of Chicago, Chicago, 1992, pp. 51-97, p. 82.

11. V. R. Ericson, « The division of expert knowledge in policing and security », *British Journal of Sociology*, vol. 45, 1994, pp. 149-175.

12. V. J-P. Brodeur, « La police : mythes et réalité », *Criminologie*, vol. 17, 1984, pp. 9-41.

contrainte physique. A l'appui de sa démonstration, reprise une dizaine d'années plus tard dans une critique des travaux d'Egon Bittner[13], puis à la faveur d'une analyse transversale du problème du port d'armes aux Etats-Unis[14], Brodeur évoque l'action, au Canada, des surveillants de prison, des membres des agences de sécurité privée, des médecins, des capitaines de navire, des instituteurs, voire même des boxeurs et – tout au moins jusqu'à une période récente – des maris violant leur épouse. Il remarque que ces catégories d'individus peuvent se voir reconnaître le droit de recourir à une forme de violence, qu'il s'agisse de réprimer une mutinerie, de protéger une propriété privée, de prodiguer des soins à un malade quitte à lui ouvrir le ventre ou à lui faire subir des électrochocs, de faire en sorte que le capitaine demeure le seul maître à bord, de maintenir la discipline dans les classes en utilisant, le cas échéant, une « force raisonnable » pour corriger un élève, de gagner un combat sur un ring ou de contraindre une épouse à accomplir le « devoir conjugal ». En réduisant la violence d'État telle qu'elle est mise en œuvre par la police à une simple utilisation de la force physique plus ou moins autorisée par le droit, Jean-Paul Brodeur ne parvient pas, loin s'en faut, à récuser une idée de monopolisation de la coercition légitime qui est à la base même de la puissance publique.

En laissant de côté les exemples peu pertinents qu'il propose en tirant argument de la persistance de certaines pratiques obscurantistes, il apporte inconsciemment des éléments pour la reconnaissance de la dimension fonctionnellement policière de certaines activités sociales. Ainsi, la violence susceptible d'être utilisée par les surveillants de prison est celle qui se rapproche le plus de la violence policière pour la simple et bonne raison qu'elle en est une forme particulière. Par-delà les différences statutaires, les surveillants de prison peuvent être considérés, dans certains aspects de leur activité quotidienne, comme des policiers spécialisés dans la garde des personnes condamnées ou dans l'attente d'être jugées. A la manière des policiers chargés de cette tâche dans le cadre de la garde à vue d'un suspect ou de l'escorte d'un détenu, ils participent à l'exercice *in fine* de la fonction policière. Leur remplacement, en cas de mouvement social, par des policiers et l'intervention dans les prisons de ces derniers en cas de mutinerie, aux côtés éventuellement d'unités d'intervention composés de surveillants (les équipes régionales d'intervention et de sécurité), illustrent aussi certaines similitudes dans la mission de ces deux catégories d'agents publics.

Il ne s'agit pas ici de réduire l'administration pénitentiaire à une force de police, mais de souligner sa participation à la fonction policière, qui s'exerce

13. V. J-P. Brodeur, « Police et coercition », *Revue Française de Sociologie*, vol. 35, 1994, pp. 457-485.

14. V. J-P. Brodeur, « Violence spéculaire » (Le problème du port d'armes aux USA), in *Violence et politique (Colloque de Cerisy, 1994)*, « Lignes », n° 25, Hazan, 1995, pp. 114-128.

dans le champ particulier de la détention et de la fonction de surveillance. Par-delà les affirmations de principe sur sa mission de réinsertion et de suivi de la personne détenue, l'administration pénitentiaire, au moins pour ce qui est de ses personnels de surveillance (appellation sans équivoque pour ce qui est de leur tâche première), est principalement orientée vers la sécurité, avec comme mission primordiale de garder les détenus pour éviter les évasions et de maintenir l'ordre pour éviter les mutineries. Cette primauté de la sécurité sur la réinsertion est exprimée sans ambages par la hiérarchisation établie dans le statut des personnels de surveillance. Ainsi le décret du 14 avril 2006, précise-il, dans une rédaction explicite, que ces derniers « *maintiennent l'ordre et la discipline, assurent la garde et la surveillance de la population pénale, et sont associés aux modalités d'exécution de la peine et aux actions préparant la réinsertion des personnes placées sous main de justice* ». Il s'agit donc de contrôler et de contenir la population carcérale, d'une part, en appliquant les décisions judiciaires d'enfermement et en essayant d'empêcher les évasions (sécurité externe), d'autre part, en limitant les manifestations individuelles et collectives de violence contre les personnels, entre les personnes détenues, ainsi que celles ayant un caractère suicidaire (sécurité interne). C'est d'ailleurs ce que la société demande en premier lieu à la prison, à savoir être un lieu d'enfermement étanche et pacifié pour ceux qui ont été mis au ban à raison de leur manquement aux règles du contrat social et de leur dangerosité. En dépit d'une attention croissante pour les questions de violences entre détenus ou encore de suicide en détention, ce que la société attend surtout de la prison c'est qu'elle parvienne à empêcher deux formes de transgression considérées comme inacceptables, à savoir l'évasion et la mutinerie. Quant un ou plusieurs détenus se font la belle ou se révoltent, le problème de sécurité déborde, en quelque sorte, de l'espace carcéral pour devenir un problème de sécurité publique susceptible d'avoir des conséquences dommageables pour le reste de la population.

Quant à l'administration pénitentiaire, elle est alors l'instrument public garantissant, par une surveillance constante et rigoureuse, l'étanchéité et la maîtrise de ce confinement que nos sociétés démocratiques souhaitent malgré tout régi par les principes de respect de la personne humaine. Elles n'en ont pas moins fait de la prison et de la sécurité ce que Georges Kellens a appelé « *un couple trop soudé* », en observant d'ailleurs perfidement que « *lorsqu'il est fait usage de la prison, l'une de ses raisons d'être : assurer la sécurité, n'est pas nécessairement garantie si l'on se polarise sur cette fonction* »[15]. Pour ce faire, l'administration pénitentiaire impose des normes et des règles de discipline, comme ce fut le cas, pendant très longtemps, avec

15. V. G. Kellens, « Prison et sécurité : un couple trop soudé », in Tak P. et Jendly M., *L'exécution des sanctions privatives de liberté et les impératifs de la sécurité*, Wolf, Nijmengen, 2006, pp. 187-191, p. 187.

l'imposition du silence pour garantir une stricte discipline[16]. Elle dispose également de moyens de surveillance incessants et intrusifs (miradors, caméras de vidéosurveillance, fouilles des cellules et des détenus, sondages des barreaux, rondes de jour et de nuit, comptages des détenus, vérifications de la correspondance et écoutes téléphoniques, etc.) et, le cas échéant, de la faculté de faire usage de la force. Ainsi le détenu se trouve-t-il privé de sa liberté d'aller et de venir, mais aussi d'autres droits fondamentaux, notamment celui à l'intimité et à la vie privé compte tenu de ce système de surveillance « total » au sens goffmanien, dont il est en permanence l'objet, qu'il soit dans sa cellule, lors des déplacements et des activités, avec sa famille au parloir, etc. Il n'y a guère que les espaces réservés aux soins médicaux, à la pratique religieuse et à la réception de la famille (unités de vie familiale) pour connaître une limitation de cette surveillance omniprésente dans les différents moments de la vie carcérale, notamment pour les « détenus particulièrement signalés » et ceux placés en « quartier disciplinaire » ou en « quartier d'isolement ».

Pour les plus critiques, ce contrôle sécuritaire peut être assimilé à une forme de « viol », producteur de dégradation de l'image que les détenus ont d'eux-mêmes, en entraînant alors des tensions et des risques de violence au détriment des objectifs de réinsertion[17]. Il s'avère d'autant plus problématique qu'il s'applique non seulement à des détenus condamnés, mais aussi à des prévenus en attente de jugement, la loi pénitentiaire ayant renvoyé à un prochain texte législatif la définition d'un authentique service public de la détention provisoire[18]. Cette surveillance se trouve prolongée par une nécessaire connaissance de la population pénale, par l'observation et par le dialogue, voire par la négociation et la participation des détenus, ce qui n'est pas sans présenter de réelles similitudes avec le travail policier traditionnel, voire avec les logiques de police de proximité[19]. Le caractère central de cette mission de sécurité se reconnaît à plusieurs indicateurs[20] : d'abord, l'importance de la mission d'empêcher les évasions qui constituent potentiellement l'échec le plus manifeste de cette organisation et de sa stratégie sécuritaire ; ensuite, le volume des ressources utilisées pour la sécurité dans la construction et l'aménagement des établissements (la vingtaine d'évasions et de tentatives d'évasion par voie aérienne a ainsi conduit à mobiliser plusieurs mil-

---

16. V. J-Ch. Froment, *op. cit.*, p. 112.

17. V. C. Van de Boggaard, « La sécurité dans les établissements pénitentiaires. Empêcher l'évasion à tout prix », *Passe-murailles*, n°14, 2008, pp. 7-10, p. 10.

18. V. E. Péchillon, « L'administration pénitentiaire. La lente et difficile élaboration du droit d'un service public en mutation », *Les Cahiers de la fonction publique et de l'administration*, n°297, 2010, pp. 5-9, p. 9.

19. V. F. Dieu, *Policer la proximité. Les expériences françaises, britanniques et new yorkaises*, L'Harmattan, « Sécurité et société », Paris, 2002.

20. V. A. Chauvenet., F. Orlic, G. Benguigui, *Le monde des surveillants de prison*, PUF, Paris, 1994, pp. 21-28.

lions d'euros pour l'installation de filins anti-hélicoptères) ; enfin, la persistance d'une structure hiérarchique et d'une discipline rendant effectives les capacités de contrôle et d'intervention en cas de crise. Cette exigence de sécurité, qui est le principal déterminant de l'architecture carcérale[21], présente des différences selon les établissements : plus réduite en centre de détention, elle est pratiquement maximale dans les maisons centrales, voire dans les maisons d'arrêt compte tenu alors de l'hétérogénéité de la population carcérale.

3. – La policiarisation de l'administration pénitentiaire

La dimension policière de l'administration pénitentiaire, qui est liée à sa participation à la fonction policière, se retrouve logiquement au niveau de certains des aspects de son organisation. Le modèle d'organisation policière s'est largement diffusé, il est vrai, dans les autres administrations de sécurité, voire dans le secteur marchand avec l'essor de la sécurité privé. Cette diffusion s'explique principalement par une implication croissante de ces dernières dans la lutte contre la délinquance résultant de l'inscription sur l'agenda public de l'insécurité. Elle s'est traduite par un processus de « policiarisation », c'est-à-dire de renforcement de la dimension policière de certaines administrations hybrides comme la gendarmerie, la douane ou encore l'administration pénitentiaire. La gendarmerie connaît cette tendance, depuis au moins le début des années 70, avec la montée en puissance de son activité de police judiciaire[22]. Pour la douane, ce phénomène est perceptible au niveau de ses modes de contrôle, du renforcement des pouvoirs judiciaires de ses agents et de son implication dans la lutte contre les trafics de stupéfiants[23]. Cette « policiarisation » s'accompagne également d'une tendance à la « militarisation » qui traduit l'intégration, par les services de police, de certains des aspects matériels et symboliques de l'organisation militaire, dans le cadre du développement d'un traitement plus agressif des formes les plus violentes de délinquance. Cette militarisation, qui conduit la police à ressembler de plus en plus aux forces armées, a été identifiée en Grande-Bretagne et aux Etats-Unis avec l'utilisation croissante de technologies militaires en matière d'armements et de tactiques, mais aussi avec le développement d'unités de police paramilitaires spécialisées dans l'intervention et le

---

21. V. F. Dieu, P. Mbanzoulou, (dir.), *L'architecture carcérale. Des mots et des murs*, Privat, Toulouse, 2011.

22. V. J-H. Matelly, *op. cit.*; F. Dieu, 2008, *op. cit.*, p.102.

23. V. B. Domingo, « Douane et sécurité : ordre négocié et dynamiques identitaires », *Les Cahiers de la Sécurité Intérieure*, n°46, 2002, pp. 213-232 ; *Douanes et coproduction de sécurité*, INHES, « Etudes et recherches », 2005.

maintien de l'ordre[24]. Ces rapprochements entre police et armée sont d'autant plus manifestes que les forces armées sont également de plus en plus engagées dans des missions de police, notamment dans le cadre des opérations de maintien de la paix, de police internationale et de lutte contre le terrorisme, la criminalité organisée et la piraterie maritime.

Les emprunts de l'administration pénitentiaire au modèle policier militarisé se sont intensifiés au cours des dernières années[25] avec l'adoption, depuis la réforme statutaire de 2006 (décret du 14 avril 2006), de grades militaires (officiers : lieutenants, capitaines et commandant ; majors) et d'une répartition en trois corps (corps de direction ; corps de commandement ; corps d'encadrement et d'application) comme la police nationale. C'est également le cas avec la mise en place, en 2003, de forces d'intervention sur le modèle des GIPN avec les équipes régionales de sécurité et d'intervention (ERIS), l'adoption d'un uniforme de cérémonie pour les directeurs des services pénitentiaires et d'un uniforme de travail pour les personnels de surveillance sur le modèle des policiers et des gendarmes. Sur un plan plus symbolique, on peut mentionner l'introduction de cérémonies de type militaire pour les prises de fonction des directeurs et pour les fins de promotion à l'Ecole nationale d'administration pénitentiaire (ENAP), ainsi que la présence, en 2011 et 2012, d'un détachement de l'Ecole au défilé du 14 juillet à Agen, avant peut-être une participation à celui sur les Champs-Elysées. La police n'est pas seulement la référence statutaire justifiant, au nom d'une parité de traitement, l'adoption de mesures améliorant la condition des personnels (comme le « 1/5e » en matière de retraite qui permet une bonification d'une année pour cinq années d'activité). Elle est une sorte de modèle susceptible d'inspirer certaines mesures à même de répondre à un besoin de reconnaissance et de considération de l'administration pénitentiaire. Face au constat de la difficulté de sa mission de réinsertion, le surveillant, transformé de plus en plus en « policier pénitentiaire », peut au moins avoir l'impression de contribuer à une mission de sécurité qui donne aux tâches souvent ingrates de surveillance si ce n'est une noblesse, au moins une utilité sociale.

Comme c'est le cas pour les autres administrations de sécurité, cette « policiarisation » est la conséquence directe d'un accroissement de la demande sociale de sécurité, à l'origine, pour ces administrations et leurs personnels, de transformations organisationnelles, statutaires et culturelles. Cette mutation se retrouve également au niveau de l'architecture institutionnelle. Ainsi, au niveau de la Direction de l'administration pénitentiaire, une sous-

---

24. V. T. Jefferson, *The Case Against Paramilitary Policing*, Open University Press, Buckingham, 1990 ; P. Kraska, sous la dir., *Militarizing the American Criminal Justice System*, Northeastern University Press, Boston, 2001.

25. V. G. Benguigui, « La paranoïa pénitentiaire », in Benguigui G., Guilbaud F. et Malochet G., *Prisons sous tension*, Champ social, « Questions de société », Paris, 2011, pp. 57-87, p. 73 à 79.

direction spécifique a été mise en place, par l'arrêté du 7 janvier 2003, avec une appellation qui en dit long sur la diffusion du modèle policier militarisé : « Etat-major de sécurité « (EMS), qui comporte trois bureaux (arrêté du 9 juillet 2008) : gestion de la détention (« *Le bureau de gestion de la détention est chargé de suivre l'individualisation, par les services déconcentrés, des décisions judiciaires privatives ou restrictives de liberté. Il assure également la gestion opérationnelle des événements affectant la détention. Il exploite les informations relatives aux incidents. Il participe à la détermination des règles relatives aux capacités des établissements pénitentiaires et en suit la mise en œuvre. Il procède à l'affectation des condamnés et aux opérations de transfèrement lorsque celles-ci ne relèvent pas de la compétence des services déconcentrés. Il exécute les décisions d'extradition ; il participe à l'évaluation de l'application des régimes de détention. Il traite les requêtes individuelles des détenus. Il participe à l'instruction des recours en grâce et des commutations de peines* »), sécurité pénitentiaire (« *Le bureau de la sécurité pénitentiaire est chargé de concevoir, d'analyser et d'évaluer les dispositifs de sécurité mis en place pour ses personnels et dans les établissements et les services pénitentiaires. Il est associé par le bureau de l'action juridique et du droit pénitentiaire à la définition de la réglementation applicable pour assurer le contrôle des personnes placées sous main de justice. Il fixe la politique en matière d'équipements de sécurité. Il coordonne les actions de prévention des risques d'évasion mises en place par les directions régionales des services pénitentiaires. Il diligente des expertises, notamment en matière de sécurité, et émet tous avis, propositions et recommandations utiles* ») et renseignement pénitentiaire (« *Le bureau du renseignement pénitentiaire est chargé de recueillir et d'analyser l'ensemble des informations utiles à la sécurité des établissements et des services pénitentiaires. Il organise la collecte de ces renseignements auprès des services déconcentrés et procède à leur exploitation à des fins opérationnelles. Il assure la liaison avec les services centraux de la police et de la gendarmerie* »).

Depuis avril 2005, les directions interrégionales des services pénitentiaires sont également dotées d'un département « de la sécurité et de la détention » composé d'unités « sécurité et renseignement », « gestion de la détention » et « droit pénitentiaire ». Au niveau de chaque établissement, il a été aussi désigné un « référent sécurité ». Sur un autre plan, la faculté donnée à l'administration pénitentiaire de pouvoir se doter, sur le modèle des armées, de la police et de la gendarmerie, d'une « réserve civile » (articles 17 à 21 de la loi pénitentiaire), à partir de volontaires retraités issus de ses corps, est la conséquence de cette montée en puissance de ses missions de sécurité. En effet, même si ces réservistes pourront contribuer à des actions de formation des personnels, d'étude et de coopération internationale, mais aussi assister les personnels d'insertion et de probation, leur justification principale se situe dans la possibilité d'« *assurer des missions de renforcement de la sé-*

curité relevant du ministère de la Justice » (art.17). Le décret du 27 juin 2011 a récemment fixé les modalités de mise en œuvre de cette réserve civile pénitentiaire (contrat d'un an renouvelable dans la limité de cinq ans, perception d'une indemnité et de frais de déplacement, port d'un uniforme de dotation et attribution d'une carte professionnelle de réserviste).

Cette montée en puissance de la fonction sécuritaire concerne principalement les personnels de surveillance et de direction. Par certains côtés, ce phénomène n'épargne pas les personnels d'insertion et de probation dont la fonction de contrôle et de probation semble devenir prépondérante, ce dont, pour certains, témoigne l'ajout récemment de l'épithète « pénitentiaire » dans les grades des agents, les directeurs d'insertion et de probation sont devenus des directeurs *pénitentiaires* d'insertion et de probation et les conseillers d'insertion et de probation, des conseillers *pénitentiaires* d'insertion et de probation (décret du 23 décembre 2010). La mission première de ces derniers se situe de plus en plus dans le prévention de la récidive, ce qui justifie le développement de dispositifs et d'outils criminologiques destinés à repérer et à traiter la dangerosité et le risque de récidive de personnes placées sous main de justice, notamment le programme de prévention de la récidive (PPR) et le diagnostic à visée criminologique (DAVC). Les controverses provoquées par l'« affaire de Pornic » semblent illustrer l'existence d'une sorte d'obligation de résultats, pour la justice et l'administration pénitentiaire, dans l'attribution de mesures d'aménagement de peines, susceptible d'aboutir à une mise en cause en cas de récidive d'un bénéficiaire d'une permission de sortir ou d'une libération conditionnelle. Au-delà, c'est bien la mission de sécurité de la société qui semble être privilégiée dans le cadre d'une mise en opposition avec celle de probation et de réinsertion, même si, on le sait, les deux missions supposent la mise en œuvre d'aménagements de peines afin de préparer le retour à la vie sociale et d'éviter les « sorties sèches ». Dans cette perspective, certains ont pu voir dans la tentative de mise en place de la procédure simplifiée d'aménagement de peines (art. 84 de la loi pénitentiaire et décret du 27 octobre 2010) une manifestation de cette contradiction, avec, d'un côté, le souci de faire bénéficier à l'ensemble de la population pénale des aménagements de peines, et de l'autre, la reconnaissance de prérogatives au procureur de la République, instrument premier de la politique pénale.

4. – L'administration pénitentiaire, composante de l'appareil de sécurité (intérieure)

Sur un plan général, la sécurité peut se définir comme une situation dans laquelle un individu ou une collectivité a le sentiment d'être, plus ou moins objectivement, à l'abri d'un danger, d'une menace ou d'un risque. Elle peut être appréhendée simultanément comme un objectif et un droit, comme un état et un produit, comme une fonction et un objet de politiques publiques. Il s'agit donc d'un concept applicable à de nombreux domaines : les relations entre les Etats (défense nationale), le crime (police), la nature et l'environnement (sécurité environnementale), la santé (sécurité sanitaire) et l'alimentation (sécurité alimentaire), la production et les échanges (sécurité économique), les entreprises (sécurité industrielle), les flux financiers (sécurité financière), le travail (hygiène et sécurité des conditions de travail), le transport (sécurité routière, sécurité ferroviaire, sécurité aérienne, sécurité maritime), les systèmes d'information (sécurité informatique), etc. Aussi la sécurité ne se limite-t-elle pas, loin s'en faut, au phénomène criminel même si bien souvent, dans le langage courant, il est fait une assimilation entre les deux phénomènes.

Compétence régalienne parmi les compétences régaliennes, la sécurité a fait l'objet d'un processus de confiscation par l'État souverain, c'est-à-dire en charge du « bien commun » et détenteur du monopole de la contrainte physique légitime, par-delà le processus contemporain (néolibéral) de délégation croissante de la gestion pratique de l'insécurité aux entreprises privées. Érigée en une des missions premières du pouvoir politique institutionnalisé, la satisfaction du besoin de sécurité apparaît alors comme la justification immanente à l'adoption de réglementations et à la mise en œuvre de ces appareils de régulation sociale que sont l'administration en général, la police et la justice en particulier.

La loi du 21 janvier 1995 d'orientation et de programmation relative à la sécurité (LOPS) donne, dans son article premier, une définition purement régalienne de la sécurité, sur un plan à la fois formel et matériel : « *la sécurité est un droit fondamental et l'une des conditions de l'exercice des libertés individuelles et collectives. L'État a le devoir d'assurer la sécurité en veillant, sur l'ensemble du territoire de la République, à la défense des intérêts nationaux, au respect des lois, au maintien de la paix et de l'ordre public, à la protection des personnes et des biens* ». La sécurité s'apparente donc à un droit pour le citoyen dont l'Etat doit garantir l'effectivité. Cette idée consensuelle de « droit à la sécurité » ne relève pourtant que du domaine de la philosophie, du registre, en somme, des déclarations de principe emphatiques sans véritable traduction matérielle. En effet, pour l'Etat, si la sécurité s'apparente à une mission fondamentale, il ne s'agit pas, pour lui, d'une obligation, au sens juridique du terme, que ce soit de moyens ou de résultats. Ainsi, contrairement au domaine du maintien de l'ordre, dans lequel l'Etat, sur la base de l'article 92 de la loi du 7 janvier 1983, est civilement responsable des dégâts et dommages résultant des crimes et délits commis contre des personnes ou des biens, il n'en est pas de même pour les actes plus courants de délinquance, pour lesquels la responsabilité de l'Etat n'a pas été retenue par la juridiction administrative. En d'autres termes, il appartient à ce dernier d'apporter des réponses préventives et répressives aux actes de délinquance, sans qu'il soit possible à l'individu victime d'un cambriolage ou d'une agression de mettre en cause l'Etat pour son inaction ou son action insuffisante. Ainsi, pour son « droit à la sécurité », l'individu n'a d'autre ressource que de s'en remettre à l'Etat pour lequel il ne s'agit, au mieux, que d'une obligation morale.

Au-delà de son caractère éminemment virtuel, le droit à la sécurité a également été le théâtre d'une divergence d'approche entre la gauche et la droite. Sous le gouvernement Jospin (1997-2002), la loi du 15 novembre 2001 relative à la sécurité quotidienne a quelque peu modifié, en effet, la définition retenue par la LOPS de 1995, en lui donnant une orientation plus sociale, témoignant peut-être de quelques velléités de résistance à l'idéologie sécuritaire dominante : « *la sécurité est un droit fondamental. Elle est une condition de l'exercice des libertés et de la réduction des inégalités. À ce titre, elle est un devoir pour l'État, qui veille sur l'ensemble du territoire de la République, à la protection des personnes et de leurs biens et des prérogatives de leur citoyenneté, à la défense de leurs institutions et des intérêts nationaux, au respect des lois, au maintien de la paix et de l'ordre publics* ». Par contre, avec l'alternance politique, la loi du 29 août 2002 d'orientation et de programmation relative à la sécurité intérieure (LOPSI) a repris dans son intégralité la définition initiale proposée par la LOPS. La loi du 18 mars 2003 pour la sécurité intérieure (LSI) réaffirme, pour sa part, le principe d'association des collectivités territoriales en matière de sécurité intérieure, en ajoutant un alinéa à cette définition : « *il (l'État) associe à la politique de sécurité, dans le cadre de dispositifs locaux dont la structure est définie par décret, les collectivités territoriales et les établissements publics de coopération intercommunale ainsi que les représentants des professions, des services et des associations confrontés aux manifestations de la délinquance ou œuvrant dans les domaines de la prévention, de la médiation, de la lutte contre l'exclusion ou de l'aide aux victimes* ».

Dans un souci de distinction par rapport au champ de la défense, cette notion polysémique de « sécurité » s'est vue utilement complétée par l'ajout de l'épithète « intérieure », cette « sécurité intérieure » se retrouvant, on l'a vu, mise en avant par la loi pénitentiaire. Cette notion, qui s'est imposée, au moins depuis le début des années 90, dans les discours, sur l'agenda public et dans les réalisations, et qui s'est construite à partir d'une dichotomie : sécurité intérieure-sécurité extérieure, s'est développée, paradoxalement, à une époque de remise en cause – à la faveur de la diffusion de menaces transnationales comme le terrorisme et la criminalité organisée – de la frontière entre les problèmes militaires et policiers, certains propageant l'idée d'un obscurcissement tendanciel de cette frontière, d'une sorte de *continuum* entre la sécurité intérieure et extérieure. Cette perspective a récemment été formalisée par le *Livre blanc sur la défense et la sécurité nationale* de 2008, avec la mise en avant de la notion globalisante de « *stratégie de sécurité natio-*

nale », dont l'objectif est « *de parer aux risques ou menaces susceptibles de porter atteinte à la vie de la nation* » : « *sa première finalité est de défendre la population et le territoire (...). La deuxième est d'assurer la contribution de la France à la sécurité européenne et internationale (...). La troisième finalité est de défendre les valeurs du pacte républicain qui lie tous les Français à l'Etat : les principes de la démocratie, en particulier les libertés individuelles et collectives, le respect de la dignité humaine, la solidarité et la justice* ». Cette « sécurité nationale » recouvre, selon les rédacteurs du *Livre blanc*, la politique de la défense, la politique de sécurité intérieure (« *pour tout ce qui ne relève pas de la sécurité quotidienne et individuelle des personnes et des biens* »), la politique de sécurité civile, ainsi que d'autres politiques publiques comme la politique étrangère et la politique économique. En d'autres termes, l'idée de « sécurité nationale » aboutit à scinder la sécurité intérieure en deux volets : la sécurité publique « ordinaire » qui conserve son autonomie et la sécurité publique « extraordinaire », en relation avec des menaces graves contre la souveraineté de l'Etat qui en constitue désormais une composante. La loi du 29 juillet 2009 relative à la programmation militaire pour les années 2009 à 2014 a entériné le caractère hégémonique de cette idée ambiguë de « sécurité nationale » : « *la stratégie de sécurité nationale a pour objet d'identifier l'ensemble des menaces et des risques susceptibles d'affecter la vie de la nation, notamment en ce qui concerne la protection de la population, l'intégrité du territoire et la permanence des institutions de la République, et de déterminer les réponses que les pouvoirs publics doivent y apporter* » (art. 5 modifiant l'art. 1111-1 du Code de la défense). La surveillance particulière et la recherche de renseignements sur des détenus incarcérés pour des faits de terrorisme participe alors de la « sécurité nationale ». Ainsi le bureau du renseignement pénitentiaire est-il parvenu à déjouer, en mai 2010, une tentative d'évasion d'islamistes radicaux de la maison centrale de Clairvaux[26].

La sécurité intérieure peut se décomposer en trois volets : la sécurité publique, qui recouvre les actions policières préventives et répressives menées contre les diverses formes de troubles à l'ordre public ; la sécurité privée, qui se rapporte aux mesures prises par les particuliers, individus ou entreprises, afin de contribuer à répondre, par un appel au marché, aux besoins de sécurité du système social ; la sécurité civile, qui rassemble les moyens mis en œuvre face aux accidents et catastrophes naturelles et technologiques. L'action de l'administration pénitentiaire se rattache, bien évidemment, principalement au premier volet, même si elle peut également être concernée par des mesures de sécurité civile, comme cela a été le cas lors des inondations dans le Var, en juin 2010, ayant conduit à l'évacuation des cinq cents

26. V. S. Scotto, N. Jauniaux, « Le renseignement pénitentiaire », *Cahiers de la Sécurité*, n°13, 2010, pp. 51-54, p. 53.

détenus de la prison de Draguignan. S'agissant de la sécurité privée, il s'agit d'un volet qui a été maintenu à la périphérie du champ pénitentiaire avec la formule des marchés publics de « gestion déléguée » développée depuis la fin des années 80, même si des interactions peuvent exister entre la mission de sécurité et la logique du marché[27]. Comme l'a rappelé d'ailleurs la loi pénitentiaire, l'intervention du secteur privé ne peut concerner les fonctions régaliennes de direction, de surveillance et de greffe, pour recouvrir des prestations allant des fonctions d'intendance et de logistique au soutien de l'administration pénitentiaire dans sa mission de réinsertion, ainsi que les opérations immobilières (construction, financement, maintenance des constructions).

Sur un plan plus particulier, dans le vocabulaire policier, l'idée de sécurité intérieure est indissociable des projets de modernisation de la police nationale entrepris depuis le début des années 80, dont elle est devenue le référent. Ainsi l'intitulé « sécurité intérieure » est-il apparu, en 1989, lors de la création de l'Institut des hautes études de la sécurité intérieure (IHESI), organisme du ministère de l'Intérieur qui s'est vu confier pour mission la formation des responsables des institutions de sécurité (grâce à un système de sessions nationales et régionales), ainsi que la réalisation et la diffusion d'études et de recherches commanditées sur les phénomènes policiers et les politiques de sécurité, avant de se voir attribuer, entre 1998 et 2002, des fonctions d'expertise et de conseil auprès des collectivités locales. La sécurité intérieure a bénéficié d'une sorte de consécration politique (ministérielle et législative) avec, d'une part, la constitution, en mai 2002, dans le cadre du gouvernement Raffarin (mai 2002-juin 2005), d'un ministère de l'Intérieur, de la sécurité intérieure et des libertés locales (MISIL), avec comme principale disposition le placement sous sa responsabilité de l'emploi de la gendarmerie (décret du 15 mai 2002), d'autre part, l'adoption de la loi d'orientation et de programmation relative à la sécurité intérieure (LOPSI du 29 août 2002) et de la loi pour la sécurité intérieure (LSI du 18 mars 2003). Au plan de son utilisation politique, le concept de sécurité intérieure connaît depuis peu un certain recul au profit de celui de « sécurité globale » ou de « sécurité nationale », ce qui s'est traduit, avec les gouvernements de Villepin (juin 2005-mai 2007) et Fillon (mai 2007-mai 2012), par sa disparition dans l'organisation des départements ministériels, avec le retour de l'appellation de ministère de l'Intérieur et de l'aménagement du territoire, puis celle de ministère de l'Intérieur, de l'outre-mer et des collectivités territoriales (depuis mai 2012, ministère de l'Intérieur), ainsi que par le changement d'intitulé de l'IHESI, devenu, en 2004, l'Institut national des hautes études

---

27. V. F. Guilbaud, « La privatisation des prisons entre marché et « dogme » sécuritaire », in Benguigui G., Guilbaud F. et Malochet G., *Prisons sous tension*, Champ social, « Questions de société », Paris, 2011, pp. 190-220.

de la sécurité (INHES), puis, en 2010, l'Institut national des hautes études de la sécurité et de la justice (INHESJ).

En matière de recherches et de productions doctrinales, la sécurité intérieure n'a guère connu d'engouement, même si elle a été retenue pour le *Traité de sécurité intérieure* publié il y a quelques années. Dans cet ouvrage, sous réserve d'une définition un peu vague (« *l'activité déployée par des professionnels de première ligne en vue de protéger leurs concitoyens contre les dangers associés à la vie en société* »), elle est d'ailleurs rapidement abandonnée au profit des notions d' « *activité de sécurité* » et d' « *action de sécurité* »[28]. Les auteurs utilisent généralement la notion sans se donner la peine de la définir, comme si elle allait de soi, voire de manière négative par opposition alors à la sécurité extérieure[29]. Une récente tentative de modélisation des rapports entre constitution et sécurité intérieure propose d'appréhender cette notion comme « *la branche policière des politiques publiques sécuritaires* », avant de la réduire encore à « *l'ensemble des dispositifs de police administrative et de police judiciaire* »[30].

Aussi sous réserve d'une participation à la sécurité nationale dans le cadre de la détention de personnes impliquées dans des faits de terrorisme, l'administration pénitentiaire s'inscrit naturellement, par sa mission de surveillance, dans le volet « ordinaire » de la sécurité publique, partie intégrante de la sécurité intérieure. Ce constat vient, d'une certaine manière, justifier la reconnaissance de l'administration pénitentiaire comme la « troisième force de sécurité publique », même si cette expression, utilisée d'ailleurs récemment par le Président Sarkozy lors de l'inauguration, le 13 septembre 2011, de l'établissement pénitentiaire sud-francilien, paraît peu judicieuse. En effet, elle implique une primauté des deux forces étatiques de police, la police et la gendarmerie, sans qu'il soit possible d'indiquer d'ailleurs qui est la première et qui est la deuxième, mais aussi induit une hiérarchisation par rapport à au moins deux autres institutions qui peuvent également prétendre à cette qualification, à savoir la douane et les polices municipales. Par ailleurs, du côté du ministère de l'Intérieur, cette reconnaissance ne semble pas s'imposer comme une évidence, ce que souligne l'absence d'évocation de l'action de l'administration pénitentiaire dans le récent *Livre blanc sur la sécurité publique* (octobre 2011) remis récemment au président de la République.

---

28. V. M. Cusson, B. Dupont, « Introduction générale », in *Traité de sécurité intérieure*, Presses polytechniques et universitaires romandes, Lausanne, 2008, pp. 29-30.

29. V. J-P. Brodeur, D. Monjardet, « Sécurité intérieure et sécurité extérieure. Recompositions et métamorphoses », *Les Cahiers de la Sécurité Intérieure*, n°53, 2003, pp. 157-169.

30. V. M.A. Granger, *Constitution et sécurité intérieure. Essai de modélisation juridique*, LGDJ, « Bibliothèque constitutionnelle et de science politique », n°148, Paris, 2011, p. 21 et 23.

La production de sécurité et le maintien de l'ordre en prison débordent le cadre des établissements pénitentiaires pour participer à la mission globale de protection de la société, en maintenant cette dernière à l'abri des méfaits et violences susceptibles d'être commis par les personnes incarcérées et en garantissant l'exécution des sanctions pénales prononcées par la justice. Comme c'est le cas en matière de terrorisme, le renseignement pénitentiaire peut aussi, par-delà ses missions au profit de la sécurité des établissements et services pénitentiaires, constituer une ressource importante pour les services d'investigation de la police et de la gendarmerie, par la mise en évidence des liens qu'entretiennent certains détenus « sensibles » et des incidents dans lesquels ils peuvent être impliqués[31].

La production de sécurité s'inscrit dans une dynamique partenariale qualifiée parfois hâtivement de « coproduction ». L'article 3 de la loi pénitentiaire a introduit cette dimension dans la mise en œuvre du service public pénitentiaire : « *le service public pénitentiaire est assuré par l'administration pénitentiaire sous l'autorité du garde des sceaux, ministre de la Justice, avec le concours des autres services de l'Etat, des collectivités territoriales, des associations et d'autres personnes publiques et privées* ». Le « partenariat » a fait une entrée tonitruante, ces dernières années, dans le vocabulaire de l'action publique de sécurité[32]. Bien que renvoyant à des pratiques anciennes, notamment en matière de prévention, ce concept fait désormais l'objet d'un emploi quasiment généralisé dans les dispositifs nationaux et locaux, dès lors qu'il s'agit de traduire et d'afficher une volonté souvent aussi sincère qu'incantatoire de rompre avec les logiques d'isolement et de balkanisation, au profit de mises en commun et mutualisations. Aussi la démarche partenariale a-t-elle été érigée dans le champ de la sécurité, en France comme dans l'ensemble des pays occidentaux[33], en une idéologie politique et administrative en relation avec la diffusion des préceptes du management public. Les politiques de prévention, mais aussi les tentatives d'introduction des concepts de police de proximité et de développement des politiques locales de sécurité apparaissent comme les principales manifestations de cette « sécurité partenariale » encore à l'état d'ébauche et dont l'effectivité repose, pour une large part, sur les stratégies ambivalentes des acteurs de terrain. Par certains côtés, l'irruption du partenariat est significative d'une certaine maturation de l'action publique, généralement interministérielle quand elle est gouvernementale, mais pas systématiquement interser-

31. V. S. Scotto, N. Jauniaux, *op. cit.*

32. V. J. De Maillard, « Le partenariat en représentations : contribution à l'analyse des nouvelles politiques sociales territorialisées », *Politiques et Management Public*, vol. 18, n°3, septembre 2000, pp. 21-41 ; J. Damon, « La dictature du partenariat. Vers de nouveaux modes de management public », *Futuribles*, mars 2002, pp. 27-41.

33. V. A. Crawford, « Partenariat et responsabilité à l'ère managériale. Retour sur l'expérience britannique », *Les Cahiers de la Sécurité Intérieure*, n°33, 1998, pp. 51-87.

vices quand elle devient administrative et interindividuelle quand elle se concrétise. Aussi l'ambition de la démarche partenariale est-elle d'occuper les espaces que les logiques corporatistes et individuelles tendent irrémédiablement à creuser au sein de l'action publique ou, plus prosaïquement, de dresser des passerelles entre ses composantes.

Annoncée dans le Rapport Peyrefitte (1977)[34] et initiée avec les conseils communaux et intercommunaux de prévention de la délinquance (1983), cette sécurité partenariale a donné lieu depuis à une multiplicité de dispositifs : contrats d'action et de prévention pour la sécurité dans la ville (1985), volet « prévention » des contrats de ville (1991), contrats locaux de sécurité (1997), conseils locaux et intercommunaux de sécurité et de prévention de la délinquance (2002), conseil départemental de prévention (2002), plan départemental de prévention (2007). Tout en ayant permis de promouvoir progressivement les logiques de travail en commun, ces dispositifs n'ont pas remis en cause, loin s'en faut, le rôle prépondérant de l'Etat et de son administration déconcentrée en matière de prévention et de sécurité. Dans le domaine judiciaire, l'orientation sécuritaire retenue a conduit à privilégier une omniprésence du procureur de la République aux côtés du préfet, aboutissant, de fait, à reléguer les autres acteurs du monde de la justice au niveau de ces personnalités qualifiées, mobilisées ou non selon les configurations relationnelles locales. Les différents rapports d'évaluation des contrats locaux de sécurité ont d'ailleurs souligné cette faible présence des magistrats du siège, notamment des juges d'application des peines[35]. Il en est de même s'agissant de l'administration pénitentiaire ou encore de la protection judiciaire de la jeunesse, dont les représentants locaux ne sont que rarement associés aux réunions de ces différentes instances locales. C'est manifestement le cas pour les directeurs d'établissements pénitentiaires, les services pénitentiaires d'insertion et de probation étant, quant à eux, parfois amenés à participer à des réunions et groupes de travail sur la prévention de la récidive et la mise en œuvre des travaux d'intérêt général (TIG). Aussi le partenariat qu'évoque la loi pénitentiaire semble correspondre principalement, au-delà de l'externalisation à d'autres administrations des missions d'éducation et de santé, aux relations conventionnelles qui peuvent exister avec les collectivités locales, pour la construction des nouveaux établissements, avec les entreprises privées dans le cadre de la gestion déléguée, ainsi qu'avec le tissu associatif pour les actions de réinsertion et d'aménagement de peines. La perspective de coproduction en matière de service public pénitentiaire, qui verrait, par exemple, des agents privés voire des fonctionnaires territoriaux participer à des missions de surveillance ou de transfert des détenus, de-

34. V. A. Peyrefitte, *Réponses à la violence*, Presses Pocket, Paris, 2 tomes, 1977.

35. V. F. Dieu, A. Bousquet, « Regard sur l'évaluation de la prévention de la délinquance », *Cahiers de la Sécurité*, n°14, 2010, pp. 152-170.

meure exclue sans ambiguïté par le droit comme par les mentalités, au profit d'un attachement sans concession à une conception purement régalienne.

Au final, la montée en puissance de ce volet sécuritaire de l'administration pénitentiaire est-elle en contradiction avec son autre facette de service de la justice ? Et si c'est le cas, cette situation n'est-elle pas porteuse, à terme, d'un retour insidieux dans le giron du ministère de l'Intérieur, après plus d'un siècle de rattachement au ministère de la Justice ? En d'autres termes, l'administration pénitentiaire ne va-t-elle pas devenir un jour, au moins pour ce qui est des personnels de direction et de surveillance, une sorte de « police pénitentiaire » déguisée, aux côtés des autres forces de sécurité ? Dans l'état actuel des choses, ces questions ne semblent pas se poser tant il paraît opportun, dans un régime démocratique, et en application du principe même de la séparation des pouvoirs, de maintenir le domaine de l'exécution des peines dans le registre du pouvoir judiciaire, en garantissant alors la coordination entre les politiques pénales et pénitentiaires qui avait justifié le rattachement opéré par le décret du 20 mars 1911. Sans remettre en cause l'importance de la fonction de sécurité de l'administration pénitentiaire et sa dimension policière, il s'agit également, par cet ancrage judiciaire, de ménager la nécessité d'un développement de ses missions d'insertion dont l'importance sociale ne peut échapper à quiconque. L'administration pénitentiaire semble donc condamnée à cette spécificité insaisissable, à cette hybridation contingente, à cet équilibre impossible entre ces deux facettes, source de tensions et d'ambivalences.

Bibliographie

G. Benguigui, « La sécurité et la surveillance en prison », in de Tersac G., Boissières I. et Gaillard I., *La sécurité en action*, Octarès, Toulouse, 2009, pp. 121-131.

G. Benguigui, « La paranoïa pénitentiaire », in Benguigui G., Guilbaud F. et Malochet G., *Prisons sous tension*, Champ social, « Questions de société », Paris, 2011, pp. 57-87.

E. Bittner, *The Functions of the Police in Modern Society*, Oelgeschlager, Cambridge (Mass.), 1970.

Ph. Braud, *Les jardins des délices démocratiques*, Presses de la FNSP, Paris, 1991.

J-P. Brodeur, « La police : mythes et réalité », *Criminologie*, vol. 17, 1984, pp. 9-41.

J-P. Brodeur, « Police et coercition », *Revue Française de Sociologie*, vol. 35, 1994, pp. 457-485.

J-P. Brodeur, « Violence spéculaire » (Le problème du port d'armes aux USA), in *Violence et politique (Colloque de Cerisy, 1994)*, « Lignes », n° 25, Hazan, 1995, pp. 114-128.

J-P. Brodeur, D. Monjardet, « Sécurité intérieure et sécurité extérieure. Recompositions et métamorphoses », *Les Cahiers de la Sécurité Intérieure*, n°53, 2003, pp. 157-169.

A. Chauvenet, F. Orlic, G. Benguigui, « Les surveillants de prison : le prix de la sécurité », *Revue Française de Sociologie*, vol. 38, n°3, 1993, pp. 321-364.

A. Chauvenet, F. Orlic, G. Benguigui, *Le monde des surveillants de prison*, PUF, Paris, 1994.

Commission Nationale de Déontologie de la Sécurité (CNDS), *Rapport au président de la République 2006* ; *Rapport au président de la République 2007* ; *Rapport au président de la République 2008* ; *Rapport au président de la République 2009* ; *Rapport au président de la République 2010* : rapports accessibles sur le site de la documentation Française.

A. Crawford, « Partenariat et responsabilité à l'ère managériale. Retour sur l'expérience britannique », *Les Cahiers de la Sécurité Intérieure*, n°33, 1998, pp. 51-87.

M. Cusson, « De l'action de sécurité », in *Traité de sécurité intérieure*, Presses polytechniques et universitaires romandes, Lausanne, 2008, pp. 43-57.

M. Cusson, B. Dupont, « Introduction générale », in *Traité de sécurité intérieure*, Presses polytechniques et universitaires romandes, Lausanne, 2008, pp. 29-39.

J. Damon, « La dictature du partenariat. Vers de nouveaux modes de management public », *Futuribles*, mars 2002, pp. 27-41.

J. De Maillard, « Le partenariat en représentations : contribution à l'analyse des nouvelles politiques sociales territorialisées », *Politiques et Management Public*, vol. 18, n°3, septembre 2000, pp. 21-41.

F. Dieu, « Éléments pour une approche socio-politique de la violence policière », *Déviance et Société*, vol. 19, n°1, 1995, pp. 35-49.

F. Dieu, *Politiques publiques de sécurité*, L'Harmattan, « Sécurité et société », Paris, 1999.

F. Dieu, *Policer la proximité. Les expériences françaises, britanniques et new yorkaises*, L'Harmattan, « Sécurité et société », Paris, 2002.

F. Dieu, *Sociologie de la gendarmerie*, L'Harmattan, Paris, 2008.

F. Dieu, A. Bousquet, « Regard sur l'évaluation de la prévention de la délinquance », *Cahiers de la Sécurité*, n°14, 2010, pp. 152-170.

F. Dieu, P. Mbanzoulou, sous la dir., « A quoi sert la prison ? En quête de prison républicaine, enquête sur la prison contemporaine », *Cahiers de la Sécurité*, n°12, 2010.

F. Dieu, P. Mbanzoulou, sous la dir., *L'architecture carcérale. Des mots et des mûrs*, Privat, Toulouse, 2011.

B. Domingo, « Douane et sécurité : ordre négocié et dynamiques identitaires », *Les Cahiers de la Sécurité Intérieure*, n°46, 2002, pp. 213-232.

B. Domingo, *Douanes et coproduction de sécurité*, INHES, « Etudes et recherches », 2005.

R. Ericson, "The division of expert knowledge in policing and security", *British Journal of Sociology*, vol. 45, 1994, pp. 149-175.

J-Ch. Froment, *La République des surveillants de prison (1958-1998)*, LGDJ, « Droit et société », Paris, 1998.

J-Ch. Froment, M. Kaluszynski, sous la dir., *L'administration pénitentiaire face aux principes de la nouvelle gestion publique : une réforme en question(s)*, Presses Universitaires de Grenoble, Grenoble, 2011.

M. A. Granger, *Constitution et sécurité intérieure. Essai de modélisation juridique*, LGDJ, « Bibliothèque constitutionnelle et de science politique », n°148, Paris, 2011.

F. Guilbaud, « La privatisation des prisons entre marché et « dogme » sécuritaire », in Benguigui G., Guilbaud F. et Malochet G., *Prisons sous tension*, Champ social, « Questions de société », Paris, 2011, pp. 190-220.

T. Jefferson., *The Case Against Paramilitary Policing*, Open University Press, Buckingham, 1990.

G. Kellens, « Prison et sécurité : un couple trop soudé », in Tak P. et Jendly M., *L'exécution des sanctions privatives de liberté et les impératifs de la sécurité*, Wolf, Nijmengen, 2006, pp. 187-191.

P. Kraska, sous la dir., *Militarizing the American Criminal Justice System*, Northeastern University Press, Boston, 2001.

J-L. Loubet del Bayle, *Police et politique. Une approche sociologique*, L'Harmattan, Paris, 2006.

J-H. Matelly, *Une police judiciaire… militaire ? La gendarmerie en question*, L'Harmattan, « Sécurité et société », Paris, 2006.

E. Péchillon, « L'administration pénitentiaire. La lente et difficile élaboration du droit d'un service public en mutation », *Les Cahiers de la fonction publique et de l'administration*, n°297, 2010, pp. 5-9.

A. Peyrefitte, *Réponses à la violence*, Presses Pocket, Paris, 2 tomes, 1977.

Ch. Reiss, "Police Organization in the Twentieth Century", in M. Tonry et N. Morris, *Modern Policing*, The University Press of Chicago, Chicago, 1992, pp. 51-97.

S. Scotto, N. Jauniaux, « Le renseignement pénitentiaire », *Cahiers de la Sécurité*, n°13, 2010, pp. 51-54.

C. Van de Boggaard, « La sécurité dans les établissements pénitentiaires. Empêcher l'évasion à tout prix », *Passe-murailles*, n°14, 2008, pp. 7-10.

7

La sécurité dans les établissements pénitentiaires : l'expérience des équipes régionales d'intervention et de sécurité (ERIS)

par Laurent Ridel

Après avoir présenté d'abord pourquoi et comment les équipes régionales d'intervention et de sécurité (ERIS) ont été mises en place au début des années 2000, cette intervention évoquera ensuite la question plus générale de la réforme de ou dans l'institution pénitentiaire.

La création des ERIS au printemps 2003 doit être resituée dans son contexte. L'administration pénitentiaire connaît alors une période de fortes turbulences. Durement mise en cause par Véronique Vasseur dans son livre « *Médecin chef à la prison de la Santé* » (2000) et par les commissions d'enquêtes parlementaires installées à la suite de l'écho médiatique rencontré par cet ouvrage, l'administration pénitentiaire se trouve confrontée, l'année suivante, à une série d'évènements majeurs et parfois dramatiques.

Après avoir déploré le manque d'humanité de la prison, on va alors critiquer ses défaillances en termes de sécurité, suivant là un mouvement de balancier assez classique dans le domaine pénitentiaire.

A la suite d'une tentative d'évasion, le 27 mai 2001, accompagnée d'une prise d'otages de trois agents à Fresnes, le Garde des Sceaux de l'époque, Marylise Lebranchu, annonce la création d'une cellule sécurité au sein de la direction de l'administration pénitentiaire, et confie à Jean-Marc Chauvet, alors directeur régional de Paris, une mission dont l'objectif est de proposer des mesures concrètes de nature à renforcer la sécurité des établissements. C'est d'ailleurs dans ce contexte que le premier projet de loi pénitentiaire est abandonné.

Au lendemain des élections présidentielles de 2002, Dominique Perben est nommé Garde des Sceaux. La période se caractérise toujours par la survenance de nombreux évènements graves et fortement médiatisés :
- double évasion au centre pénitentiaire de Lorient-Ploemeur en septembre 2002 ;
- fusillade à la maison centrale d'Arles en novembre 2002 ;
- tentative d'évasion avec explosifs et prise d'otages à Moulins et mutinerie à la maison centrale de Clairvaux en février 2003 ;
- évasion d'un détenu très dangereux à la maison d'arrêt de Borgo, évasion spectaculaire de Ferrara à la suite d'une attaque de Fresnes par un commando armé en mars ;
- évasion de la maison d'Aix-Luynes en hélicoptère en avril.

Didier Lallement, alors directeur de l'administration pénitentiaire, met en place, à la demande du Garde des Sceaux, une réforme ambitieuse et cohérente de la sécurité au sein de l'administration pénitentiaire, qui se traduit par la création d'un état-major de sécurité (EMS) ayant vocation à regrouper dans une même structure tous les services qui jusque-là s'occupaient de sécurité de manière dispersée, voire éclatée.

Cet état-major comprend trois bureaux dont les compétences sont complémentaires afin d'embrasser tous les domaines d'action :
- un bureau de la gestion de la détention, qui s'occupe de l'affectation et de l'orientation des détenus, définit les régimes de détention et traite tous les incidents pénitentiaires ;
- un bureau de la sécurité (héritier de la cellule sécurité mise en place par Mme Lebranchu au lendemain de la prise d'otages de Fresnes) qui a vocation à améliorer tous les domaines de la sécurité (architecture, procédures, gestes professionnels, nouvelles technologies, etc.) ;
- un bureau du renseignement pénitentiaire enfin, dont la tâche est de recueillir et traiter toutes les informations intéressant les détenus les plus dangereux, que cette information émane de l'administration pénitentiaire ou des services de police ou de gendarmerie.

Cet état-major va pouvoir ainsi élaborer une véritable doctrine en matière de sécurité pénitentiaire appliquée de façon pragmatique, cohérente et harmonisée sur le terrain. Il serait trop long d'exposer dans le détail le travail accompli dans l'année qui a suivi la création d' EMS. La plupart des éléments de doctrine et des procédures alors mis en place sont toujours d'actualité près de dix ans après. C'est d'ailleurs à cette période que la formule de « troisième force de sécurité publique » s'imposera.

Les équipes régionales d'intervention et de sécurité représentent l'illustration la plus visible (mais c'est loin d'être la seule) de ce profond mouvement de réforme. Leur création semble relever du bon sens. Il s'agit d'un dispositif d'appui et de soutien au terrain permettant d'anticiper les crises ou de réagir au plus vite à celles ci.

Les ERIS sont placées sous l'autorité du directeur interrégional et interviennent à sa demande ou à celle du chef de l'État-major de sécurité pour renforcer, maintenir ou rétablir l'ordre dans un établissement pénitentiaire qui se trouve en difficulté ou en situation délicate. Cette capacité d'anticipation ou de réaction très rapide manquait cruellement à une administration pénitentiaire par définition statique qui, dès qu'elle était confrontée à une crise ou à une situation délicate pouvant déboucher sur une crise, devait solliciter l'autorité préfectorale pour obtenir l'intervention ou la présence des forces de l'ordre.

Souplesse, rapidité et réactivité caractérisent donc ce nouveau dispositif. Annoncée par le Garde des Sceaux le 20 février 2003, une circulaire du 27 février vient préciser les missions qui seront confiées à ces équipes ainsi que les principes d'organisation et de fonctionnement de ce nouveau dispositif.

Rapidement mises en œuvre, ces équipes seront présentées officiellement au Garde des Sceaux à Fresnes (lieu symbolique) le 16 octobre 2003 et opérationnelles dès l'automne 2003 dans l'ensemble des neuf directions interrégionales métropolitaines. Dès cette période, les éléments fondamentaux du dispositif sont mis en place en termes de recrutement, de formation, de modalités de fonctionnement et de missions. Le nombre des ERIS sera doublé en 2004 passant d'un peu plus de 200 fonctionnaires à près de 500.

En 2006, une brigade cynotechnique viendra enrichir le dispositif. Il s'agit toutefois d'un dispositif opérationnel et vivant, qui fait, bien évidemment, depuis sa création l'objet d'adaptations et d'enrichissements réguliers. Quels enseignements peut-on tirer des ERIS aujourd'hui ?

Premièrement, le dispositif s'est révélé efficace. On se demande parfois avec le recul comment l'administration pénitentiaire faisait avant la création de ces équipes. Le bilan est très positif : les interventions des forces de l'ordre en détention ont pratiquement disparu. Toutes les situations délicates peuvent être traitées : incidents collectifs, tensions en détention, présence d'un détenu très dangereux au sein d'une structure peu adaptée, travaux fragilisant un site, opérations de fouilles, etc.

Fidèles à leur doctrine d'emploi, les ERIS ont contribué à régler des situations inédites, comme, par exemple, l'évacuation d'Arles et de Draguignan suite à des inondations d'une gravité exceptionnelle.

Quelques commentaires rapides pour proposer un premier bilan.

1°) La tendance est, de 2004 à 2010, à une très forte croissance de l'activité des ERIS (472 missions annuelles à 1243 missions), qui s'explique principalement par :
- l'appropriation par l'administration pénitentiaire de l'outil de sécurité ERIS (les directions interrégionales des services pénitentiaires d'abord, les établissements ensuite en tant que demandeurs) ;
- une professionnalisation très rapide des agents capables ainsi de répondre à une demande existante et couverte à l'époque par la police nationale et la gendarmerie nationale ;
- l'existence d'une demande latente de disposer d'un outil de sécurité externe aux établissements mais interne à l'administration pénitentiaire.

2°) Les transferts et les sécurisations de travaux sont les deux pôles d'activités principaux. Il convient de souligner que l'activité est globalement croissante jusqu'en 2008 alors même que les effectifs ERIS sont réduits de 50 équivalents temps pleins travaillés (ETPT) en 2007.

3°) Les missions des ERIS, si elles restent les mêmes dans les textes, ont évolué grandement dans la réalité :
- augmentation du nombre de missions de formation à destination des établissements (tir, préparation ouverture établissement 13200, emploi des moniteurs ERIS pour les formations UHSI, UHSA, escortes judiciaires) ;
- augmentation du nombre d'interventions en rétablissement de l'ordre dans les établissements qu'il s'agisse de mouvement collectifs (90% des cas) ou de détenus retranchés ;
- co-intervention des ERIS avec les groupes police nationale ou gendarmerie nationale (RAID GIGN) sur les prises d'otages ;
- augmentation du nombre de jours mission pour les gardes de détenus (principalement à l'occasion de procès).

4°) Le paradoxe de la rotation des personnels : de prime abord on pourrait penser que les agents restent aux ERIS le temps des deux contrats de cinq ans. Dans les faits seuls 200 sur 406 agents sont restés aux ERIS depuis leur création. Les causes de cette rotation sont les suivantes : contraintes familiales très fortes du fait des astreintes et des missions courant sur les week-end, usure physique importante compte tenu des sollicitations, ouverture de nombreux établissements à proximité des bases ERIS.

5°) L'évolution des matériels : à la création des ERIS le matériel en dotation est identique à celui dans les établissements. Seules variantes, le port des armes de poing à la ceinture, emploi de véhicules spécifiques. Depuis, les ERIS disposent de matériels répondant à des besoins opérationnels rencontrés durant les missions (matériels de franchissement pour les détenus sur les points hauts, matériels vidéo pour les interventions et les fouilles générales, HKG 36c pour les transferts de détenus sensibles et/ou dangereux, introduction du lanceur de balle de défense à venir pour le maintien de l'ordre, etc.).

Deuxièmement, au-delà des missions ponctuelles et variées qu'elles assurent, l'existence des ERIS contribue à sécuriser et à rassurer l'ensemble des fonctionnaires pénitentiaires dans l'exercice de leurs missions au quotidien. Les ERIS, qui bénéficient d'une formation de haut niveau dispensée avec le soutien de la gendarmerie, notamment du GIGN, se sont révélées très professionnelles. Alors que la création de ces équipes avait été fortement critiquée par les médias et les contempteurs habituels de l'administration pénitentiaire, mais aussi parfois au sein même de l'institution, force est de constater qu'en près de dix années d'une activité dense, les ERIS ont fait preuve d'un comportement et d'une déontologie exemplaires en dépit d'interventions parfois très risquées.

Troisièmement, les ERIS ont participé à la diversification des métiers de l'administration pénitentiaire, aux côtés des agents PSE, UHSI, UHSA et bientôt ceux en charge des gardes et escortes.

Quatrièmement enfin, et c'est le plus important, la création des ERIS a contribué à redonner confiance et fierté à l'administration pénitentiaire qui a pu très clairement assumer la mission de sécurité qui lui est confiée par la société.

Pour conclure, on peut dire que cette grande réforme de la sécurité du début des années 2000 a été tout à la fois la première d'une décennie caractérisée par un profond changement de notre institution mais, aussi l'un des préalables à ce mouvement de fond. En moins de dix ans, l'institution pénitentiaire s'est, en effet, considérablement transformée et, avec elle, son image. Ayant enfin assumé sa mission fondamentale de sécurité et s'étant dotée des moyens de l'exercer au mieux, elle a pu, à partir de ce socle, poursuivre et enrichir son processus de réforme.

La prise en charge adaptée des questions de sécurité a permis à la DAP, d'une part, de démontrer son savoir faire, et d'autre part, de se consacrer à la définition d'un contenu donnant un sens à la prise en charge des délinquants qui lui sont confiés par l'autorité judiciaire. Ainsi, après la question de la sécurité, c'est la thématique ambitieuse et structurante de la prévention de la récidive, au travers notamment de la réforme des SPIP et surtout de la loi pénitentiaire qui a pu être traitée.

Ce profond mouvement de réforme ne doit donc pas s'arrêter. Il est, à cet égard, intéressant de relever quelques points qui ont rendu possible et durable cette dynamique :
- une volonté politique de traiter au fond les sujets et de ne pas se contenter de mesures de simple affichage ;
- un souci de privilégier une approche pragmatique et des solutions claires, lisibles et efficaces plutôt que des montages complexes et bureaucratiques ;
- un intérêt pour les solutions développées dans des pays voisins confrontés à des problématiques similaires ;
- un vrai soutien et une sincère reconnaissance de l'administration pénitentiaire par l'autorité politique qui se traduisent par une confiance faite à la direction d'administration pénitentiaire pour s'assumer et contribuer activement au contenu et à la mise en œuvre des réformes.

Il convient de souligner, à cet égard, que c'est à l'occasion de la création de l'État-major de sécurité et des équipes régionales d'intervention et de sécurité que, pour la première fois, des responsabilités importantes ont été confiées à des fonctionnaires pénitentiaires au sein du ministère de la Justice.

8

Le transfert de missions de sécurité à l'administration pénitentiaire : transfèrements et escortes

par Christophe Blondel

Le souhait du ministère de l'Intérieur et du ministère de la Défense[1] de se voir déchargés, pour l'essentiel, de la charge des escortes et de la garde des personnes détenues est ancienne et la réflexion sur un éventuel transfert de compétences aux services pénitentiaires a connu plusieurs étapes. Jusqu'en 2010, la question des moyens a toujours constitué un point de blocage pour mettre en œuvre toute mesure de transfert.

1. – Une problématique ancienne

La loi de 1995

La loi du 21 janvier 1995 relative à la sécurité a retenu l'objectif d'une clarification et d'une harmonisation des responsabilités et des moyens de l'État en matière de sécurité. Le gouvernement de l'époque avait mis à l'étude la possibilité de transférer les missions d'escorte et de garde des personnes détenues à l'administration pénitentiaire.

Guy Fougier, conseiller d'État, mandaté conjointement par le ministre de l'Intérieur, le ministre de la Défense et celui de la Justice, a eu pour mission d' *« examiner l'intérêt et la portée de ce transfert au regard de l'impératif de sécurité »*.

1. Lorsque la gendarmerie nationale y était encore rattachée.

Déposé en octobre 1995, le rapport Fougier, après avoir mis en lumière certaines difficultés à surmonter et de choix à opérer, notamment en terme d'organisation, a relevé l'insuffisance de données qualitatives et quantitatives fiables propres à permettre un chiffrage de la mesure. Néanmoins, il a estimé à 2376, hors encadrement, le nombre d'emplois budgétaires qui devaient être créés au budget de l'administration pénitentiaire pour assurer ce transfert.

La LOPSI et la LOPJ

Le sujet a été relancé en 2002 par la loi d'orientation et de programmation relative à la sécurité intérieure[2] et la loi d'orientation et de programmation pour la justice[3]. Cette loi prévoit *« une réflexion interministérielle sur les conditions de transfert à l'administration pénitentiaire de missions nouvelles »* et cite particulièrement *« la surveillance des détenus hospitalisés et (...) la garde et l'escorte des détenus ».*

En février 2003, le rapport du groupe de travail qui associait l'inspection générale de la police nationale, l'inspection de la gendarmerie nationale, l'inspection de l'administration pénitentiaire et les services de la direction de l'administration pénitentiaire dresse un état des positions respectives des ministères intéressés et fait le point sur les données chiffrées qu'ils sont en mesure de produire. Cette commission évalue à 3222 le nombre des créations d'emplois budgétaires tout en précisant que faute de données fiables sur plusieurs facteurs importants, l'estimation pourrait être sensiblement majorée[4].

L'arbitrage interministériel du 23 septembre 2003

Le 23 septembre 2003, une réunion interministérielle décide :
- de retenir le principe d'un transfert à l'administration pénitentiaire de la charge de la surveillance des détenus hospitalisés et la garde et l'escorte des détenus ;
- de lancer une expérimentation dès le 1er janvier 2005 dans le ressort de la direction régionale des services pénitentiaires de Strasbourg ;

---

2. V. Annexe 1 de la loi n°2002-1094 du 29 août 2002.
3. V. Annexe, Titre D de la loi n°2002-1138 du 9 septembre 2002.
4. V. Nombre de points d'intervention, degré de spécialisation des agents pénitentiaires chargés de ces nouvelles missions, niveau de l'encadrement.

- de faire appel à un magistrat de la Cour des comptes pour évaluer les conditions pratiques de sa mise en œuvre.

M. Emmanuel Belluteau, conseiller référendaire, est chargé de cette évaluation. Il indique que pour reprendre les missions, l'administration pénitentiaire doit être en mesure de pouvoir estimer les caractéristiques du dispositif à mettre en place en s'appuyant sur un inventaire précis et exhaustif des prestations rendues par les forces de police et de gendarmerie nationale et sur un état détaillé des moyens mobilisés, ce dont elle n'a jamais été rendue destinataire. Le rapporteur indique qu'il n'a pas été en mesure d'obtenir, lui non plus, d'informations chiffrées, exhaustives, précises et vérifiables.

Le rapporteur indique que les missions de transfèrements mobilisent 53 ETPT dans les légions de gendarmerie d'Alsace et de Lorraine et 93 fonctionnaires de police. Les extractions judiciaires mobiliseraient à elles seules 96 ETPT (équivalent temps plein travaillé)[5].

Pour l'administration pénitentiaire, la reprise des missions d'escorte et de garde pour hospitalisation (130 emplois), pour consultations et soins (37 emplois) et d'extractions judiciaires (199 emplois) mobiliserait au total 366 emplois sur le ressort de la direction régionale de Strasbourg. Le rapporteur conclut qu'avec le transfert de la charge, il sera nécessaire d'opérer un transfert des moyens correspondant.

2. – Les évolutions récentes

La reprise des missions de garde des personnes détenues hospitalisées

Un « bleu » de Matignon, en date du 13 novembre 2006, a prévu le principe du transfert à l'administration pénitentiaire de l'ensemble des missions de gardes et escortes des détenus hospitalisés, à l'exception des « détenus particulièrement signalés ».

L'expertise conduite pour la mise en œuvre de cette disposition a toutefois conclu qu'un transfert rapide n'était pas réaliste (rapport Ollivier, avril 2007). Le rapport de M. Yvon Ollivier sur le transfert à l'administration pénitentiaire de la mission de garde et d'escorte des détenus hospitalisés ou Rapport de la mission d'audit de modernisation IGF, IGA, IGSJ, IGPN, IGGN, recommandait d'adopter *« une démarche de transfert progressif, dans le cadre d'une politique plus globale reposant sur un double élargissement de la problématique en abordant expérimentalement la question*

5. Escortes : 43 ; Garde à l'audience : 30 ; Police de l'audience : 8 ; Garde des dépôts : 14 et Garde de la juridiction : 1.

connexe des transfèrements judiciaires et en recherchant une meilleure maîtrise du volume des extractions médicales dans le cadre d'une politique plus volontariste et partenariale de la prise en charge sanitaire des détenus ».

Dans le cadre des discussions entre le ministère de l'Intérieur et le ministère de la Justice et des Libertés, l'administration pénitentiaire a accepté de prendre en charge la totalité des gardes et escortes des détenus hospitalisés au sein des unités hospitalières sécurisées interrégionales (UHSI) de Toulouse et de Marseille dès le 1er avril 2007, à l'exception des gardes statiques.

Par lettre en date du 27 novembre 2008, Michèle Alliot-Marie, ministre de l'Intérieur, de l'Outre-Mer et des collectivités territoriales a écrit au garde des Sceaux, ministre de la Justice, au sujet des conditions de réalisation des gardes et des escortes des détenus hospitalisés dans les établissements de santé ou dans les UHSI, et a demandé quelles mesures seraient envisagées pour faire appliquer l'arbitrage de 2006, portant transfert de charges de ces missions à l'administration pénitentiaire.

En réponse, le ministre de la Justice a indiqué, le 2 janvier 2009, que l'arbitrage de 2006 n'était assorti d'aucune mesure permettant à la direction de l'administration pénitentiaire de disposer des ressources nécessaires à la prise en charge de ces missions, une évaluation des besoins en personnels pour reprendre les missions d'escorte dans le cadre des UHSI devant être réalisée. Cette estimation a été effectuée (à l'époque, 400 personnels étaient estimés nécessaires pour reprendre les missions d'escortes dans le cadre des UHSI).

L'administration pénitentiaire s'est vue confier ces mêmes missions peu de temps après l'ouverture de l'UHSI de Paris – la Pitié Salpêtrière (le 1er mai 2009) allant jusqu'à transférer les gardes statiques des personnes détenues hospitalisées sur le site de la Pitié Salpêtrière.

Les missions ont été reprises à Lyon le 13 septembre 2010, à Lille le 15 mars 2011 puis à Nancy et Bordeaux le 19 septembre 2011. L'administration pénitentiaire a ainsi manifesté sa volonté d'avancer sur ce dossier.

À la suite d'une réunion entre les cabinets des ministres de la Justice et de l'Intérieur en date du 9 décembre 2009, il a été décidé de réaliser une évaluation des transferts médicaux concernant les établissements pénitentiaires situés sur les cours d'appel de Rennes, Nancy et Agen. Le constat réalisé était que l'administration pénitentiaire assume très largement les missions de sécurisation liées aux dispenses de soins parfois même au-delà des dispositions des textes.

Par ailleurs, des discussions ont également eu lieu, concernant la prise en charge de ces missions de transfèrements et d'escortes dans le cadre de l'ouverture des unités hospitalières spécialement aménagées (UHSA).

La reprise des missions d'extractions judiciaires

En décembre 2007 et en janvier/février 2008, Richard Castera (IGA) et Bruno Steinman (ISJ) ont conduit une mission sur les transferts, escortes et gardes des détenus. Le rapport recommande la maîtrise des dépenses liées aux extractions judiciaires notamment par une responsabilisation des donneurs d'ordre et une extension de l'utilisation des moyens de visioconférence.

Conformément à ces rapports, un objectif de réduction des extractions judiciaires de 5% a été arrêté pour 2009 et 2010. Cet objectif a été dépassé en 2009 puisque les extractions judiciaires ont diminué de 6,4% en 2009 et de 3,6% en 2010.

Le recours à la visioconférence est possible pendant les phases d'enquête, d'instruction et de jugement, mais aussi dans le cadre du contentieux de l'exécution et de l'application des peines. Les dispositions de l'article 100 de la loi n° 2011- 267 du 14 mars 2011 d'orientation et de programmation pour la performance de la sécurité intérieure ont prévu une nouvelle extension du recours à la visioconférence, assortie toutefois de conditions strictes.

Tout d'abord, le recours à la visioconférence en matière de détention provisoire est dorénavant subordonné à l'accord de la personne détenue, pour le placement ou la prolongation de la détention provisoire. Ensuite, il est créé une possibilité de recourir à la visioconférence en cas de jugement par le tribunal correctionnel d'une personne détenue, sous réserve de l'accord de l'ensemble des parties et du procureur de la République.

Notons également qu'au journal officiel du 9 novembre 2011, le Contrôleur général des lieux de privation de liberté a publié un avis relatif à l'emploi de la visioconférence à l'égard des personnes privées de liberté. Par cet avis, le contrôleur général rappelle que si le recours à la visioconférence peut être une modalité adaptée, il ne doit en aucun cas devenir une commodité inconditionnelle et doit surtout être précisément encadré. Il indique notamment que : *« Les économies réalisées sur les coûts des extractions ou les difficultés de réunir les escortes nécessaires ne constituent pas, en principe, des motifs suffisants pour recourir à la visioconférence »*.

1.2.3. L'arbitrage interministériel du 30 septembre 2010

Le transfert de charge des missions d'extractions judiciaires du ministère de l'Intérieur vers le ministère de la Justice et des Libertés a été décidé à la suite d'une réunion interministérielle du 30 septembre 2010.

En séance, le ministère de l'Intérieur a communiqué une évaluation des effectifs consacrés aux extractions judiciaires à hauteur de 1200 ETPT (équivalent temps plein travaillé) – dont trois-quarts dans la gendarmerie nationale – à rapporter aux évaluations produites par le ministère de la Justice et des Libertés : 1762 – 2164 ETPT. Les deux ministères partageaient, par ailleurs, l'avis que des gains de productivité interviendraient grâce à l'unité de gestion et au recours à la visioconférence.

Le ministère de la Justice et des Libertés a évalué que l'intégration au sein du même ministère du prescripteur des extractions, les services judiciaires, et de l'opérateur, l'administration pénitentiaire, et le recours à la visioconférence induirait une diminution de 25% du nombre d'extractions judiciaires ce qui permettait de réduire d'autant le transfert d'emplois. Le ministère de l'Intérieur estimait le gain possible à 50%.

Le cabinet du Premier ministre a validé le poids en effectifs à 1200 emplois. Il a estimé les gains de productivité pouvant être obtenus de la réforme à un tiers et, en conséquence, a fixé à 800 le nombre d'emplois devant être transférés du ministère de l'Intérieur au ministère de la Justice et des Libertés, échelonnés de la manière suivante : 200 en 2011, 250 en 2012 et 350 en 2013.

Dès qu'elle a eu connaissance de cet arbitrage, la direction de l'administration pénitentiaire a procédé à différentes études qui ont confirmé la fourchette de chiffres présentée en réunion interministérielle par le ministère de la Justice et des Libertés.

S'agissant de la mise en œuvre de cette décision, il a été décidé de mettre en place une expérimentation au sein des tribunaux de grande instance d'Épinal et de Cusset en lien avec le centre pénitentiaire de Moulins Yzeure et la maison d'arrêt d'Épinal à partir du mois d'avril 2011. Cette modalité avait pour objectifs d'apprécier et d'évaluer la réalité de la charge de cette mission pour l'administration pénitentiaire et de mettre en exergue d'éventuels points de vigilance.

Malgré le constat posé de l'inadéquation des moyens alloués au regard du nombre d'extractions judiciaires à opérer, l'option initialement retenue *(« proratisation »)* a consisté à fixer le volume d'agents dédiés à cette mission dans chaque région au prorata tant du total des extractions réalisées au plan national que du volume des 800 emplois transférés.

C'est dans ces conditions qu'ont été reprises les premières régions en septembre (Lorraine, Auvergne) puis en décembre 2011 (Basse-Normandie) sur la base d'une organisation créée *ex nihilo* (Autorité de régulation et de programmation des extractions judiciaires – ARPEJ – et pôles de rattachement d'extractions judiciaires – PREJ).

Le 3 août 2011, le cabinet du ministre de la Justice et des Libertés a décidé d'affecter les emplois qu'il estime nécessaires à la reprise des missions d'extractions judiciaires sur chaque PREJ, dans la limite des crédits budgétaires transférés par le ministère de l'Intérieur soit 800 ETPT.

La détermination des effectifs des PREJ est donc passée d'un mode de calcul par application d'un prorata des extractions judiciaires constatées aux ETPT transférés à un calcul par évaluation du poids réel des missions d'extractions judiciaires *(« déproratisation »)*.

La mise en œuvre de cette décision a conduit à modifier le séquençage du calendrier de reprise des missions en 2012 et 2013. Les effectifs des régions reprises (Lorraine, Auvergne et Basse-Normandie) en 2011 ont été complétés à due concurrence. C'est également sur la base de ces nouvelles modalités qu'ont été fixés les effectifs des régions reprises en 2012 (Picardie et Franche-Comté en avril, Champagne-Ardenne, Midi-Pyrénées et départements franciliens de la Cour d'appel de Versailles, c'est-à-dire Yvelines, Hauts-de-Seine et Val-d'Oise à l'automne).

Le cabinet du Premier ministre a parallèlement acté l'organisation d'une inspection interministérielle afin d'évaluer la pertinence des options retenues par le ministère de la Justice et des Libertés sur le plan organisationnel, sur celui des effectifs dédiés ou sur l'utilisation des outils permettant d'améliorer la productivité.

L'inspection est chargée d'analyser, notamment, les dispositifs mis en œuvre par les services judiciaires pour réduire le nombre des extractions et rationaliser leur organisation (visioconférence, indication sur la réquisition de la durée prévisible de l'acte, lissage des audiences sur la semaine, etc.) et d'apprécier l'application par les différents services du ministère de la Justice et des Libertés de la circulaire conjointe DACG/DSJ/DAP du 2 septembre 2011.

Ses conclusions et recommandations permettront de définir le volume des effectifs nécessaires à la reprise de la mission d'extractions judiciaires par le ministère de la Justice et des Libertés, d'ajuster le calendrier de transfert des emplois budgétaires et, éventuellement, de modifier le schéma organisationnel défini par les directions des services judiciaires et de l'administration pénitentiaire.

3. – Les contraintes de l'administration pénitentiaire

L'administration pénitentiaire doit tenir compte, pour organiser la reprise des missions d'extractions judiciaires, de contraintes que ne connaissent pas les services du ministère de l'Intérieur.

Le maillage territorial

Le maillage territorial des établissements pénitentiaires ne coïncide pas avec celui des juridictions à desservir alors que celui des services de la police et de la gendarmerie nationales, plus dense, se rapproche de celui des juridictions. Cette spécificité oblige dans certains cas à faire venir sur le lieu de mission des moyens humains et matériels, ce qui s'avère chronophage, et mobilise des agents pour des actes autres que l'accompagnement de la personne détenue.

Une organisation plus rigide que celles de la police et de la gendarmerie

Les forces de police et de gendarmerie ont la possibilité de « détourner » un équipage effectuant de la surveillance sur la voie publique pour l'affecter sur une mission temporaire ou assurer un renfort d'une équipe d'extractions judiciaires. Il n'est pas possible de « découvrir » les détentions momentanément. Le maillage territorial de la police et de la gendarmerie nationales permet également de recourir rapidement à des effectifs supplémentaires en cas d'urgence ou de nécessité de pallier une difficulté. L'administration pénitentiaire n'a pas cette facilité. Les personnels affectés en détention ne peuvent être détournés de leur occupation même temporairement compte tenu des missions qu'ils doivent assurer au contact de la population pénale : « les coursives doivent être tenues ».

La nécessité de disposer de personnels formés à l'utilisation de l'arme de poing notamment

La reprise des missions conduit à affecter des personnels de surveillance spécialement formés à ces nouvelles fonctions. Les agents pénitentiaires sont à ce jour formés à l'utilisation d'armes longues pour les factions en miradors. Les missions d'extractions judiciaires requièrent des habilitations à l'utilisation du bâton télescopique de protection et à l'arme de poing (Sig Sauer). Seuls des agents préalablement formés et habilités à l'usage de ces armes peuvent donc être mobilisés sur cette mission. La question de la formation des agents pose celle de la capacité de l'ENAP à répondre au besoin ; cet opérateur pédagogique est par ailleurs déjà saturé dans le cadre du plan de charge de l'administration pénitentiaire (remplacement des agents admis à la retraite, création de postes pour l'ouverture des nouveaux établissements).

Une organisation qui ne permet pas la fongibilité des personnels d'une mission à une autre

La circulation sur la voie publique de façon armée requiert, pour les agents affectés à ces missions, de disposer d'une autorisation individuelle de port d'arme. Seuls les personnels spécialement formés sont habilités (ceux des équipes régionales d'intervention et de sécurité, des Unités d'Hospitalisation Spécialement Aménagées, des Unités Hospitalières Sécurisées Interrégionales et des PREJ ayant suivi la formation d'adaptation à l'ENAP). Tous les personnels de surveillance ne sont pas formés et ne disposent donc pas d'une habilitation au port individuel d'une arme. Par conséquent, ils ne peuvent donc pas être positionnés sur ces nouvelles missions.

Le décalage entre les transferts d'ETPT en matière budgétaire et les arrivées des agents sur le terrain

Il existe un décalage structurel entre le transfert des postes du ministère de l'Intérieur vers le ministère de la Justice et des Libertés et la présence effective des agents sur le terrain. Ce décalage est lié au recrutement des agents qui remplaceront les titulaires eux-mêmes formés pour cette mission spécifique. Se cumulent les temps de formation à l'ENAP des agents recrutés (8 mois) et de formation des agents affectés à la mission (trois semaines).

Le ministère de l'Intérieur a été d'emblée informé de ces spécificités qui structurent l'organisation mise en place et le calendrier de reprise des missions. Sur 2011, les trois régions transférées l'ont été au bénéfice de la mobilisation d'agents qui n'ont été effectivement remplacés par des agents recrutés au titre des extractions judiciaires qu'en avril 2012, c'est ce qui explique le décalage entre les ETP transférés et les affectations effectives sur cette nouvelle mission.

Le calendrier de reprise des régions administratives est construit sur cette nécessité d'affecter à la mission des agents eux-mêmes remplacés par des agents recrutés au titre des extractions judiciaires afin de ne pas faire peser cette affectation sur les établissements pénitentiaires.

4. – Les actions réalisées depuis septembre 2010

C'est un travail d'envergure qui a été entrepris dès septembre 2010 pour être, moins d'un an plus tard, en mesure de reprendre les missions dans les premières régions administratives choisies.

Une mobilisation interdirectionnelle du ministère de la Justice et des Libertés

Le transfert de cette mission, dans un contexte de rationalisation des moyens et des effectifs, a imposé une mobilisation de l'ensemble des services judiciaires et pénitentiaires pour aboutir, dès septembre 2011, à une diminution du nombre de réquisitions aux fins d'extractions judiciaires. L'implication des services judiciaires permet de :

- diminuer la présence des personnes écrouées extraites au sein des juridictions ;

- organiser les extractions des personnes écrouées vers les juridictions.

La circulaire conjointe DACG/DSJ/DAP du 2 septembre 2011 explicite le déroulement des extractions judiciaires, des translations judiciaires et des autorisations de sortie sous escorte et norme le cas où les moyens alloués ne permettront pas d'assurer la mise en œuvre d'une réquisition d'extraction judiciaire.

Conception d'une organisation

L'organisation retenue pour opérer les réquisitions se fonde sur la création d'un service ARPEJ (Autorité de Régulation et Programmation des Extractions Judiciaires) au sein du département de la sécurité et de la détention des directions interrégionales concernées par la reprise des missions. Pour tenir compte du maillage territorial des établissements pénitentiaires et de celui des juridictions à desservir, les PREJ opèrent les missions. Les personnels des PREJ (surveillants et premiers surveillants) sont rattachés administrativement à l'établissement et sont placés sous l'autorité de l'officier ARPEJ qui organise leurs missions et leur service.

Conception d'une doctrine

La circulaire du 30 août 2011 portant doctrine d'emploi relative aux conditions d'exécution des déplacements des personnes détenues ordonnés par l'autorité judiciaire organise les conditions d'exécution de ces déplacements. Ce document inspiré dans un premier temps de la doctrine de la direction générale de la gendarmerie nationale a fait l'objet des adaptations nécessaires à la reprise des missions par le ministère de la Justice et des Libertés au regard des spécificités de l'administration pénitentiaire notamment en termes d'organisation administrative et de couverture du territoire.

La formation d'adaptation

Concernant les cas de reprise en septembre et décembre 2011, les personnels affectés ont bénéficié d'une formation d'adaptation d'une durée de trois semaines dispensée par l'école nationale d'administration pénitentiaire. Cette formation est constituée de trois modules :

- organisation, préparation et exécution des transfèrements ;
- usage des armes dans le cadre des transfèrements (menottage, technique d'intervention);
- techniques opérationnelles de transfèrement.

Un module « escorte » a été mis en œuvre par l'ENAP depuis de la 182ème promotion d'élèves surveillants. La formation initiale intégrera prochainement l'utilisation de l'arme de poing en dotation pour les extractions judiciaires.

Conclusion

Le transfert de charge des extractions judiciaires du ministère de l'Intérieur vers le ministère de la Justice et des Libertés est une opportunité pour l'administration pénitentiaire. Ce transfert permet de diversifier les missions et offre des perspectives nouvelles de carrières aux personnels.

Les conclusions du rapport Fougier sont toujours d'actualité. En effet, s'il n'est pas illogique de confier à l'administration pénitentiaire la responsabilité entière des détenus pendant tout le temps où ils demeurent sous écrou, la notion de charge indue toujours développée par le ministère de l'Intérieur pour obtenir l'arbitrage interministériel paraît encore être, en l'espèce, « une notion fausse ».

Le transfert de charge, à l'administration pénitentiaire, des extractions judiciaires assurées par la police et de la gendarmerie, ne peut, en aucun cas, être motivé ni justifié par la seule volonté de rendre disponibles les personnels de police et les militaires qui accomplissent ces missions. Ces services exécutent ces taches de façon efficace et le taux des évasions lors des transferts et des extractions et un des plus bas d'Europe. La qualité du service n'est donc pas en cause.

Il faut bien se rendre compte que le nombre de gendarmes et de policiers susceptibles d'être reversés à des missions de lutte contre la délinquance n'est pas tel qu'il permettra, à lui seul, d'aboutir à une amélioration significative de la sécurité générale. En effet, le simple renfort de 800 ETP répartis sur 3600 brigades et une centaine d'escadrons de gendarmerie et 424 circonscriptions de police n'est certainement pas de nature à faire baisser la délinquance. Tout au plus, ces renforts devraient améliorer le fonctionnement des services. La portée de ce transfert paraît donc très limitée alors que son coût, compte tenu de l'organisation des services pénitentiaires, est incontestablement supérieur à celui que permet actuellement l'organisation de la gendarmerie et de la police nationale.

9

La territorialisation des politiques pénitentiaires : éléments de réflexion sur une dynamique en cours

par Jean-Charles Froment

Quand on analyse les processus de territorialisation des politiques publiques, c'est souvent à une dynamique progressive que l'on fait référence susceptible d'être décomposée en trois étapes : d'abord, une prise de conscience de la nécessité de prendre en compte la spécificité des paramètres territoriaux (sociaux, économiques, culturels, etc.) pour ajuster les politiques publiques à leurs réalités ; ensuite, la mise en place d'une organisation administrative territoriale adaptée pour favoriser une prise en compte de ses paramètres ; enfin, une idée selon laquelle les nouveaux territoires institués peuvent eux-mêmes être à la source des politiques publiques concernées[1].

On glisse ainsi d'une réflexion en termes institutionnels à une réflexion en termes dynamiques sur les modes de production d'une action publique territorialisée. De ce point de vue, même si le phénomène n'est pas nouveau, il est incontestable que nous avons assisté à une montée en puissance régulière des territoires dans nos sociétés depuis plusieurs décennies et qui, quel que soit le diagnostic que l'on en fait, engage une recomposition structurelle de l'Etat. L'Administration pénitentiaire n'échappe pas à cette réalité comme nous le verrons avec le lot de questions y compris sur la redéfinition des missions de l'échelon central que cela génère.

Si l'on poursuit l'analyse, deux manifestations différentes pourront principalement être identifiées derrière ce mouvement de territorialisation :

- Une logique, d'une part, de territorialisation de l'organisation des services, qui passe par des phénomènes accrus de déconcentration de ces derniers, et de ceux de l'Etat, et de ceux des collectivités territoriales

1. V. M. Vanier, *Le pouvoir des territoires. Essai sur l'interterritorialité*, Economia, Antjropos, 2008.

décentralisées et qui repose sur la recherche du « meilleur » découpage géographique de l'organisation des services pour leur permettre d'être mieux en phase avec les demandes sociales et « donc » plus efficients... La création des services pénitentiaires d'insertion et de probation (SPIP) en 1999 reposait déjà sur cette prise de conscience en cherchant à faciliter les relations des services pénitentiaires déconcentrés avec leurs partenaires institutionnels territoriaux et notamment les conseils généraux... La question de la carte pénitentiaire pourrait aussi être interrogée dans cette perspective.

- Une logique, d'autre part, de territorialisation de l'action publique qui organise le dépassement de l'antinomie juridique entre décentralisation et déconcentration pour poser la question de l'intégration de ces acteurs dans l'élaboration de politiques publiques territoriales. Co-administration, co-production, déconcentralisation, voire gouvernance territoriale si on intègre aussi les acteurs privés... Ici, l'approche dynamique du territoire soutient l'idée que le territoire recouvre différentes catégories d'acteurs (des individus, des groupes d'individus, des associations, des entreprises, des institutions publiques locales, etc.) qui ont une légitimité et une capacité à agir dans un espace donné. L'institution collective qui s'en dégage se caractérise alors par le polycentrisme ; elle repose sur un pouvoir politique territorial fait d'une étroite imbrication entre une multitude d'acteurs et de structures qui s'articulent théoriquement autour d'un processus politique permettant de dégager un consensus, ou simplement d'obtenir un consentement suffisant à l'accompagnement d'un projet au sein d'un territoire où de nombreux intérêts divergents sont en jeu[2]. C'est cette dimension qui nous intéressera concernant les politiques pénitentiaires.

Cette approche génère alors un ensemble de questions traditionnellement débattues dès lors que l'on aborde ces problématiques[3] :

L'analyse d'une part du rôle et de l'identité des jeux d'acteurs (l'Etat, les collectivités territoriales, les intercommunalités, la société civile, les entreprises, etc.) dans la construction des politiques territoriales. L'essentiel, dans cette perspective, étant l'analyse des interrelations multiples qui lient ceux qui décident, perçoivent, s'entre-aperçoivent, s'opposent, s'allient, imposent et finalement décident. D'où le débat sur les partenariats, la distribution des rôles, les complémentarités, les conflits/alliances entre les acteurs de la gestion publique/privée, etc. Et c'est toute la question de la gouvernance qui se trouve mise en jeu avec ses interprétations contradictoires possibles : vérita-

---

2. V. A. Moine, Le territoire comme un système complexe : un concept opératoire pour l'aménagement et la géographie, *L'espace géographique*, 2/2006, tome 35, p. 115 et s.

3. V.J.-C. Froment, Une approche « simplexe » de la réforme territoriale de l'Etat ou comment emprunter les chemins de l'interterritorialité pour inventer un « Etat multimodal », in *De la réforme territoriale à la réforme de l'Etat* (Sous la dir. de N.Kada), PUG, 2012, pp. 11-25.

bles partenariats, instrumentalisations, alliances, leaderships, recentralisations, etc.

Le débat d'autre part relatif à la recherche du territoire pertinent qui pourra être formulé tant dans des termes fonctionnels (« Quel est le meilleur espace de gestion d'un problème ») qu'en des termes institutionnels à partir de la problématique traditionnelle de la subsidiarité…

Ce ne sont que quelques questions relevant de ce vaste champ qui seront abordées au titre de cette analyse de la territorialisation des politiques pénitentiaires, laquelle se limitera à deux objectifs principaux : il s'agira d'abord d'identifier les dynamiques d'une saisie de l'administration pénitentiaire par le territoire avant d'en évaluer les enjeux et les conséquences tant sur le plan de l'action des services déconcentrés que sur les nécessaires recompositions de l'action de l'échelon central qu'elles supposent.

1. – L'administration pénitentiaire saisie par le territoire : l'expression d'une double dynamique

Deux dynamiques peuvent être identifiées à ce titre : une inscription progressive des politiques pénitentiaires au sein des politiques de sécurité (A) ; une stratégie renforcée d'externalisation des missions de l'administration pénitentiaire la conduisant à développer des partenariats interinstitutionnels au niveau territorial de plus en plus nombreux (B).

L'Administration pénitentiaire, nouvel acteur territorial des politiques de sécurité

C'est à partir du début des années 80 et du rapport de la Commission des maires sur la sécurité présidée par Gilbert Bonnemaison que s'engage un mouvement progressif de territorialisation des politiques de sécurité. La création des conseils communaux de prévention de la délinquance (CCPD) en 1983 symbolisera institutionnellement cette nouvelle logique d'une animation territoriale et partenariale des politiques de prévention de la délinquance dont le champ sera progressivement élargi ensuite. Dans ce cadre, force est de constater que l'administration pénitentiaire, même si elle est loin d'être oubliée du rapport Bonnemaison, n'est pas un acteur dont la présence va s'imposer spontanément et naturellement dans ces instances. Quand les diagnostics locaux de sécurité (DLS) réalisés à la fin des années 80/début des années 90 relèvent les limites du partenariat, l'une des raisons qui est évoquée est l'insuffisante représentation de la justice dans les CCPD, réduite pour l'essentiel à la mobilisation de la Protection judiciaire de la jeunesse. Et si alors la représentation du Parquet reste symbolique, celle de l'administration pénitentiaire est d'autant moins visible que ses représentants ne sont même pas conviés, ou de façon très marginale, dans ces nouvelles arènes de pilotage des politiques de sécurité. Les choses vont progressivement changer, l'administration pénitentiaire étant de plus en plus régulièrement sollicitée à partir des années 90 pour en devenir, via notamment le directeur des SPIP dans la très grande majorité des cas, un acteur naturel dans les années 2000.

Plusieurs facteurs expliquent une telle évolution :

- l'objectif clair d'une meilleure intégration de la Justice dans les dispositifs territoriaux de sécurité recherché dans le cadre de la mise en place des contrats locaux de sécurité en 1997 ;
- la création des SPIP en 1999 qui favorise une meilleure identification des interlocuteurs pénitentiaires par les acteurs locaux et donc facilite leur association ;
- la mise sur agenda progressive de la prévention de la récidive et de l'aide aux victimes comme constitutifs d'axes majeurs des politiques de sécurité ;
- la volonté de plus en plus fortement exprimée d'une meilleure circulation des informations entre l'ensemble des acteurs de ces politiques, de la police (nationale et/ou municipale) en passant par les élus, le préfet et le procureur jusqu'aux acteurs de l'exécution des peines. La loi du 5 mars 2007 sur la prévention de la délinquance allant encore dans le sens de ce renforcement ;
- enfin, une visibilité nationale renforcée donnée aux problématiques de l'exécution des peines depuis le début des années 2000 et régulièrement alimentée tant par une activité législative frénétique dans le domaine que par des faits divers dramatiques et fortement médiatisés.

Quelles qu'en soient les raisons, bonnes ou mauvaises, l'administration pénitentiaire est ainsi devenue un acteur naturel des politiques partenariales de sécurité et le DSPIP notamment, un participant régulier des instances qui les produisent. Dans ce contexte, les acteurs pénitentiaires jouent des rôles multiples tour à tour sollicités comme partenaires, experts, sources d'informations, etc.

L'externalisation des missions de l'administration pénitentiaire et la recherche des co-financements

Deux autres évolutions participant de cette territorialisation, à la fois différentes dans leurs objectifs initiaux et convergentes dans leurs résultats, doivent être mentionnées. D'une part, la politique de décloisonnement de l'administration pénitentiaire engagée dans les années 70 et sous l'égide de Robert Badinter au début des années 80, va permettre une ouverture de plus en plus importante de cette administration sur son environnement. Elle sera poursuivie institutionnellement dans les années 90 via l'externalisation de certaines de ses missions qu'elle assurait jusqu'alors, notamment en matière de santé et d'éducation. Cette dynamique qui comprendra bien d'autres étapes conduira nécessairement l'administration pénitentiaire à développer tant nationalement que territorialement de nouveaux et nombreux partenariats interinstitutionnels[4]. D'autre part, l'appel de l'administration pénitentiaire centrale à encourager la recherche par ses services de nouveaux financements de ses activités, notamment ceux des collectivités territoriales, mais aussi ceux d'autres services de l'Etat notamment au titre des crédits de la politique de la ville, conduira aussi dans les années 2000 au développement de ces partenariats. Les logiques de co-administration ainsi favorisées, reposant de plus en plus sur des mécanismes de co-financements, justifiant d'une intégration territoriale des politiques publiques quels que soient leurs domaines.

Comme l'indique le rapport de la Cour des comptes de 2010[5], cinq champs d'action sont particulièrement concernés par ces évolutions aujourd'hui :

- *Les activités socioculturelles et sportives ;*

Alors que le Code de procédure pénale confie aux SPIP le soin de développer une offre d'activités sportives, culturelles et socioculturelles, de plus en plus d'entre eux choisissent de confier leur maîtrise d'ouvrage à des partenaires extérieurs par le biais de conventions de partenariat ou de recourir à des vacataires pour coordonner leurs actions, afin de concentrer leurs personnels permanents sur leur « cœur de métier ».

- *La formation professionnelle des détenus ;*

Actuellement, l'administration pénitentiaire (les SPIP en liaison avec les chefs d'établissement, et depuis une circulaire du 19 mars 2008[6], les référents locaux de « formation professionnelle » des établissements en collaboration avec les SPIP) est chargée de définir le contenu de la formation des détenus. Mais dans les faits, la DISP laisse parfois le soin à la Direction régionale du travail, de l'emploi et de la formation professionnelle (DGEFP) de piloter l'ensemble de l'opération, à travers le lancement d'un marché d'appel d'offres. La loi pénitentiaire N°2009-2436 du 24 novembre 2009 a encore impulsé une nouvelle dynamique pour renforcer l'action des collectivités en prison. La loi a initié à ce titre, à titre expérimental, un transfert aux régions,

4. V. J. Morel-d'Arleux, L'externalisation et les partenariats publics du service public pénitentiaire en France : quel bilan ?, in J.-C. Froment et M. Kaluszynski (dir.), *L'administration pénitentiaire face aux principes de la nouvelle gestion publique*, PUG, 2011, p. 103 et s.

5. Cour des comptes, *Le service public pénitentiaire : Prévenir la récidive, gérer la vie carcérale*, Juillet 2010.

6. Circulaire de la DAP N°113/PMJ1 du 19 mars 200 relative aux missions et aux méthodes d'intervention des services pénitentiaires d'insertion et de probation.

sur leur demande, de l'organisation et du financement des actions de formation professionnelle en direction des détenus. L'expérimentation, qui trouve son fondement juridique dans l'article 9 de la loi pénitentiaire[7], est entrée en vigueur au 1er janvier 2011, pour une durée de trois ans. Quatre régions se sont portées volontaires pour intégrer le dispositif : l'Aquitaine, la Basse-Normandie, les Pays de la Loire et Provence-Alpes-Côte d'Azur.

- *L'insertion professionnelle* ;

Depuis 2006, l'administration pénitentiaire a engagé plusieurs conventions de partenariat avec les acteurs publics et privés de l'emploi afin de faciliter les passerelles « dedans / dehors » (partenariat avec des partenaires institutionnels – Agence nationale pour l'emploi – ANPE, missions locales – et des entreprises – MEDEF, SNCF, Voies navigables de France, etc.). L'expérimentation CIVIS Justice en a été une illustration emblématique. Mis en place suite au Comité Interministériel des Villes du 9 mars 2006, le dispositif du contrat d'insertion dans la vie sociale (CIVIS) a été expérimenté dans plusieurs départements (Bouches du Rhône, Essonne, Nord, Rhône, Seine Saint-Denis, Val d'Oise). Il a pour objectif de proposer un accompagnement particulier aux jeunes placés sous main de justice, âgés de 16 à 25 ans. Enfin, toujours dans cette logique consistant à développer l'insertion des personnes placées sous main de justice par l'activité économique, l'administration pénitentiaire a mis sur pied des ateliers de retour à l'autonomie professionnelle et à l'emploi, cofinancés par le programme européen EQUAL.

- *La prise en charge sociale des détenus ;*

Le problème de l'accès des détenus aux prestations d'assurance maladie et aux minima sociaux est récurrent. Ces difficultés étant parfois dues à l'interprétation qu'ont les partenaires de la DAP des aménagements de peine, l'administration pénitentiaire a engagé depuis 2009 de nombreuses coopérations avec les collectivités territoriales, et notamment les conseils généraux, pour lever les malentendus et définir des pratiques concertées. Cela se traduit régulièrement par de nouveaux partenariats entre ces services.

- *La gestion des sorties de prison ;*

Le rôle de l'administration pénitentiaire, et notamment des SPIP, dans l'accompagnement des personnes détenues après la sortie de prison n'est pas clairement établi. Seul l'article D.544 du CPP ouvre la possibilité à toute

---

7. « *L'Etat peut, à titre expérimental pour une durée maximale de trois ans à compter du 1er janvier suivant la publication de la présente loi, confier par convention aux régions ou à la collectivité territoriale de Corse, sur leur demande, l'organisation et le financement des actions de formation professionnelle continue des personnes détenues dans un établissement pénitentiaire situé sur leur territoire* ».

personne, pendant les 6 mois suivant sa date de libération, de bénéficier, à sa demande, de l'aide du SPIP du lieu de sa résidence. Cette aide se matérialise sous la forme de secours (numéraires ou non), qui transitent par les caisses des régies d'avances et de recettes des SPIP. L'attribution de ces secours s'explique, bien souvent, par la faiblesse des ressources dont disposent les détenus à leur sortie de prison. C'est pourquoi l'administration pénitentiaire s'efforce de développer de plus en plus des possibilités d'hébergement auprès de partenaires associatifs et les SPIP de multiplier au niveau local les conventions de partenariat avec des structures d'accueil afin de disposer de manière régulière, moyennant versement d'un prix de journée, d'un stock de chambres pour les sortants de prison sans solution d'hébergement.

La loi pénitentiaire du 24 novembre 2009 ne fait ainsi que traduire explicitement ces évolutions en disposant que « *Le service public pénitentiaire est assuré par l'administration pénitentiaire sous l'autorité du garde des sceaux, ministre de la justice, avec le concours des autres services de l'Etat, des collectivités territoriales, des associations et d'autres personnes publiques ou privées* ». Il convient dès lors d'en mesurer les conséquences potentielles tant au niveau local que national.

2. – La territorialisation des politiques pénitentiaires : enjeux locaux, réforme nationale

Au-delà des conséquences immédiates de la territorialisation sur les politiques engagées par l'administration pénitentiaire, on pourra s'interroger sur les nécessaires réformes du rôle de l'Etat en matière pénitentiaire auxquelles devraient conduire cette évolution.

Vers des politiques pénitentiaires locales ?

L'ensemble des évolutions ainsi décrites induisent de multiples conséquences sur les politiques pénitentiaires et contribuent progressivement à en changer la nature. Il ne s'agit pas ici de les analyser pour elles-mêmes, mais d'en répertorier certaines manifestations qui justifieraient autant d'études spécifiques plus approfondies pour en mesurer les enjeux et les impacts. On peut, sans prétendre à l'exhaustivité, identifier les transformations potentielles suivantes susceptibles de résulter de la territorialisation des politiques pénitentiaires :

- Des politiques pénitentiaires nécessairement plurielles en fonction des contextes et des ressources locales. Ce qui ouvre *de facto* des risques de fragmentation/différenciation des politiques pénitentiaires en fonction d'une pluralité de facteurs : selon les ressources territoriales (par exemple en matière de RSA), selon la capacité de négociation et d'expérimentation des acteurs pénitentiaires, selon les sensibilités locales aux problématiques de l'exécution des peines, selon les publics d'un même territoire car les collectivités financent des actions qui intéressent leurs propres citoyens-électeurs, etc. Si cette diversité des politiques pénitentiaires en fonction des territoires a toujours été une réalité, elle ne peut qu'être exacerbée désormais contribuant à la structuration d'une « offre publique pénitentiaire locale » variée ;

- Une meilleure intégration des services pénitentiaires dans le tissu institutionnel et associatif local. Les acteurs pénitentiaires prennent désormais de plus en plus place au sein de l'espace territorial de délibération des politiques publiques. Il s'ensuivra des débats traditionnels oscillant entre le moyen de la reconnaissance, le vecteur de légitimation ou le risque de banalisation qui en résultent pour le service public pénitentiaire ;

- Une lourdeur/complexité de plus en plus importante du travail pour les services pénitentiaires déconcentrés, surtout dans un contexte de pénurie de moyens.

- La nécessité d'un *continuum* plus affirmé entre les directeurs de services pénitentiaires (DSP) et les directeurs de SPIP pour incarner une représentation locale plus unitaire de l'administration pénitentiaire et de nouvelles démarches à impulser pour les cadres pénitentiaires locaux – c'est le problème de la création ou non de directeurs départementaux qui est ici posé. Il y a en effet un risque de « marginalisation territoriale » de plus en plus important des DSP aujourd'hui car ce sont les DSPIP qui sont de plus en plus au cœur des réseaux d'action territoriale. Le phénomène est peut-être encore plus vrai dans les cas de gestion déléguée dont on peut se demander s'ils n'ont pas encore un peu plus conduit à couper de plus en plus les DSP de ses rapports au territoire, l'opérateur privé s'interposant entre ces derniers… De façon générale, plus de dix ans après la création des SPIP en tant qu'entités distinctes des établissements pénitentiaires, l'articulation entre les directeurs de SPIP et les chefs d'établissements reste souvent délicate, l'administration pénitentiaire ayant tardé à redéfinir leurs champs de compétences respectifs et les différents aspects de cette articulation.

Si la question du *continuum* dans la représentation pénitentiaire se pose, elle se pose avec encore plus d'acuité dans la représentation de la Justice en général, laquelle est particulièrement éclatée entre différents services (parquet, siège, PJJ, administration pénitentiaire).

- Des rapports paradoxaux avec les autorités locales pouvant aller du partenariat (bi ou plurilatéral) avec les échanges d'informations/dépendances/négociations qui en résultent jusqu'au contrôle, par exemple via le conseil d'évaluation. Ce qui se traduit nécessairement par une complexification des relations de l'AP à son environnement, laquelle renouvelle les lectures jusqu'à présent produites sur la question et notamment celles issues du travail mené par Philippe Combessie. Ce dernier dans son ouvrage « *Prisons des villes et des campagnes* »[8] avait étudié l'interface entre les institutions pénitentiaires et leur « *écosystème social environnant* ». Cherchant à mettre en évidence « les rapports sociaux qui se trouvent marqués par la présence de la prison et peuvent en retour marquer le fonctionnement », il distingue trois phénomènes : d'abord, celui de la « prison tenue à distance ». Reléguée géographiquement dans des lieux de moindre visibilité et valeur sociales, occultée matériellement et symboliquement par les autorités locales et les riverains, la prison est ainsi traitée par l'extérieur afin d'atténuer la stigmatisation du lieu où elle se trouve. Ensuite, celui des *« flux et fluctuations économiques »* qui lient les prisons et leur environnement et plus particulièrement les prisons aux budgets locaux et au commerce local. Enfin, celui-ci montre qu'*« à chaque milieu sa prison »*, et le groupe qui lui correspond en position de force. Ces modèles devraient désormais être rediscutés en fonction d'un contexte de partenariat territorial élargi qui sans aucun doute est de nature à infléchir et enrichir l'identité des rapports des services pénitentiaires déconcentrés à leur environnement.

Quel rôle pour l'Etat et pour la direction de l'administration pénitentiaire dans ce nouveau contexte ?

Mais si de telles dynamiques modifient ou modifieront nécessairement de plus en plus à l'avenir les cadres de l'activité des services pénitentiaires déconcentrés et contribuent ou contribueront nécessairement de plus en plus à l'avenir à générer une « offre publique » pénitentiaire locale diversifiée, elles ne sont pas non plus sans incidence sur le centre. Elles impliquent aussi en effet une réévaluation de ce qui doit être le rôle du ministère de la Justice et plus spécifiquement de la direction de l'administration pénitentiaire (DAP) dans un tel contexte. La question est d'autant plus sensible dans un secteur où la tradition d'une organisation administrative centralisée et d'une approche *top down* des politiques est très forte.

On peut à ce titre formuler différentes hypothèses de recomposition du rôle du centre que cela est susceptible d'induire :

- Un rôle de « facilitateur » : cela peut passer par différentes voies. Le développement de conventions nationales (comme cela existe déjà avec l'ANPE, etc.) pour faciliter les opérations de négociation locale, fixer un cadre à l'intérieur duquel agir tout en donnant de l'autonomie aux acteurs locaux à l'intérieur ; l'élaboration d'orientations nationales claires, de lignes directrices via l'élaboration de circulaires d'orientation de politiques publiques (et non pas seulement d'interprétation des textes juridiques) ;

8. V. P. Combessie, *Prisons des villes, prisons des campagnes. Etude d'écologie sociale*, Ed. de l'atelier, Coll. Champs pénitentiaires, 1996.

- Un rôle de « garant » : c'est la fonction du centre de fixer des grands principes en matière de valeurs de nature à assurer l'harmonisation des politiques et le respect de l'égalité ; cela passe encore par le développement de ses fonctions d'évaluation des politiques publiques ;

- Un rôle de « centre de ressources » : de plus en plus le centre doit se donner les moyens d'apporter un appui à une expertise locale pour accompagner les acteurs territoriaux dans leur travail ; cela passe notamment par un développement de ses fonctions d'information et d'ingénierie mise au service des acteurs locaux ;

- Un rôle de « formateur » : il s'agit vraiment de s'interroger sur la façon d'intégrer aujourd'hui dans les formations des cadres pénitentiaires cette dimension : cela peut passer par des interventions renforcées d'élus locaux, des exercices de simulation de négociations, une meilleure connaissance des acteurs territoriaux (juridique, sociologique, institutionnelle, etc.) ainsi que des dynamiques de production locale des politiques publiques aujourd'hui[9], etc.

Dans tous les cas, il paraît nécessaire d'ouvrir une réflexion sur l'évolution du rôle de l'Etat central dans un tel contexte qui ne peut plus reposer sur une représentation du « Centre » comme devant rester l'ordonnateur unique des politiques pénitentiaires. Il ne s'agit donc plus de penser un Etat central dans les termes uniques de la décision, de la direction et du contrôle mais bien dans ceux de la régulation, de l'orientation, de l'accompagnement, de la facilitation ou encore de l'évaluation. Ces dernières fonctions doivent donc désormais être considérées comme centrales et non plus secondaires dans la conception même du fonctionnement de la DAP. Mieux encore, elles doivent être placées au cœur de sa stratégie. Si certaines évolutions vont effectivement en ce sens, on est encore loin d'un tel modèle et de la prise en compte des mutations fondamentales qui caractérisent le contexte territorial même de production des politiques pénitentiaires.

9. V. A. Faure, A.-C. Douillet, C. Halpern et J.-P. Leresche (dir.), *L'action publique locale dans tous ses états*, L'Harmattan, 2012.

LE POSITIONNEMENT DE L'ADMINISTRATION PÉNITENTIAIRE DANS D'AUTRES ÉTATS

10

Démocratisation et rattachement de l'administration pénitentiaire au ministère de la Justice : l'expérience des États ex-communistes

par Hélène Colineau

A la suite de l'effondrement de l'URSS en 1990-1991, les anciennes républiques de l'URSS et les démocraties populaires « satellites » de l'URSS durent opérer une transition politique importante. Les gouvernements ont notamment entrepris une réforme profonde des systèmes pénitentiaires nationaux, ce qui leur a permis d'afficher leur volonté de démocratisation et de construction de l'État de droit[1], auprès des citoyens comme auprès de la communauté internationale. Mais l'inscription de la réforme pénitentiaire à l'agenda politique fut aussi une conséquence de l'intérêt manifesté par les organisations régionales, et principalement le Conseil de l'Europe, pour ce sujet.

Sous le régime soviétique, la prison était conçue comme un instrument de répression[2], mêlant opposants politiques et détenus de droit commun ; et la détention utilisée comme un élément à part entière du processus d'investigation des crimes. Sous Staline, l'emprisonnement se faisait sous forme d'exil, notamment dans des camps de travail forcé[3]. Des changements importants furent cependant introduits après la mort de Staline (moins de camps, de meilleures conditions de travail)[4]. Les prisons étaient rattachées

---

1. V. Coyle, A., *Managing prisons in a time of change*, Londres: International Centre for Prison Studies, 2002, p. 42.

2. V. Blitz, B. K., « Post-Socialist transformation, penal reform and justice sector transition in Albania », *Journal of South East European and Black Sea Studies*, 2008, p. 1.

3. V. Coyle, A., *op.cit.*, p. 60 ; O'Brien, P., « The Prison on the Continent : Europe, 1865-1965 », in Morris, N. et Rothman, D.J. (dir.), *The Oxford History of the Prison*, Oxford : Oxford University Press, 1998, p. 194.

4. Pendant une brève période après la mort de Staline, d'octobre 1956 à avril 1957, le ministère de la Justice a eu la responsabilité de l'exécution des peines en Russie.

au ministère des Affaires intérieures (MVD), « l'une des institutions d'État soviétiques les plus puissantes et les mieux dotées en ressources matérielles et humaines[5] ». Le personnel de direction de chaque établissement, issu de la « militia » du MVD[6], pouvait infliger des sanctions de manière arbitraire[7]. L'organisation de l'emprisonnement dans les démocraties populaires, alliées de l'URSS, suivait le même schéma qu'en URSS[8]. L'emprisonnement était la peine la plus prononcée, l'idée étant de « resocialiser » politiquement le détenu grâce à une peine longue, une formation ou une éducation, et des techniques disciplinaires[9].

Schématiquement[10], l'effondrement du bloc soviétique débute avec l'ouverture progressive des démocraties populaires, qui organisent des élections libres à partir de 1990, amenant au pouvoir des gouvernements non-communistes. L'URSS s'effondre à l'été 1991, les Républiques déclarent leur indépendance, et l'Union soviétique est dissoute en décembre 1991. Le contexte de changement est ici assez radical, il s'agit d'une transition politique d'un régime autoritaire aux mains du parti unique, communiste, à la démocratie libérale. Des acteurs extérieurs interviennent également, parmi lesquels le Conseil de l'Europe, qui imprime une direction à ce changement en utilisant notamment la conditionnalité d'adhésion[11]. Comme le soulignent Dirk Van Zyl Smit et Sonja Snacken, « l'idéal des droits de l'homme européen a comblé une sorte de vide dans la politique

---

5. V. Oleynik, A., « La réforme administrative, élément clé de la réforme pénitentiaire dans les Républiques post-soviétiques », *RFAP*, 2001, p. 517

6. V. Coyle, A., *op.cit.*, p. 17.

7. Cependant, le traitement inhumain des détenus « s'expliquait moins par l'arbitraire de l'administration pénitentiaire que par les particularités du système de pouvoir et des lois en vigueur. La pratique du recours à la violence physique en tant que moyen de discipline était plus réglementée et institutionnalisée qu'on ne le pense habituellement. Les surveillants ont torturé les détenus, mais seulement lorsque ceux-ci avaient commis une infraction grave à la loi ou au règlement intérieur ». V. Oleynik, A., *op.cit.*, p. 518.

8. V. pour la Pologne, Coyle, A., *op.cit.*, p.60 ; pour la Tchécoslovaquie, Soulas de Russel, D., « La concrétisation de l'après-communisme dans les prisons tchèques », *RPDP*, 1998, pp.320-321 ; pour la RDA, Jobard, F., « L'ajustement et le hiatus. La prison allemande au cours de l'unification », in Artières, P. et Lascoumes, P. (dir.), *Gouverner, enfermer. La prison, un modèle indépassable ?*, Paris : Presses de Sciences Po, 2004, pp. 83-110.

9. La Hongrie constitue une exception, car elle avait recours à la libération conditionnelle. V. O'Brien, P., *op.cit.*, p. 199. La RDA constitue aussi une forme d'exception : dans les années 1970, l'incarcération a été « la technique répressive la moins utilisée », alors que le régime recherchait l'intégration internationale. Jobard, F., *op.cit.*, p. 91.

10. Nous ne pourrons malheureusement développer les spécificités propres à chaque Etat.

11. L'Organisation des Nations Unies soutient également le transfert de l'administration pénitentiaire au ministère de la Justice et la démilitarisation de l'administration pénitentiaire.

pénitentiaire, après l'effondrement de l'Union soviétique[12] », dont les valeurs pénales ont été discréditées.

Il ne s'agira pas ici d'élaborer un modèle de transition à la lumière de l'expérience des États ex-soviétiques, chacun ayant emprunté une trajectoire propre[13], mais d'aborder globalement la question du rattachement de l'administration pénitentiaire (AP) à la lumière d'un tel changement politique – avec ses enjeux et ses difficultés. Il est important de prendre en compte l'influence qu'a pu jouer le Conseil de l'Europe.

1. – L'évolution de l'organisation pénitentiaire dans le cadre de la transition politique

Parallèlement à la réforme du système pénal, les administrations pénitentiaires des ex-démocraties populaires et des Républiques soviétiques ont subi divers changements, afin de répondre à l'exigence de démocratie et d'Etat de droit que ces États souhaitaient embrasser. Il s'agissait de démilitariser le système pénitentiaire, pour en faire un système civil, dans la lignée, notamment, de ce que réclamait le Conseil de l'Europe. Le programme de réforme était donc vaste, progressif et complexe, étant donné l'héritage du système communiste[14].

Sans entrer dans les détails, on peut tout de même citer quelques exemples de changements qui ont affecté la condition carcérale :
- les gouvernements ont procédé à de vastes amnisties[15], afin de libérer les détenus politiques[16], selon une « catégorisation large [...] couvrant un large champ de bénéficiaires »[17].
- des mesures d'ouverture ont été prises[18], les détenus étant, par exemple, de nouveau autorisés à pratiquer une religion ; les possibilités de visite étendues ; la communication moins restreinte pour les prévenus ;

12. V.Van Zyl Smit, D. et Snacken, S., *Principles of European Prison Law and Policy, Penology and Human Rights*, Oxford : Oxford University Press, 2009, p. 382.

13. V. Bafoil, F., *Europe centrale et orientale : mondialisation, européanisation et changement social*, Paris : Presses de Sciences Po, 2006.

14. Walmsley, R., « Developments in the Prison Systems of Central and Eastern Europe », *HEUNI Paper*, n°4, 1995.

15. Conseil de l'Europe, *Le surpeuplement des prisons et l'inflation carcérale*, juin 2000, p. 24.

16. En Union soviétique, la majorité des prisonniers politiques avait été libérée dès 1987-1988, un moyen pour M. Gorbatchev de « montrer au reste du monde qu'il représentait quelque chose de nouveau et de différent », Neier, A., « Confining Dissent », in Morris, N. et Rothman, D.J. (dir.), *op.cit.*, p. 376.

17. V. Lascoumes, P., « Ruptures politiques et politiques pénitentiaires, analyse comparative des dynamiques de changement institutionnel », *Déviance et Société*, 2006, p. 410.

- des possibilités de recours sont progressivement offertes aux détenus, un système de contrôle extérieur des prisons est mis en place.

Au niveau des établissements, il a fallu organiser la professionnalisation du personnel pénitentiaire. Au niveau de l'administration centrale, le rattachement de l'administration pénitentiaire au ministère de la Justice a été décidé dans les États qui n'avaient pas encore opéré ce changement.

La démilitarisation et la professionnalisation du personnel

Nombre d'États d'Europe centrale et orientale avaient confié la surveillance des détenus à l'armée (y compris à de jeunes conscrits) ou à la police (y compris la police militaire). Or, comme le souligne l'ICPS, « l'armée a pour fonction de protéger la société contre des ennemis extérieurs – ce que les prisonniers ne sont pas »[19]. Un système pénitentiaire civil doit pouvoir fonctionner grâce à un personnel professionnel, civil, formé et bénéficiant d'un statut favorable. Les règles pénitentiaires européennes (RPE) font référence dès 1973, à un personnel pénitentiaire professionnel[20].

La question du statut du personnel a suscité une grande inquiétude dans les États concernés. Les militaires jouissaient, en effet, d'un statut favorable[21]. Ainsi, en Ukraine, les recommandations du Conseil de l'Europe ont rencontré beaucoup de résistances, notamment par crainte que les conditions d'emploi du personnel souffrent du transfert de l'administration pénitentiaire au ministère de la Justice. Le personnel militaire dépendant du ministère de l'Intérieur bénéficiait alors de nombreux avantages en nature, permettant de compléter un salaire peu élevé : déplacements gratuits, prise en charge médicale, de leur logement et de leurs vacances. L'Ukraine a donc adopté un arrangement institutionnel différent des autres États, en créant une agence autonome appelée « département d'Etat pour l'exécution des peines », en décembre 1998. Il s'agissait d'un moyen de retarder un véritable transfert au ministère de la Justice, intervenu depuis[22].

En Russie, la démilitarisation prévue par un décret présidentiel de 1999 n'était pas totalement réalisée en 2005, car les dirigeants du pays estimaient que des personnels civils dépendant du ministère de la Justice ne

---

18. L'ouverture se manifeste également dans l'attitude de l'administration pénitentiaire à l'égard de l'extérieur, V. Walmsley, R., *op.cit.*, 1995, p. 11.

19. ICPS, *op.cit.*, 2008, part. 10.

20. V. Comité des Ministres du Conseil de l'Europe, *Recommandation aux États membres sur les Règles pénitentiaires européennes*, Rec(2006)2, 11 janvier 2006, part.76, 78, 79.

21. V. Coyle, A., *op.cit.*

22. V. Coyle, A., *op.cit.*, p. 24.

disposeraient pas des mêmes avantages que le personnel militaire, notamment un âge de départ à la retraite très précoce. Aussi, le statut militaire du personnel pénitentiaire avait été maintenu[23].

La démilitarisation du personnel a compris plusieurs phases. S'est tout d'abord posée la question de la transition. Les personnels en place au moment du changement de régime ont, en effet, dû accepter les « nouvelles règles du jeu », une prison qui évolue et dont la fonction change – impliquant un nouveau fonctionnement. Ainsi, la Pologne a adopté une position de réforme assez radicale : « Entre 1990 et 1991, 6 000 membres du personnel ont quitté le service pour partir à la retraite, sur les 21 000 au total, parce que, soit ils avaient atteint l'âge approprié, soit ils ne pouvaient se faire aux changements en cours. A la fin de 1992 seul 55% de l'ancien personnel restait en poste[24] ». Les personnes qui refusaient ce changement n'avaient d'autre choix que de quitter le service pénitentiaire. Mais il convient de noter aussi l'attrait qu'a pu représenter le secteur privé, en pleine croissance et proposant des salaires élevés, pour certains de ces personnels. Le recrutement d'un nouveau personnel qualifié s'est également avéré difficile.

La Roumanie, a pour sa part, adopté une loi portant « Statut des fonctionnaires publics du système de l'administration pénitentiaire » en 2002, en se basant sur les expériences étrangères – bénéficiant notamment de l'assistance d'experts espagnols – mais aussi sur les suggestions envoyées par le personnel des établissements pénitentiaires[25]. Cette pratique illustre l'importance de la concertation en période de transition, pour que tous les acteurs partagent une même compréhension des changements en cours.

La professionnalisation passe ensuite par la formation, une formation qui, non seulement doit inclure des modules concernant les droits de l'homme et plus spécifiquement les droits des prisonniers, mais doit aussi se départir de ses aspects les plus militaires. Les ex-Républiques soviétiques ont rencontré une difficulté supplémentaire, en ce qu'elles ont dû construire un projet de formation de toute pièce, car il n'existait sous l'URSS qu'une seule école, à Moscou. Ces États ont bénéficié de l'assistance des États d'Europe de l'Ouest et du centre comme, par exemple, la Pologne[26]. Le programme de formation nécessite une réflexion particulièrement approfondie ; il doit notamment enseigner et donc définir clairement la fonction de la peine carcérale, et la fonction du personnel pénitentiaire (qui n'est pas d'aider la

---

23. V. Favarel-Garrigues, G., « Priorités et limites de la réforme pénitentiaire en Russie », in Artières, P. et Lascoumes, P. (dir.), *op.cit.*, p. 114.

24. V. Coyle, A., *op.cit.*, p. 20.

25. Conseil de l'Europe, Comité européen des problèmes criminels (CDPC), *13e Conférence des directeurs de l'administration pénitentiaire*, Strasbourg, 6-8 novembre 2002, p. 189.

26. V. Walmsley, R., *op.cit.*, 1995, p. 12.

police, ni de seconder l'armée en cas d'urgence, comme cela a pu être le cas par le passé, en Russie notamment)[27].

Plus concrètement, la démilitarisation du personnel s'est aussi traduite par des changements d'uniforme, d'équipement et de rôle. Andrew Coyle souligne, à cet égard, que « le résultat attendu de la démilitarisation est un service pénitentiaire civil, dans lequel la discipline reste importante et dans lequel le personnel peut toujours porter l'uniforme »[28]. Rendre les prisons civiles ne signifie, en effet, ni la fin de la discipline, ni l'absence de statut pour les personnels. Plus largement, beaucoup repose sur la bonne volonté des acteurs qui, au quotidien, dirigent les établissements et/ou y travaillent, et disposent d'une marge d'autonomie[29]. Si ceux-ci souhaitent mettre en œuvre la réforme, alors la prison est susceptible de changer.

Avant même d'organiser cette démilitarisation dans les établissements, il a été fait le choix de procéder au rattachement de l'administration pénitentiaire au ministère de la Justice, sur la recommandation du Conseil de l'Europe.

Le rattachement de l'administration pénitentiaire au ministère de la Justice

Dans la plupart des États communistes, l'administration pénitentiaire était rattachée au ministère de l'Intérieur, selon une logique d'ordre public[30]. La grande majorité de ces États a considéré qu'il était nécessaire de transférer l'administration pénitentiaire du ministère de l'Intérieur au ministère de la Justice, comme l'a exigé le Conseil de l'Europe des États candidats, afin que les prisons soient sous la responsabilité d'autorités publiques séparées de la police et de l'armée[31]. Cette réforme a été l'une des premières mesures concernant l'administration pénitentiaire.

L'idée sous-jacente est de ne pas confier l'administration de l'exécution des peines au ministère chargé des investigations criminelles et de l'ordre public, le ministère de l'Intérieur. « La police est responsable de

27. V. Coyle, A., *op.cit.*, p. 53.

28. V. Coyle, A., *op.cit.*, p. 52.

29. V. Favarel-Garrigues, G., *op.cit.*, p. 131.

30. Comme le disent Merle et Vitu à propos de la France : « Alors que, sous l'ancien régime, les prisons dépendaient de l'autorité judiciaire, elles furent rattachées au ministère de l'Intérieur pendant tout le XIXe siècle, conformément à la conception qui voyait dans l'exécution de la peine un problème de pure administration, ne soulevant que des questions de sécurité et d'ordre public ». V. Merle, R. et Vitu, A., *Traité de droit criminel*, tome 1, Paris : Cujas., 1997, p. 683.

31. V. not. Assemblée parlementaire du Conseil de l'Europe, *Rapport sur les conditions de détention dans les États membres du Conseil de l'Europe*, Doc. 7215, 5 janvier 1995, par.4.4.

l'investigation des crimes et de l'arrestation des criminels. [...] Si les prisons sont contrôlées par la police ou placées au sein du même ministère, il y a un risque que les autorités d'investigation utilisent la détention provisoire comme un outil dans l'enquête, ou comme un moyen de forcer les prisonniers à confesser les charges retenues contre eux[32] ». Le Comité des ministres du Conseil de l'Europe a d'ailleurs recommandé depuis, dans le Code européen d'éthique de la police, qu'« une nette distinction [doive être] établie entre le rôle de la police et celui du système judiciaire, du parquet et du système pénitentiaire ; la police ne doit avoir aucun pouvoir de contrôle sur ces organes »[33].

De plus, ces États ont considéré que les droits des prisonniers seraient mieux protégés par le ministère de la Justice[34] – la peine poursuivant à présent un objectif de réinsertion. Cette réforme permettait donc de rompre avec une pratique passée, d'instaurer un nouveau fonctionnement administratif correspondant à la nouvelle fonction de la prison.

Certains États d'Europe centrale avaient opéré ce transfert dès les années 1960 : la Pologne en 1956, la Hongrie en 1963, la Tchécoslovaquie en 1968-1969, ainsi que les anciennes Républiques yougoslaves. Les autres États ont amorcé le rattachement de l'administration pénitentiaire au ministère de la Justice dans les années 1990 et 2000. Seuls trois pays ex-communistes n'ont pas transféré leur administration pénitentiaire[35] : la Biélorussie, le Turkménistan et l'Ouzbékistan. Dans ces trois États, dont le régime n'est pas démocratique[36], le ministère de l'Intérieur a la responsabilité de l'administration pénitentiaire.

Dans les autres États, le rattachement fut mis en œuvre de manière progressive, concernant d'abord les condamnés, puis les personnes en

---

32. ICPS, *International Experience in Reform of Penal Management Systems*, 2008, par.14-15.

33. Comité des ministres du Conseil de l'Europe, *Recommandation aux États membres sur le Code européen d'éthique de la police*, Rec(2001)10, 19 septembre 2001.

34. V. Walmsley, R., « Further Developments in the Prison Systems of Central and Eastern Europe: Achievements, problems and objectives », *HEUNI Publication Series*, n°41, 2003, p. 6.

35. Il semblerait que le gouvernement du Kazakhstan, qui après des années de discussions avait décidé de transférer l'AP (condamnés) en 2002 puis la détention provisoire fin 2003 au ministère de la Justice, ait choisi de revenir à la situation antérieure. Le décret présidentiel du 26 juillet 2011 prévoit un transfert de l'AP au ministère de l'Intérieur, en raison d'une insécurité croissante dans les lieux de détention. OSCE, Conseil permanent, *Statement by the Polish Presidency of the Council of the European Union on the rule of law and human rights issues in Kazakhstan*, PC.DEL/824/11, 1er septembre 2011.

36. La Biélorussie est une dictature, qui subit des sanctions internationales. V. Conseil des droits de l'homme des Nations Unies, *Situation des droits de l'homme au Belarus*, Résolution 17/24, 17 juin 2011. En Asie centrale, le Turkménistan et l'Ouzbékistan sont des républiques autoritaires.

détention provisoire. Les gouvernements ont fait état de difficultés financières et matérielles ralentissant ce transfert, principalement des problèmes de place ou de vétusté des locaux. Ainsi, en Albanie, si le rattachement de l'administration pénitentiaire au ministère de la Justice devait être effectif en 1994, 40% des prisonniers étaient encore, en 2001, détenus dans des bâtiments du ministère de l'Ordre public (dont 10% de condamnés). Le transfert de l'administration pénitentiaire, y compris la responsabilité de la détention provisoire, ne s'est finalement achevé qu'en 2007[37].

Le ministère de la Justice ne dispose pas nécessairement d'autant de moyens que le ministère de l'Intérieur. Cela peut conduire à un problème de contrôle administratif, remarque Anton Oleynik à propos de la Russie : alors que sous la responsabilité du MVD, s'opérait un « contrôle par le haut » des personnels pénitentiaires par un ministère bien doté, la transition n'a pas amélioré la situation, le ministère de la Justice n'ayant pas les moyens d'assurer ce même contrôle dans les 87 directions régionales de l'administration pénitentiaire. Le délitement du contrôle par le haut a laissé une plus grande autonomie aux surveillants[38]. L'ICPS remarque cependant qu'en Russie, le transfert de ministère, réalisé en 1998, a favorisé une plus grande attention des acteurs politiques au système pénitentiaire, permettant de lancer un programme de réforme (prévoyant notamment de conférer une plus grande autonomie aux administrations pénitentiaires régionales), et de renforcer les droits des détenus. Une direction responsable du respect du droit et des droits de l'homme a ainsi été créée au sein du ministère de la Justice en 2002[39]. Ces changements ont été facilités par la baisse progressive de la population carcérale[40].

Le transfert de ministère ne peut être considéré comme suffisant pour réformer l'organisation du système pénitentiaire, il ne s'agit que d'une « première étape[41] », particulièrement dans le contexte post-communiste, où l'enjeu est de détacher l'administration pénitentiaire de ses anciennes influences et fonctions. Cependant, l'insistance du Conseil de l'Europe sur cette étape a pu empêcher de prendre en compte l'enjeu de la réforme pénitentiaire dans sa globalité.

---

37. V. Blitz, B.K., *op.cit.*
38. V. Oleynik, A., *op.cit.*, p. 519.
39. ICPS, *op.cit.*, 2008, par.37.
40. Le nombre de détenus avait cru fortement à partir du milieu des années 1990 (dépassant le million de prisonniers en 1998), notamment en raison d'un recours massif à la détention provisoire. Depuis, le Code de procédure pénal a été réformé en 2002, avec l'introduction d'alternatives à l'incarcération notamment, conduisant à une réduction de la population carcérale.
41. ICPS, « Mettre les prisons sous un contrôle civil: la démilitarisation », *Note d'orientation n°7*, 2004, p. 1.

2. – L'influence majeure du Conseil de l'Europe dans les modalités de la réforme

La réforme des États nouvellement démocratiques a été largement soutenue, voire « prise en charge » par les organisations régionales et internationales. Le Conseil de l'Europe, promoteur de la démocratie et des droits de l'homme[42], s'est montré particulièrement présent. La plupart des pays d'Europe centrale et orientale (PECO) ont très tôt exprimé leur souhait de rejoindre le Conseil de l'Europe, « soucieux d'ancrer internationalement une démocratie pluraliste naissante, mais aussi d'obtenir un brevet d'honorabilité et de légitimité démocratiques »[43]. Aussi, celui-ci a pu jouir d'une influence certaine sur les choix de réforme opérés par ces États, que ce soit par l'assistance technique ou par la conditionnalité. Ces États ont en effet dû montrer leur volonté d'accéder au Conseil de l'Europe, en mettant en œuvre certaines réformes.

Alors que le Conseil de l'Europe se trouvait relégué au second plan par la montée en puissance de l'Union européenne, il a trouvé dans cette intervention auprès des PECO une « deuxième naissance »[44]. Ainsi, avec l'entrée des PECO, la procédure d'admission au Conseil de l'Europe s'est vue « encore plus ouvertement que par le passé assigner une fonction d'arrimage démocratique »[45]. L'européanisation, le processus par lequel des règles et procédures définies au sein d'une organisation européenne sont incorporées dans la politique d'un Etat, processus souvent associé à l'Union européenne[46], a commencé par les relations avec le Conseil de l'Europe[47].

L'influence du Conseil de l'Europe s'exprime principalement[48] par la conditionnalité d'adhésion et par la capacité de contrôle que détient le Comité européen de prévention contre la torture (CPT).

---

42. Selon l'article 1er§a du Traité de Londres (signé le 5 mai 1949), son but est de « réaliser une union plus étroite entre ses membres afin de sauvegarder et de promouvoir les idéaux et les principes qui sont leur patrimoine commun et de favoriser leur progrès économique et sociale ».

43. V. Flauss, J.-F., « Les conditions d'admission des pays d'Europe centrale et orientale au sein du Conseil de l'Europe », *EJIL*, 1994, p. 401.

44. V. Bergé, J.-S., et Robin-Olivier, S., *Droit européen*, Paris : PUF, 2011, p. 60.

45. V. Flauss, *op.cit.*, p. 421.

46. V. Bafoil, F., *op.cit.*

47. L'Union européenne a secondé l'effort du Conseil de l'Europe, au plan financier essentiellement. Par ailleurs, l'Organisation pour la sécurité et la coopération en Europe (OSCE) soutient la réforme pénitentiaire dans les Républiques ex-soviétiques d'Asie centrale.

48. Nous ne développerons pas l'aspect juridictionnel, c'est-à-dire le rôle de la Cour européenne des droits de l'homme, ni celui de l'assistance technique et financière fournie par le Conseil de l'Europe pour que les États puissent réformer le système pénitentiaire et coopérer entre eux sur ces questions.

L'adhésion conditionnelle au Conseil de l'Europe

Comme le prévoient ses statuts, le Conseil de l'Europe peut accueillir de nouveaux États s'ils reconnaissent « le principe de la prééminence du droit et le principe en vertu duquel toute personne placée sous [leur] juridiction doit jouir des droits de l'homme et des libertés fondamentales[49] ». Aussi, les États qui souhaitaient accéder au Conseil de l'Europe ont dû faire leurs preuves – et s'engager à ratifier la Convention européenne de sauvegarde des droits de l'homme et des libertés fondamentales (CEDH) et ses protocoles[50] – dont le protocole 6 concernant l'abolition de la peine de mort – , et la Convention européenne pour la prévention de la torture et des peines ou traitements inhumains ou dégradants (et son comité, le CPT). Les exigences opposées aux PECO ont été particulièrement importantes, et le déroulement de la procédure d'examen a présenté « un aspect plus inquisitorial[51] » que par le passé.

Pour leur candidature, ces États se sont pliés à un audit visant à mesurer leur degré de respect des droits de l'homme, comprenant notamment une étude du système pénitentiaire, au regard des standards européens[52]. Les États se sont alors engagés à mener certaines réformes. Ainsi, le rapport sur la Russie, en 1994, soulignait que certains aspects du système pénitentiaire allaient à l'encontre de l'art.3 CEDH (selon lequel « nul ne peut être soumis à la torture ni à des peines ou traitements inhumains ou dégradants »). La Russie a notamment pris l'engagement de transférer la responsabilité de l'administration pénitentiaire au ministère de la Justice. La Russie a accédé au Conseil de l'Europe en 1996, et débuté ce transfert en 1998. Cet exemple illustre le fonctionnement de la conditionnalité, selon laquelle des conditions imposées à un Etat par une organisation régionale ou internationale. C'est un instrument d'influence qui s'avère efficace quand l'Etat concerné obtient, en contrepartie de ses efforts, de devenir membre d'une organisation[53].

Cependant, si le Conseil de l'Europe a pu, par ce biais, influencer les réformes des États candidats dans un certain sens (notamment en réclamant le transfert de l'administration pénitentiaire), elle n'a pas pour autant bloqué

49. Statut du Conseil de l'Europe, art. 3. Il faut aussi que ces États soient européens (art.4), une condition interprétée au sens large du terme, puisque le Conseil de l'Europe a accepté la candidature des républiques caucasiennes (Arménie, Azerbaïdjan, Géorgie) (v. Assemblée parlementaire du Conseil de l'Europe, *Recommandation relative à l'élargissement du Conseil de l'Europe*, 1247 (1994), 4 octobre 1994).

50. V. Flauss, J.-C., op.cit., pp.408 et s.

51. V. Flauss, J.-C, *op.cit.*, p. 421.

52. V. Van Zyl Smit, D. et Snacken, S., *op.cit.*, p. 25.

53. Ceci a été particulièrement constaté concernant l'accession à l'Union européenne, v. Vachudova, M. A., « The Leverage of International Institutions on Democratizing States : Eastern Europe and the European Union », *EUI Working Papers*, 2001.

leur admission si ce transfert n'était pas totalement effectif[54] – d'où le risque que certains engagements ne soient pas mis en œuvre, une fois l'adhésion obtenue. La volonté exprimée par les candidats, sous forme d'un engagement qui pourrait par suite se révéler purement formel, semble à certains égards plus importante pour le Conseil, dans un premier temps, que la mise en œuvre des changements. Certains États n'ont pas hésité à se référer amplement à leurs engagements, dans le but de négocier les délais de mise en œuvre[55]. Mais le Conseil de l'Europe a mis en place un suivi post-admission permettant de s'assurer que l'Etat nouvellement membre respecte ses engagements[56]. Il s'agit, en quelque sorte, de maintenir une conditionnalité douce.

L'adhésion progressive des PECO au Conseil de l'Europe est sûrement à l'origine de l'apparition de la règle 71 dans la dernière version des RPE[57], selon laquelle « Les prisons doivent être placées sous la responsabilité des autorités publiques et être séparées des services de l'armée, de police et d'enquête pénale » - ce qui montre à quel point cette réforme concernant le transfert de responsabilité est considérée comme centrale. Soulignons d'ailleurs que l'Espagne reste le seul pays du Conseil de l'Europe dans lequel l'administration pénitentiaire n'est pas placée sous la responsabilité du ministère de la Justice[58].

L'exemple du rattachement de l'AP au ministère de la Justice illustre malgré tout la volonté du Conseil de l'Europe d'appliquer une « réforme-

---

54. Le rapporteur Muehlemann conclut ainsi, à propos des progrès de la Russie : « Russia does not yet meet all Council of Europe standards. But integration is better than isolation; cooperation is better than confrontation », APCE, *Russia's request for membership of the Council of Europe*, Document 7443, 2 janvier 1996. V. Jordan, P.A., « Russia's Accession to the Council of Europe and Compliance with European Human Rights Norms », *Demokratizatsiya*, vol.11, n°2, 2003.

55. V. Favarel-Garrigues, G., *op.cit.*, pour l'exemple russe.

56. V. Ailincai, M., *Le suivi du respect des droits de l'homme au sein du Conseil de l'Europe. Contribution à la théorie du contrôle international*, Thèse pour l'obtention du doctorat en Droit public, Université Pierre Mendes-France, 2009 ; Flauss, J.-F., op.cit., pp.418 et s.

57. Rec(2006)2, *op.cit.*

58. « Contrairement à ce qui ce passe dans la majorité des pays membres du Conseil de l'Europe et aux recommandations de cette organisation, le système pénitentiaire ne dépend pas, en Espagne, du ministère de la Justice mais bien du ministère de l'Intérieur. Comme me l'ont expliqué les autorités espagnoles, les institutions pénitentiaires sont restées rattachées à ce dernier ministère, lorsque le précédent ministère de la Justice et de l'Intérieur s'est scindé en deux en 1996. Quoi qu'il en soit, comme me l'a indiqué un représentant du gouvernement, le fait que les centres pénitentiaires dépendent du ministère de l'Intérieur répond uniquement à un critère d'organisation administrative. Il n'empêche qu'en Europe, il est de tradition que les centres pénitentiaires dépendent du ministère de la Justice et je ne peux cacher que cette dernière affectation m'a toujours semblé la plus appropriée. ». V. Rapport de M. A. Gil-Robles, Commissaire aux Droits de l'homme, sur sa visite en Espagne, du 10 au 19 mars 2005. La région Catalogne gère son propre système pénitentiaire.

type » aux États candidats, de leur fournir un « prêt-à-penser » pour la réforme pénitentiaire. L'insistance du Conseil sur cet enjeu comporte le risque de ne pas baser les projets de réformes sur la situation réelle de chaque Etat ; de plus, elle ne permet pas nécessairement aux gouvernements d'inventer leur propre réforme.

Ce rattachement, s'il entraîne certaines conséquences positives, ne peut être considéré comme une fin en soi ni comme une solution aux difficultés qu'ont rencontré les systèmes pénitentiaires au moment de la transition politique. D'autant que, ce transfert étant réalisé très rapidement, il ne s'accompagne pas forcément de toutes les garanties pour une condition pénitentiaire correcte. Ainsi, la question du droit pénal doit être posée préalablement. C'est tout l'enjeu que soulève le Comité européen de prévention contre la torture, lorsqu'il s'intéresse à l'usage massif et incontrôlé de la détention provisoire dans certains États d'Europe centrale et orientale.

Le contrôle exercé par le CPT

Le CPT institué par la Convention vise à contrôler, à titre préventif, le respect des droits de l'homme dans les lieux de privation de liberté des États membres du Conseil de l'Europe, en allant visiter ceux-ci. Il a opéré un véritable suivi des engagements pris par les États nouvellement membres du Conseil de l'Europe, quand le non-respect de ces engagements compromettait les droits des détenus. Ainsi, les gouvernements de Moldavie, d'Albanie et de Roumanie ont été fermement encouragés à mettre en application leurs projets de placer la détention provisoire sous l'autorité du ministère de la Justice – et ce, parfois, à plusieurs reprises[59].

La détention provisoire est un sujet qui a particulièrement inquiété le CPT concernant les États anciennement communistes, pour plusieurs raisons.

Le CPT a constaté, d'une part, l'ampleur de la détention provisoire dans ces États, et son lien avec les taux élevés d'incarcération et la surpopulation carcérale. L'ampleur de la détention provisoire s'explique à la fois par le recours élevé à celle-ci, héritage de l'ère communiste, et par la lenteur des systèmes policier et judiciaire[60]. La détention provisoire représente une des causes de la population carcérale élevée en Europe centrale et orientale, et de la surpopulation carcérale dont souffrent les prisons de ces États depuis le

59. CPT, Rapports consécutifs à une visite mentionnant la question du transfert de la responsabilité de la détention provisoire : Moldavie (1998, 2001, 2007) ; Roumanie (1999) ; Albanie (2000, 2001).

60. V. Walmsley, R., *op.cit.*, 1995.

milieu des années 1990[61]. La surpopulation touche particulièrement les établissements des capitales accueillant des personnes en détention provisoire[62]. Les États d'Europe centrale et orientale considèrent la surpopulation carcérale comme leur plus grosse difficulté, et tentent de réduire les effectifs des prisons[63]. Quelques réformes ont été mises en place, par exemple en Bulgarie, à la suite d'un jugement de la Cour européenne des droits de l'homme[64]. Le Conseil de l'Europe s'est engagé dans la lutte contre la surpopulation carcérale. A cet égard, le Comité des ministres recommande d'utiliser la peine de privation de liberté en dernier recours[65] ; la détention provisoire également[66].

D'autre part, le CPT s'est intéressé à la détention provisoire car les conditions de détention apparaissent très mauvaises en détention provisoire, alors même que la détention provisoire peut durer, et ce à l'encontre des RPE. De nombreuses restrictions sont en effet appliquées, restrictions de visites, d'activités, de sortir des cellules, difficilement justifiées par l'enquête ou encore entraînées par les conditions de détention calamiteuses.

L'exemple de la détention provisoire illustre la difficulté de la réforme pénitentiaire dans ce contexte de transition politique, visant tant à changer les institutions et leur fonctionnement quotidien, qu'à réfléchir à la fonction du système pénal et pénitentiaire. Le changement institutionnel ne peut être effectif que si les acteurs ont pris la mesure de ce que doit être la fonction d'un système pénal et pénitentiaire en démocratie – et dès lors, de la fonction de la détention provisoire, « dernier recours » au sein du système pénal.

Les États d'Europe centrale et orientale ont donc décidé le transfert de l'administration pénitentiaire du ministère de l'Intérieur au ministère de la Justice sous l'influence du Conseil de l'Europe, qui leur a offert par là un

---

61. V. A la suite de la croissance rapide de la population carcérale lors de la transition démocratique. La situation est différente pour les pays d'ex-Yougoslavie et l'Albanie (Walmsley, *op.cit.*, 2003, p.11). Les États cherchent à réduire la population carcérale en ayant recours à l'amnistie, à la réduction de la détention provisoire, aux sanctions alternatives, à la réduction de la durée de certaines peines dans le code pénal.

62. V. Walmsley, R., *op.cit.*, 2003, p. 17.

63. V. Université de Lausanne, *Statistiques pénales annuelles du Conseil de l'Europe. SPACE.*

64. Cour européenne des droits de l'homme, *Lukanov v. Bulgaria*, 20 mars 1997. A la suite de ce premier jugement concernant la Bulgarie, la durée de la détention provisoire pour investigation a été limitée à un an pour les « cas normaux », et deux pour les « crimes graves ». V. Walmsley, R., *op.cit.*, 2003, p. 23.

65. Comité des ministres du Conseil de l'Europe, *Recommandation concernant le surpeuplement des prisons et l'inflation carcérale*, Rec(99) 22, 30 septembre 1999. De plus, la Convention européenne de sauvegarde des droits et libertés fondamentaux énonce ce qui constitue une détention régulière dans son article 5.

66. Comité des ministres du Conseil de l'Europe, *Recommandation aux États membres concernant la détention provisoire, les conditions dans lesquelles elle est exécutée et la mise en place de garanties contre les abus*, Rec(2006)13, 27 septembre 2006.

cadre de réforme déjà prêt, une « solution clé en main ». Cette réforme soulève pourtant bien d'autres questions, auxquelles les États se trouvent confrontés depuis. Parmi celles-ci, la question de l'indépendance de la justice, non seulement sur le papier mais aussi dans les faits, n'a pas nécessairement été examinée préalablement par le Conseil de l'Europe, alors même qu'elle conditionne la réussite d'un tel transfert en termes de protection des droits des détenus[67]. D'autres questions complémentaires doivent être examinées : la question des moyens, celle des fins, et, partant, celle de la politique pénale.

67. V. Favarel-Garrigues, G., *op.cit.*, pp. 122-124.

11

La police pénitentiaire. L'exemple de l'Italie

par Raffaella Sette

Le propos de cet article vise à dresser, dans un premier temps, un tableau général des étapes fondamentales de la construction du système pénitentiaire italien et de la situation de la population pénitentiaire, pour aborder ensuite dans le détail les missions attribuées au corps de police pénitentiaire et, enfin, les problèmes et quelques solutions possibles.

1. – La construction du système pénitentiaire italien

La police pénitentiaire est l'un des corps les plus anciens d'Italie ; il remonte à 1817. Il est l'héritier du corps des *Guardie Carcerarie* (gardiens de prison) qui fut créé en 1873, en attribuant à ses membres un statut militaire et en le rattachant au ministère de l'Intérieur. Une réforme de 1890 transforma les gardiens de prison qui formèrent alors le corps des *Agenti di Custodia* (Agents de garde) qui, à l'époque, se composait de 5 280 hommes, soit 9% de la population des détenus[1].

En 1922, la Direction générale des prisons et des maisons de redressement passa sous le contrôle du ministère de la Justice italien et le règlement des agents de garde n° 2 584 fut promulgué le 30 décembre 1937[2] ; bien qu'il ait été modifié après la Seconde guerre mondiale pour s'adapter au nouveau système juridique de la République italienne et, par la suite, pour mieux correspondre aux nouvelles conceptions en matière de système pénitentiaire telles qu'elles furent définies par la loi n° 354 du 26 juillet 1975 « Normes sur l'organisation pénitentiaire et sur l'exécution des mesures de privation et de limitation de la liberté », resta en vigueur jusqu'en 1990. Ce règlement attribuait au corps des agents de garde la tâche de garantir l'ordre et la disci-

1. www.polizia-penitenziaria.it/storia2.asp
2. www.museocriminologico.it/riforme.htm

pline dans les prisons[3]. Par la loi n° 395 du 15 décembre 1990 « Organisation du corps de police pénitentiaire », le corps prit le nom qu'il porte aujourd'hui. Il devint un corps de police civil, mais avec une organisation militaire c'est-à-dire spéciale, dépendant du département de l'administration pénitentiaire du ministère de la Justice et appartenant au groupe des cinq corps de police de l'État italien, au même titre que la police de l'État, les carabiniers, les agents de la repression des fraudes (*Guardia di Finanza*) et les gardes forestiers de l'État.

Au 31 janvier 2010, le département de l'administration pénitentiaire (ci-après appelé DAP) compte, dans le corps de police pénitentiaire, 38 337 personnes comprenant aussi bien le personnel de la police pénitentiaire exerçant ses fonctions au sein des prisons pour adultes que dans d'autres sièges de l'administration pénitentiaire employant un personnel de police (par exemple, le DAP, les écoles de formation, les inspections régionales de l'administration pénitentiaire)[4].

2. – La croissance de la population pénitentiaire

Avant de procéder à l'analyse portant sur la structure de l'administration pénitentiaire et du corps de police pénitentiaire, il est utile de proposer quelques données chiffrées concernant la population détenue dans les prisons italiennes, dans la mesure où sa composition très variée exerce une influence et sur les rapports que l'agent entretient avec les détenus et sur les capacités opérationnelles de la police pénitentiaire, aussi bien à l'intérieur qu'à l'extérieur de la prison.

	N. total	F	% F sur total	Etrangers	% étrangers sur total	Toxicomanes	% toxicomanes sur total
31/12/2004	56.068	2.589	4,62	17.819	31,78	15.558	27,74
31/12/2005	59.523	2.804	4,71	19.836	33,32	16.135	27,1
30/6/2006	61.264	2.923	4,77	20.221	33,01		
31/12/2006	39.005	1.670	4,28	13.152	33,72	8.363	21,44
31/12/2007	48.693	2.175	4,47	18.252	37,48	13.424	27,57
31/12/2008	58.127	2.526	4,35	21.562	37,09	15.772	27,13
31/12/2009	64.791	2.751	4,12	24.067	37,15		
31/12/2010	67.961	2.930	4,31	24.954	36,72		
31/10/2011	67.428	2.877	4,27	24.401	36,19		

3. http://www.lombardiabeniculturali.it/archivi/profili-istituzionali/MIDL000284/
4. http://www.poliziapenitenziaria.it/public/post/blog/il-disciolto-corpo-di-polizia-penitenziaria-i-dati-reali-sul-progressivo-decremento-del-personale-338.asp

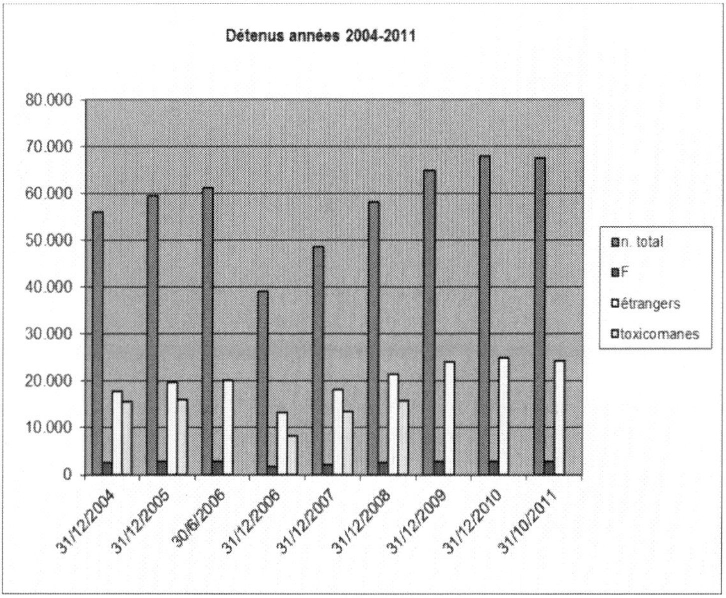

Tableau 1 et Fig. 1 – Détenus années 2004-2011[5] (élaboration personnelle sur base de la source : www.giustizia.it)

De plus, la population pénitentiaire italienne présente d'autres caractéristiques : celle des détenus enfermés dans le circuit à haute sécurité, celle des détenus qui sont soumis au régime de détention prévu par l'article n° 41 bis de l'*Ordinamento Penitenziario* (règles pénitentiaires italiennes que l'on qualifiera ci-après d'O.P.) et celle des collaborateurs de justice.

Tout particulièrement, afin de "parvenir à une gestion plus rationnelle des détenus considérés comme homogènes en raison de leur degré de dangerosité élevé"[6], en 2009[7], l'administration pénitentiaire a procédé à une réorganisation du circuit de haute sécurité destiné à la détention des détenus ou des internés appartenant à la criminalité organisée, condamnés pour des infractions liées à la mafia, au terrorisme national et international ou se trouvant à la tête d'associations se livrant au trafic de stupéfiants. Ce circuit poursuit "des objectifs spécifiques de prévention, visant à empêcher que la détention sans distinction des détenus puisse provoquer des phénomènes d'assujettissement, de recrutement criminel, de manipulation dans le but de nuire à la

5. En ce qui concerne les détenus toxicomanes, les données officielles présentent des lacunes.

6. V. *Rapport du Département de l'Administration pénitentiaire pour l'inauguration de l'année judiciaire 2010.*

7. Par lettre circulaire n° 3619/6069 du 21/4/2009.

sécurité des instituts"[8]. Au cours du mois de janvier 2010, le circuit de haute sécurité enregistrait un total de 8 646 présences[9] (équivalant à 13,3 % de la population pénitentiaire totale, dont 277 femmes).

En outre, lorsque de graves raisons de sécurité et d'ordre public l'imposent, l'article n° 41 bis O.P. permet la suspension, totale ou partielle, de l'application des règles de traitement prévues par l'O.P. à l'égard de détenus pour lesquels il existe des éléments permettant de présumer l'existence de relations avec une association criminelle ou mafieuse, terroriste ou subversive. Cette suspension implique les restrictions nécessaires pour répondre aux exigences de sécurité et d'ordre public en question, de même que pour empêcher les liaisons entre les détenus et l'association. Il s'agit, par exemple, (alinéa 2-quater) de l'adoption de mesures de sécurité internes et externes élevées, de la limitation du nombre des colloques et de l'interdiction d'en avoir avec des personnes qui ne sont pas ni des conjoints ni des proches (sauf exception), de la soumission à un visa de censure de la correspondance (exception faite pour celle avec les membres du Parlement ou des autorités européennes ou nationales possédant des compétences en matière de justice), de la limitation des sorties à l'air libre.

Ce régime de détention spéciale prévoit, en conséquence, certaines mesures qui devraient garantir une plus grande uniformité de gestion pour tous les détenus qui y sont soumis, mais « impose l'adoption de certaines mesures d'organisation et de précaution de garde – qui concernent le plus souvent l'application de la séparation et l'impossibilité de communication entre les personnes détenues et avec l'extérieur – pour la mise en application desquelles l'administration devra se doter de structures appropriées du point de vue logistique »[10].

Sur la base d'une allocution du ministre de la Justice à l'occasion de la fête de la police pénitentiaire du 13 mai 2010, on apprend que les personnes soumises au système de détention spéciale prévu par l'article 41bis O.P. sont au nombre de 690[11].

Enfin, les collaborateurs de justice sont les personnes qui, chargées d'un passé marqué par une appartenance aux organisations criminelles ou mafieuses, « signent un 'contrat' avec l'État, basé sur la révélation d'informations provenant de l'intérieur de l'organisation criminelle, en échange d'avantages

---

8. V. *Rapport du Département de l'Administration pénitentiaire pour l'inauguration de l'année judiciaire 2010.*

9. *Ibidem.*

10. *Ibidem.*

11. http://www.libero-news.it/news/736887/Mafia-Alfano-sono-690-i-detenuti-al-41-bis.html

en matière procédurale, pénale et pénitentiaire, de la protection et du soutien financier pour elles-mêmes et pour leur famille »[12].

Combien sont les collaborateurs de justice détenus dans les prisons italiennes ? Les données les plus récentes que l'on a pu obtenir sont celles de la Commission parlementaire anti-mafia, sur la base desquelles on apprend, qu'au 31 août 2007, 149 collaborateurs de justice étaient enfermés dans les prisons[13].

De plus, la situation pénitentiaire italienne, depuis de nombreuses années, doit faire face à un problème très délicat et urgent c'est-à-dire le surpeuplement chronique entraînant des situations de tension qui se traduisent par des « agressions envers le personnel de police pénitentiaire, des suicides de détenus et des actes d'auto-mutilation continuels, des rixes et des manifestations de protestation de la part des détenus »[14].

Les données (tableau/figure n° 1) montrent que les prisons ont connu, au cours du deuxième semestre de l'année 2006, une baisse de leur population qui a recommencé à s'accroître, jusqu'à un pic sans précédent à la fin de l'année 2010. Pour expliquer ce phénomène, il faut principalement citer la loi n°241 du 31 juillet 2006 qui, dans le but de combattre la surpopulation carcérale, a concédé une mesure de remise de peine ne dépassant pas trois ans pour les peines de détention, et ne dépassant pas 10 000 euros pour les peines pécuniaires, isolées ou combinées avec des peines de détention, pour toutes les infractions ayant été commises jusqu'au 2 mai 2006, à l'exception de types particuliers de crimes comme le kidnapping dans des buts de subversion ou de terrorisme, l'association mafieuse, la réduction en esclavage et la traite des personnes.

Cependant, après quelques semestres seulement, les niveaux de la population détenue dans les 206 établissements pénitentiaires italiens ont dangereusement dépassé ceux qui existaient avant la mesure de remise de peine et, au 31 octobre 2011, face à une capacité réglementaire de 45 817 places, on comptait 67 428 détenus présents dans les prisons (environ 47 % en plus). Le DAP intervient cas par cas, avec des mesures de diminution (par exemple le transfèrement de détenus d'une prison à l'autre) qui, de toute évidence, ne représentent que des initiatives avec lesquelles on essaye de pallier à des difficultés ou à des situations d'urgence. Par leur nature, ces interventions n'ont donc pas d'effet sur les causes du phénomène, lesquelles, par contre, doivent être attribuées, entre autres, à la détention, parfois provisoire pour

12http://www.camera.it/_bicamerali/leg15/commbicantimafia/documentazionetematica/25/schedabase.asp#Datistatistici

13; *Ibidem.*

14.http://www.ristretti.org/Le-Notizie-di-Ristretti/giustizia-sappe-30mila-detenuti-in-attesa-di-giudizio-serve-svolta-nelle-politiche-penali des infractions légères[15], à l'augmentation sensible de la durée du séjour moyen en prison des étrangers (même dans le cas de peines brèves) en vertu de certaines normes (loi « ex Cirielli »[16] et ce que l'on qualifie de paquet sécurité 2008, entré en vigueur dans le but de *« contrecarrer les phénomènes d'illégalité généralisée liés à l'immigration illégale et à la criminalité organisée »*[17]*)* qui ont limité l'accès aux mesures alternatives pour cette catégorie de détenus[18].

En outre, les données du tableau/figure n° 1 montrent une légère baisse du nombre de détenus entre décembre 2010 et octobre 2011 ; cette situation peut représenter le début d'une incidence positive liée à une loi récente (la n°199 du 26 novembre 2010) relative à l'application à domicile des peines de détention qui ne dépassent pas un an. Il s'agit d'une loi promulguée par application du troisième axe d'intervention du "plan prisons"[19] et qui ne restera en vigueur que jusqu'au 31 décembre 2013 en espérant, qu'à cette époque, toutes les mesures prévues auront été mises en application et que la réglementation des mesures alternatives à la détention aura été réformée de manière efficace. La loi n°199, comme le président près la Cour de Cassation l'a affirmé, « n'est pas une solution d'indulgence, elle ne s'applique pas par automatisme, il ne s'agit pas d'effacer la peine. Il revient au juge de surveillance de décider sur la base des contrôles, bien que simplifiés [...]. La gestion prudente de la mesure et ses bon résultats ont certainement concouru à pousser le gouvernement à étendre le champ d'application (de 12 à 18 mois de peine de détention) » par un décret-loi du 23 décembre 2011. « Selon les

---

15. V. *Rapport du Département de l'Administration pénitentiaire pour l'inauguration de l'année judiciaire 2011.*

16. V. Loi n° 251 du 5 décembre 2005 « Modification du code pénal et de la loi du 26 juillet 1975, n° 354, en matière de circonstances atténuantes générales, de récidive, de jugement de comparaison des circonstances d'infraction pour les récidivistes, d'usure et de prescription ».

17. V. Loi n° 125 du 24 juillet 2008 « Mesures urgentes en matière de sécurité publique ».

18. V. *Rapport du Département de l'administration pénitentiaire pour l'inauguration de l'année judiciaire 2009.*

19. Dans le cadre du surpeuplement carcéral, le 13 juin 2010, le gouvernement italien a déclaré un « état d'urgence nationale » des prisons jusqu'au 31 décembre 2011 (http://www.pianocarceri.it/stato_emergenza.asp) et a lancé le « plan prisons », qui s'articule autour de quatre volets d'intervention (http://www.camera.it/465?area=16&tema=270&Esecuzione+domiciliare+delle+pene) : les deux premiers prévoient des interventions en matière de bâtiments pénitentiaires visant à augmenter la capacité des établissements ; le troisième volet est représenté par des interventions de nature législative, tandis que le quatrième prévoit une augmentation du personnel de la police pénitentiaire de l'ordre de 2 000 personnes.

prévisions de source ministérielles, 3 000/3 500 personnes encore devraient sortir du circuit carcéral »[20].

Le tableau ci-dessous et sa représentation graphique, concernant la position juridique des détenus, donnent une idée d'un autre problème que la situation pénitentiaire italienne doit affronter, à savoir, le rapport anormal entre les personnes détenues en détention provisoire (les prévenus) et celles qui sont détenues pour l'exécution d'une peine ferme.

	n. total	**Prévenus**	**% prévenus sur total**	**Condamnés de manière définitive**	**% condamnés de manière définitive sur total**	**Internés**	**% internés sur total**
31/12/2004	56.068	20.036	35,74	35.033	62,48	999	1,78
31/12/2005	59.523	21.662	36,39	36.676	61,62	1.185	1,99
31/12/2006	39.005	22.145	56,77	15.468	39,66	1.392	3,57
31/12/2007	48.693	28.188	57,89	19.029	39,08	1.476	3,03
31/12/2008	58.127	29.819	51,30	26.564	45,70	1.628	2,80
31/7/2009	63.587	30.436	47,87	31.192	49,05	1.820	2,86
30/6/2010	68.258	29.526	43,26	36.781	53,89	1.786	2,62
31/10/2011	67.428	28.564	42,36	37.213	55,19	1.572	2,33

Les internés sont les détenus jugés dangereux pour la société et qui doivent être condamnés à des mesures de sûreté (art. n°202 code pénal, ci-après appelé c.p.). Pour la loi pénale, une personne qui a commis un crime est dangereuse pour la société, même si elle ne peut pas être punie, quand il est probable qu'elle commettra de nouveaux crimes (art. 203 c.p.). Le droit italien différencie les mesures de sûreté personnelles privatives de liberté de celles qui ne le sont pas et tout particulièrement les premières sont : l'assignation à une colonie agricole ou à une maison de travail, l'hospitalisation dans un centre hospitalier surveillé, l'hospitalisation dans un hôpital psychiatrique judiciaire, le placement en maison de correction pour mineurs (art. 215 c.p.) sous forme, selon la jurisprudence, de centres éducatifs pour jeunes[21].

20. V. E. Lupo, *Rapport du Président de la Cour de Cassation pour l'inauguration de l'année judiciaire 2012*, p. 90.

21. V. M. Ingrasci, *Il minore e il suo processo D.P.R. 448/1998*, Torino, Giappichelli editore, 2005, pp. 168-170 (disponible sur le site Internet: http://www.giappichelli.it/stralcio/7524055.pdf).

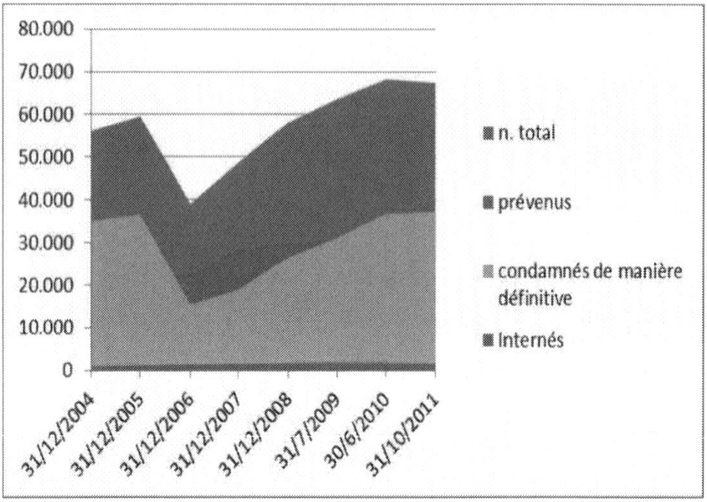

Tableau 2 et Fig. 2 – Position juridique des détenus années 2004-2011 (élaboration personnelle sur base de la source : www.giustizia.it)

Sur la base de ces données, on peut conclure que les condamnés définitifs ne représentent souvent que moins de la moitié de la population présente. Comme l'avait déjà fait remarquer, il y a quelques années, le procureur général près la Cour de cassation italienne, « il s'agit d'une situation anormale qui représente également la cause d'une détention injuste, lorsqu'il arrive, comme c'est souvent le cas, que le prévenu soit acquitté. Il est évident que, si la durée des procès était moins longue, le rapport serait différent et personne ne serait en détention provisoire pendant des années »[22].

3. – Administration pénitentiaire et corps de police pénitentiaire

Pour en revenir à la loi n° 395 de 1990 réformant l'organisation du corps de police pénitentiaire, il s'agit d'une norme qui, sous certains aspects, s'inscrit dans la lignée de la loi promulguée dix ans auparavant, la n° 121 de 1981[23] qui avait réformé le statut des gardiens de la sécurité publique, devenu la police d'État, mais qui, sous d'autres aspects, est novatrice, dans la mesure où elle fournit une lymphe nouvelle pour des évolutions de type culturel et pour de nouveaux modes de concevoir l'organisation pénitentiaire,

22 Carbone V., "Relazione sull'amministrazione della giustizia nell'anno 2007 (Rapport sur l'administration de la justice au cours de l'année 2007)", Rome, 25 janvier 2008.

23. V. Loi no 121 du 1 avril 1981 « Nouvelle organisation de l'Administration de la sécurité publique ».

dont on trouvait déjà les prémices en 1975, lors de la promulgation de la loi de réforme de l'O.P. basée sur cinq axes : individualisation de la peine, exécution pénale en tant qu'occasion de réinsertion sociale, ouverture du système pénitentiaire à la communauté extérieure, constitution de nouveaux rôles pour les opérateurs professionnels, aspect juridictionnel de l'exécution pénale[24].

L'article 30 de la loi n°395 de 1990 a créé le DAP dans le cadre du ministère de la Justice et lui a attribué, entre autres, les compétences suivantes :

- l'application des politiques d'ordre et sécurité dans les prisons, pour les services pénitentiaires et de transfèrements aussi bien des détenus et internés que des condamnés et internés admis aux mesures alternatives à la détention ;
- la coordination technique-opérationnelle, la direction et la gestion du personnel de l'administration.

A niveau local, les inspections régionales (ci-après appelé PRAP) sont chargées des affaires d'importance territoriale sur la base des programmes et des directives du DAP et ce dans le but d'uniformiser l'action pénitentiaire sur le territoire national. Le PRAP est divisé en sections dont, entre autres : « sécurité et transfèrements », « traitement pénitentiaire » et « application des peines hors de la prison »[25]. Tout particulièrement, les missions de la section « sécurité et transfèrements » consistent, entre autres, à coordonner et les services de transfèrements des détenus/internés et le service de garde quand les détenus et internés sont hospitalisés en dehors de la prison.

Pour en revenir à la police pénitentiaire, grâce à cette loi, le personnel pénitentiaire qui, jusqu'alors, était exclusivement dédié à la garde des détenus, doit également participer aux activités d'observation et de traitement. Cette profonde transformation des tâches institutionnelles devient possible si elle est étroitement liée à une augmentation du niveau de scolarisation et à la formation professionnelle. En effet, avant la réforme de 1990, les Agents de garde pouvaient accéder à cette fonction rien qu'avec le certificat d'études, tandis qu'après la réforme, le brevet des collèges était exigé pour les agents et les assistants, et le baccalauréat pour les inspecteurs. Le personnel du corps de police pénitentiaire est subdivisé de manière hiérarchique selon les rôles suivants (article 6, loi 395/1990) : a) inspecteurs, b) surintendants, c) agents et assistants. Ensuite, une autre étape dans le recrutement du personnel sera mise en œuvre et entreront également dans les grades des fonctionnaires, c'est-à-dire des commissaires et des directeurs : ces deux types de

---

24. V. G. Di Gennaro, R. Breda, G. La Greca, *Ordinamento penitenziario e misure alternative alla detenzione: commento alla legge 26 luglio 1975 n. 354 e successive modificazioni*, Milano, Giuffrè, 1997, pp. 5-20.
25. www.giustizia.it

membres du personnel doivent être en possession d'un diplôme universitaire en droit, en sciences politiques ou en économie (dans ce dernier cas, à la condition cependant qu'ils aient passé des examens de droit pénal et de procédure pénale).

Grâce à la réforme, par conséquent, la police pénitentiaire assure de nouvelles tâches institutionnelles et, en plus de garantir l'ordre et le respect des règles au sein des prisons et d'en garantir la sécurité, elle : 1) participe, notamment dans le cadre de groupes de travail, aux activités d'observation et de traitement de rééducation des détenus et des internés, des personnes en garde à vue, des personnes qui sont en état d'arrestation ou, de manière générale, de tous ceux qui se trouvent dans une condition de restriction de leur liberté personnelle ; 2) effectue le service de surveillance des détenus et des internés hospitalisés dans des établissements sanitaires externes (article 5 loi n°395/1990) ; effectue les transfèrements et les escortes des détenus et des internés (articles 48 et 64 du DPR n°230/2000[26]), ainsi que de ceux qui ont reçu le permis de travailler à l'extérieur, si cela est considéré comme nécessaire pour des raisons de sécurité et de ceux à qui est octroyé le permis de rendre visite à un membre de la famille ou à un conjoint dont la vie est en danger (article 30 O.P.).

Avant 1990, le service des transfèrements et des escortes était réalisé par les carabiniers et, suite à la réforme, après une période de transition d'environ trois à quatre ans, qui furent nécessaires pour procéder à un passage graduel des consignes et des véhicules (qui avaient déjà été attribués au ministère de la Justice, mais-qui avaient été concédés en prêt à usage aux carabiniers), cette tâche fut entièrement assurée par la police pénitentiaire. Évidemment, au début, il fallut faire face à de nombreuses difficultés liées au manque de personnel, au caractère inadéquat des véhicules et au besoin de créer une structure d'organisation *ad hoc* sur tout le territoire national. À propos de la structure d'organisation qui a été perfectionnée au cours du temps, en 1997 fut institué le Groupe Opérationnel Mobile (ci-après appelé GOM)[27], unité de niveau directorial[28], qui s'occupe de la garde des détenus soumis au régime spécial prévu par l'article 41 bis O.P. et des collaborateurs de justice ainsi que de gérer les transfèrements et les surveillances des détenus et des internés qui présentent un niveau de dangerosité élevé. Le GOM a son siège à Rome et dispose de 12 services opérationnels périphériques constitués au sein des établissements pénitentiaires. Le personnel qui y est employé compte environ 700 personnels, directeurs, inspecteurs, surintendants,

26. V. Décret du président de la République no 230 du 30 juin 2000 « Règlement contenant les normes relatives à l'organisation pénitentiaire et concernant les mesures de privation et de limitation de la liberté ».

27. Juridiquement défini par un Décret ministériel du 14 février 1999.

28. V. Décret ministériel du 4 juin 2007.

agents du corps de police pénitentiaire et personnels administratif et comptable[29].

Il ne faut cependant pas oublier que le corps de police pénitentiaire est une force de police et, par conséquent, qu'il peut être appelé à contribuer à la réalisation de services liés à la sécurité et à l'ordre public, de même que des services de secours public (dispositions combinées de l'article 5, alinéa 3, et de l'article 16, deuxième et troisième alinéas, de la loi n°121/1981).

En outre, la police pénitentiaire, au fil des années, s'est chargée d'autres tâches, que les organisations syndicales ont toujours revendiquées, d'un côté, dans le cadre des revendications présentées pour ne pas être perçue comme une force de police inférieure et moins qualifiée que les autres et, de l'autre, parce qu'elles estiment que certains services doivent être propres à la police pénitentiaire, tels que les activités d'enquête au sein des prisons[30]. C'est dans le premier contexte que s'inscrit la réalisation des services de police routière prévus par le code de la route (prévention et constatation des infractions en matière de circulation routière, constatation des accidents routiers, préparation et exécution des services ayant pour but de réglementer le trafic, escorte pour la sécurité de la circulation ; protection et contrôle en ce qui concerne l'utilisation de la route) et, dans ce contexte, le nouveau Code de la route de 2003[31], à l'article 12, a également attribué une compétence au corps de police pénitentiaire en ce qui concerne les tâches institutionnelles.

En ce qui concerne le second aspect, tandis que, jusqu'en 2007, les autres forces de police étaient chargées des enquêtes dans les prisons, à compter de 2007[32], la police pénitentiaire exerce également des fonctions de police judiciaire pour des infractions commises dans le cadre pénitentiaire ou qui sont en tous cas directement liées à celui-ci. Dans ce but, le Noyau d'Enquête Central a été créé, au sein du DAP, destiné à exercer ces activités de police judiciaire de manière prioritaire et continue en matière de criminalité organisée et de terrorisme, de subversion contre l'ordre constitutionnel, de capture de détenus évadés[33] et d'abus internes, en garantissant la coordination et le soutien des enquêtes qui sont réalisées au niveau périphérique, notamment afin de garantir l'ordre à l'intérieur des prisons et d'en assurer la sécurité.

---

29. http://www.polizia-penitenziaria.it/special.asp?id=6

30. Interview faite le 7 octobre 2011 au Dr Giovanni Battista Durante, Commissaire de police pénitentiaire et secrétaire général adjoint SAPPE et interview faite le 10 octobre 2011 au Dr Antonio Scichitano, assistant chef de la police pénitentiaire, secrétariat régional Émilie-Romagne Police pénitentiaire.

31. V. Loi du 1 août 2003, no 214 « Conversion en loi, avec modifications, du décret-loi 27 juin 2003, no 151, contenant des modifications et des intégrations au code de la route ».

32. Ministère de la justice italien – Décret ministériel du 14 juin 2007 « Création du 'Noyau d'Enquête Central' de la Police pénitentiaire ».

33. V. D. Vinci, « Un Nucleo d'eccellenza », in *Le due Città*, année XI, n. 2, février 2010 (disponible dans le site Internet : www.leduecitta.it).

4. – Problèmes et perspectives

Certains facteurs critiques pesant sur le système pénitentiaire depuis de nombreuses années, et qui se répercutent sur les conditions de détention, sont liés au manque de personnel de la police pénitentiaire, de même qu'à la réduction considérable des ressources financières destinées aux activités de rééducation et de traitement[34]. En ce qui concerne le caractère limité des ressources, le Syndicat Indépendant de Police pénitentiaire, par le biais de son secrétaire général adjoint, a récemment tiré la sonnette d'alarme de manière dramatique: « Dans les prisons italiennes, il n'est désormais plus possible d'exercer les tâches institutionnelles, en raison d'une carence en ressources financières. Ceci a une incidence sur le défaut de paiement des missions et des heures supplémentaires du personnel, lequel se voit souvent contraint d'avancer de l'argent sur son propre salaire mais également sur le service de transport des détenus pour lequel l'inspection doit envoyer les véhicules provenant d'autres instituts, jusqu'à ce qu'ils aient, eux aussi, les mêmes problèmes, étant donné que beaucoup de ces véhicules ont déjà 300-400 000 km au compteur. Je crois que nous nous verrons très prochainement contraints d'arrêter le travail »[35].

On peut souligner à ce sujet que :

- le corps de police pénitentiaire se voit privé de 6 500 membres du personnel au niveau national[36] ;

- la situation des prisons est caractérisée, comme on l'a déjà souligné, par la surpopulation (il y a environ 22 000 détenus en plus de la capacité réglementaire des prisons) ;

- on assiste à un recours excessif à la détention provisoire qui, à son tour, pèse excessivement sur le service des transfèrements, dans la mesure où les personnes qui sont en détention provisoire doivent généralement participer à de nombreuses audiences, ce qui, par conséquent, augmente le nombre des transfèrements effectués par la police pénitentiaire ;

- une collaboration appropriée de la part d'autres figures du système de justice pénale n'est pas toujours garantie. En particulier, les forces de police procèdent à une sous-utilisation des chambres de sécurité pour la détention des personnes arrêtées en flagrant délit (bien que l'article 558 du code de procédure pénale le prévoit expressément dans le cas d'un jugement en référé) et cette situation contribue, d'un côté, à aggraver les tâches de l'organisation pénitentiaire, qui se voit contrainte de faire face à un nombre très élevé

---

34. V. *Rapport DAP pour l'inauguration de l'année judiciaire 2010.*

35. "Dozza, i soldi non ci sono e i furgoni restano in garage (Dozza, l'argent manque et les camions restent au garage)", Repubblica Bologna, 8 novembre 2011, www.repubblica.it

36. Interview de Giovanni Battista Durante, cit.

d'entrées en prison, destinées, dans la plupart des cas, à de très courts séjours (turn-over effréné)[37] et, de l'autre côté, oblige la Police pénitentiaire à transférer ces personnes dans les salles du tribunal en vue des audiences de confirmation[38]. Rien qu'en 2010, on a ainsi procédé à 58 000 transfèrements de ce type, qui ont exigé 5 000 unités de Police pénitentiaire dans toute l'Italie pour l'ensemble des services transfèrements/escortes[39]. À Bologne, grâce à une attention et à une sensibilité particulières démontrées à l'égard des difficultés que l'administration pénitentiaire est en train de connaître, un accord a été signé avec le chef des Juges pour les Enquêtes préliminaires et le DAP, justement en vue de résoudre ce problème. En revanche, dans les villes où cela ne s'est pas produit, la police pénitentiaire continue à remplir des tâches qui devraient constituer une exception et non pas la règle.

Le recours massif aux multi-vidéoconférences est, par contre, un système positif qui se révèle désormais indispensable pour la réalisation des procès contre la criminalité organisée. En effet, cet instrument a permis « l'annulation du nombre total des transfèrements pour des problèmes de justice liés aux détenus soumis au régime spécial prévu par l'article n°41 bis O.P. et une diminution très sensible de ceux qui concernent les collaborateurs de justice, ce qui implique des économies en ressources financières, en personnel et une augmentation simultanée des niveaux de sécurité »[40]. Ce système a été, en outre, utilisé pour la réalisation des examens universitaires passés par ce type de détenus, en évitant les transfèrements auprès des universités concernées.

En conclusion, il est intéressant de s'arrêter sur certaines propositions faites par différents acteurs institutionnels afin de résoudre, à l'aide de mesures à caractère structurel, et non pas temporaire dictées par l'urgence, certains problèmes affligeant l'organisation pénitentiaire.

Le DAP suggère, par exemple, en ce qui concerne le phénomène du turn-over des détenus dont on a déjà parlé plus haut, de même qu'en ce qui concerne la présence de plus en plus élevée d'étrangers détenus dans les prisons et condamnés à des peines inférieures à trois ans, « d'intervenir sur la destination de certains établissements, dans le but de créer des sièges spécialement organisés pour les séjours de courte durée [...] de même que sur l'organisation de quartiers destinés à des détenus peu dangereux, auxquels on peut proposer des activités de traitement importantes »[41].

Le « plan pour la justice pénale » présente, quant à lui, de plus vastes aspirations. Il s'agit, en effet, d'une révision globale du système. Proposé par le premier président de la Cour de cassation à l'occasion de la cérémonie de

---

37. V. *Rapport DAP pour l'inauguration de l'année judiciaire 2009.*
38. *Ibidem.*
39. Interview de Antonio Scichitano, cit.
40. *V. Rapport* DAP pour l'inauguration de l'année judiciaire 2010.
41. V. *Rapport DAP pour l'inauguration de l'année judiciaire 2009.*

rentrée solennelle de l'année judiciaire 2010, le point de référence fondamental de ce plan est représenté par le nombre habituel de détenus ; cette entité a pour but de calibrer aussi bien l'appareil pénitentiaire que le système pénal substantiel et procédurier[42]. Dans l'hypothèse d'un taux de détention de 100 pour 100 000 habitants, conformément à la moyenne des autres pays européens[43] et ne devant pas être dépassé, compte tenu du fait que la population italienne s'élève à environ 61 000 000 habitants (juillet 2011), dans cette perspective, on estime que les établissements pénitentiaires devraient être restructurés pour pouvoir accueillir de manière appropriée environ 61 000 personnes et que, dans le même temps « les normes pénales, procédurales et pénitentiaires devraient être complètement revues pour stabiliser le nombre de détenus. La limitation de la peine de détention devrait représenter un point acquis, notamment en raison de son coût financier élevé »[44].

Si cette orientation ne trouve pas les appuis nécessaires pour pouvoir être mise en œuvre, comment ne pas être d'accord avec le président de la Cour de cassation lorsqu'il soutient qu'il faudra alors se doter d'établissements pénitentiaires en mesure d'accueillir de manière convenable et digne un nombre beaucoup plus élevé de détenus ; il faudra se doter aussi d'un nombre approprié de professionnels (non seulement du corps de police pénitentiaire mais également des éducateurs, des assistants sociaux et des professionnels experts en psychologie, pédagogie, psychiatrie et criminologie) capables de maintenir dans les prisons l'ordre et la discipline et, surtout, de mettre en application un traitement de rééducation individualisé visant, notamment par le biais de contacts des détenus avec l'extérieur, à la réinsertion sociale des condamnés telle que le prévoient l'article 27 de la constitution de la République italienne[45] et l'article 1 de l'O.P.[46].

---

42. V. V. Carbone, *Rapport du Président de la Cour de cassation à l'occasion de l'inauguration de l'année judiciaire 2010*, Rome, 30 janvier 2010.

43. Les taux de détention de tous les pays du monde sont disponibles sur le site : www.prisonstudies.org

44. V. V. Carbone, *op. cit.*

45. Article 27 de la Constitution de la République italienne : « La responsabilité pénale est personnelle. Le prévenu ne doit pas être considéré comme coupable jusqu'au jugement définitif. Les peines ne peuvent pas leser le sentiment d'humanité et leur objectif doit être de rééduquer le condamné. La peine de mort est interdite ».

46. Article 1 de l'O.P. – Traitement et rééducation : « Il est obligatoire de traiter les détenus avec humanité et de respecter la dignité inhérente à tout être humain. Le traitement pénitentiaire doit être absolument impartial, sans discrimination liée à la nationalité, à la race, aux conditions économiques et sociales, aux opinions politiques et à la religion. Dans les prisons, il faut maintenir l'ordre et la discipline. Il est interdit d'adopter des restrictions en contraste avec les exigences mentionnées plus haut ou, dans le cas des prévenus, non indispensables à des fins judiciaires. Les détenus et les internés sont appelés ou indiqués par leurs noms. Le traitement des prévenus est basé sur le principe qu'ils ne doivent pas être considérés comme coupables jusqu'au jugement définitif. Le traitement rééducatif des condamnés et des internés doit avoir pour but la réinsertion sociale y compris par le biais de

Bibliographie.

R. Bisi, *Operatori penitenziari a confronto*, Bologna, Clueb, 1990.

V. Carbone, Rapport sur l'administration de la justice au cours de l'année 2007, Rome, 25 janvier 2008.

V. Carbone, Rapport du Président de la Cour de Cassation à l'occasion de l'inauguration de l'année judiciaire 2010, Rome, 30 janvier 2010.

Département de l'Administration pénitentiaire, Rapport pour l'inauguration de l'année judiciaire 2009.

Département de l'Administration pénitentiaire, Rapport pour l'inauguration de l'année judiciaire 2010.

Département de l'Administration pénitentiaire, Rapport pour l'inauguration de l'année judiciaire 2011.

G. Di Gennaro, R. Breda, G. La Greca, *Ordinamento penitenziario e misure alternative alla detenzione: commento alla legge 26 luglio 1975 n. 354 e successive modificazioni*, Milano, Giuffrè, 1997.

G. Fanci, "The Professional Training of the Italian Surveillance Magistracy: The Useful Knowledge of Criminology and Victimology for a Working Italian Prison System", in R. Sette, *Cases on Technologies for Teaching Criminology and Victimology. Methodologies and Practices*, Hershey, PA, IGI Global, 2010.

M. Ingrascì, *Il minore e il suo processo D.P.R. 448/1998*, Torino, Giappichelli editore, 2005.

E. Lupo, Rapport du Président de la Cour de Cassation pour l'inauguration de l'année judiciaire 2012, Rome, 26 janvier 2012.

L. Mazza, G. Montanara, *La polizia penitenziaria*, Torino, Giappichelli editore, 1992.

S. Milazzo, A. Rizzo, "La percezione delle problematiche lavorative nel personale di polizia penitenziaria", in *Rassegna Penitenziaria e Criminologica*, n. 3, 2010.

L. Pascone, D. Capece, G. B. De Blasis, *L'Amministrazione penitenziaria e il corpo di polizia penitenziaria*, Roma, Laurus Robuffo, 2000.

M. Politi, Manuale dei servizi di polizia penitenziaria, Roma, Laurus Robuffo, 1997.

---

contacts avec l'extérieur. Le traitement est individuel, en rapport avec les conditions spécifiques des personnes ».

R. Sette, "Sorvegliare e punire: il carcere tra organizzazione e comunicazione", en Mancuso R. (sous la direction de), *Scuola e carcere. Educazione, organizzazione e processi comunicativi*, Milano, FrancoAngeli, 2001.

D. Vinci, "Un Nucleo d'eccellenza", en *Le due Città*, année XI, n. 2, février 2010 (disponible sur le site Internet : www.leduecitta.it).

12

État et administration pénitentiaire : l'exemple des États-Unis

par Lila Kazemian

Les systèmes pénaux américains et français se distinguent à plusieurs niveaux, ils sont caractérisés par des procédures légales et une philosophie pénale très différentes. Les lois américaines permettent des peines considérablement plus sévères, et le taux d'incarcération est plus de huit fois plus élevé aux États-Unis qu'en France. En dépit de ces différences, il y a des leçons intéressantes à tirer de l'expérience américaine. Cet article vise d'abord à offrir un sommaire des tendances pénitentiaires aux États-Unis ainsi qu'un aperçu de la structure générale du système pénitentiaire américain. Il fournit ensuite une explication du rôle de l'État dans l'administration pénitentiaire, suivi de quelques exemples contemporains de son intervention en ce domaine.

1. – Tendances pénitentiaires aux États-Unis

Les États-Unis ont le taux d'incarcération le plus élevé parmi les pays occidentaux[1]. Il y a actuellement entre 2,3 et 2,4 millions d'individus incarcérés aux États-Unis[2]. Le bureau des statistiques judicaires (*Bureau of Justice Statistics*) estime qu'il y a eu une augmentation d'environ 700% dans l'usage de l'incarcération depuis les années 1970 (Figure 1). Cette augmentation n'a pas été uniforme; elle a été plus prononcée dans les États du Sud et au cours des années 1990. Entre 1980 et 2007, le taux d'incarcération a augmenté de

1. V. M. Tonry, Why are U.S. incarceration rates so high? *Crime and Delinquency, 45(4)*, 419-437, 1999.

2. V. Pew Center on the States, *One in 100: Behind bars in America 2008*. Washington, DC: Pew Charitable Trusts, 2008.

manière constante de 111 à 504 par 100 000 habitants[3], en dépit de taux de criminalité relativement stables[4]. Aux États-Unis, on retrouve actuellement environ 756 détenus par population de 100 000 habitants dans les établissements pénitentiaires d'état ou fédéraux (contre le taux de 93 détenus par 100 000 habitants en France) ; ces chiffres incluent les condamnés et les prévenus[5]. Si on ajoute les individus en libération conditionnelle et en probation, il a été estimé qu'un adulte sur 31 est sous une forme ou une autre de supervision pénitentiaire[6]. En 2011, on a noté pour la première fois depuis plusieurs décennies une baisse du taux d'incarcération aux États-Unis.

Figure 1. Taux d'incarcération aux États-Unis, 1980-2006. Source : Bureau of Justice Statistics, **http://bjs.ojp.usdoj.gov/**.

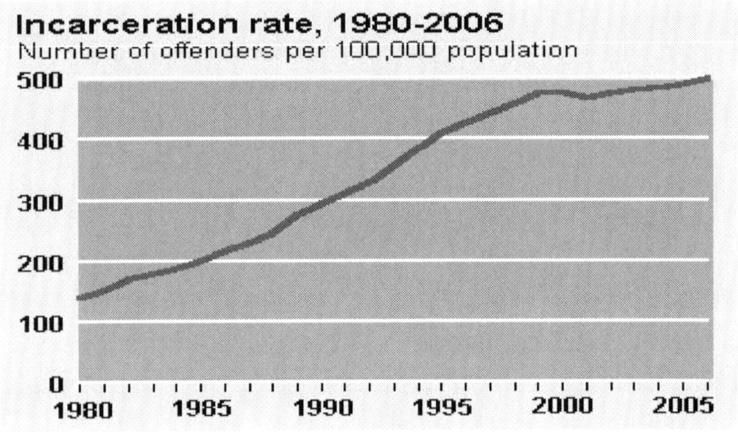

3. V. W. J. Sabol, H. C. West. & M. Cooper, M, *Prisoners in 2008*. Washington, DC: United States Department of Justice, Bureau of Justice Statistics, 2009. http://bjs.ojp.usdoj.gov/content/pub/pdf/p08.pdf.

4. V. S. Maruna, & R. Immarigeon, *After crime and punishment: Pathways to offender reintegration*. Cullompton, Devon: Willan, 2004; J. Petersilia, *When prisoners come home: Parole and prisoner reentry*, New York, Oxford University Press, 2003; J. Travis, & J. Petersilia, « Reentry reconsidered. A new look at an old question », *Crime and Delinquency, 47(3)*, 291-313, 2001.

5. Bureau of Justice Statistics, http://bjs.ojp.usdoj.gov/.

6. The Pew Center on the States (2009). One in 31: The Long Reach of American Corrections. Washington, DC.

Il est important de souligner qu'à l'exception des années 1980, cette hausse des taux d'incarcération a été accompagnée de taux de criminalité généralement stables puis à la baisse. Particulièrement, depuis les années 1990, il y a eu une diminution significative des taux de criminalité aux États-Unis, mais les taux d'incarcération (ainsi que l'usage de la libération conditionnelle, de la probation et des autres formes de surveillance) ont continué à augmenter.

L'usage accru des ressources pénitentiaires a amplifié les inégalités : le taux d'incarcération des femmes continue à augmenter plus rapidement que celui des hommes, et un Noir sur trois dans la vingtaine est sous la supervision du système de justice pénale[7]. Une étude menée par des économistes américains en 2006 suggère qu'aux États-Unis, un taux d'incarcération surpassant 325 détenus par 100,000 habitants ne produit plus d'effets désirables sur les taux de criminalité[8]. Donc, les taux d'incarcération les plus stratégiques et efficaces aux États-Unis ont été observés dans les années 1970 (111 par 100,000) ou 1980 (207 par 100,000).

Les causes de cette croissance carcérale sont nombreuses : l'influence du complexe prison-industrie, particulièrement en ce qui a trait à l'influence et la prépondérance des entreprises privées dans l'administration des établissement pénitentiaires ; l'augmentation du nombre d'individus qui enfreignent les conditions de libération conditionnelle ou de probation et qui retournent en prison pour des bris de condition (non respect des règles imposées), et l'explication selon laquelle les taux d'incarcération croissants sont le résultat d'une politique de terreur, une méthode employée par les politiciens pour manipuler l'opinion publique en créant une crainte du crime et des criminels.

---

7. *Ibid.*

8. V.B. Useem, & A. Piehl, « Prison Buildup and Disorder », *Punishment & Society*, 8(1), 81-115, 2006.

Figure 2 : Les caractéristiques des individus gérés par le système pénitentiaire aux États-Unis. Source : The Pew Center on the States (2009). One in 31: The Long Reach of American Corrections. Washington, DC.

2. – Structure générale du système pénitentiaire américain

Afin de bien saisir le rôle de l'État par rapport à l'administration pénitentiaire, il est important de préciser ce que l'on entend par « État » aux États-Unis. Il s'agit d'un système caractérisé par des pouvoirs très diffus. Les États-Unis comprennent cinquante États et le district de Colombie. Chaque état possède son propre système de lois et une administration pénitentiaire autonome. La majorité (plus de 90%) des établissements pénitentiaires relèvent de l'autorité des États. Les systèmes d'État sanctionnent les infractions aux lois d'États. Les tribunaux fédéraux se préoccupent de l'application des lois fédérales et des cas qui relèvent de la constitutionnalité des lois (c'est-à-dire, qui enfreignent la Constitution américaine). Ces tribunaux incluent les cours de district (94 cours – cours de niveau le plus bas au niveau fédéral), les cours d'appel (12 cours de circuit, chacun couvrant plusieurs États, sauf le district de Colombie), la Cour Suprême (qui est composée de neuf juges) ainsi que d'autres cours fédérales spécialisées (sur les impôts, les questions militaires, etc.).

Le système américain est un système qui est caractérisé par une séparation juridictionnelle et une fragmentation des fonctions pénitentiaires. On y observe souvent un manque de coopération, d'efforts concertés et de coordination entre les divers systèmes, ainsi que des rivalités territoriales. Il s'agit d'un système en miettes dans lequel chaque État fonctionne indépendamment des autres. La gestion des établissements pénitentiaires est surtout la responsabilité des États. Les établissements pénitentiaires opèrent à trois niveaux : les administrations municipales, d'État et fédérales. Il y a environ 100 établissements fédéraux contre 1700 établissements d'état aux États-Unis. Les « *jails* » (ou maison d'arrêt) incluent les prévenus et les individus qui purgent une sentence de moins d'un an. Les autres établissements pénitentiaires incluent des prisons de différents niveaux de sécurité : minimum, moyenne, maximum et *supermax*.

Rôle de l'État dans l'administration pénitentiaire

Aux États-Unis, l'intervention du gouvernement fédéral dans les questions pénitentiaires est un sujet controversé. Le 10e amendement de la Constitution américaine stipule : « *Les pouvoirs qui n'ont pas été délégués aux États-Unis par la Constitution ou interdits aux États par la Constitution, sont réservés aux États, ou au peuple* ». La Constitution n'inclut pas de convention qui accorde au gouvernement fédéral le contrôle des établissements municipaux et d'État; ces pouvoirs relèvent de l'autorité des gouvernements d'États. Il y a donc intrusion minimale du gouvernement fédéral dans l'administration des établissements pénitentiaires de chaque État ; les cours fédérales se doivent d'intervenir que lorsqu'il y a infraction à la Constitution.

Des organismes importants ont été développés pour exercer un contrôle sur l'administration des établissements pénitentiaires. D'abord, l'Association nationale des prisons (maintenant l'association pénitentiaire américaine, ou *American Correctional Association*) a été établie en 1870 à Cincinnati par des membres de l'administration pénitentiaire et du parlement, ainsi que des citoyens réputés. Cette association a développé des pratiques et principes pénitentiaires importants, tels que le système de classification des détenus, les récompenses pour bons comportements, ainsi que l'idée que le fardeau de responsabilité de la criminalité relève de la société et des conditions qu'elle crée pour susciter le crime. Les autres organismes incluent le Bureau fédéral des prisons, établi en 1930, et le Bureau fédéral d'investigation (FBI), établi en 1908.

Historiquement aux États-Unis, les questions relevant du traitement des détenus ont été de la responsabilité du personnel administratif des établissements pénitentiaires. Les tribunaux et juges ont traditionnellement préféré ne pas se prononcer sur ces questions puisqu'ils estimaient qu'ils manquaient d'autorité et d'expertise pour le faire ; ces décisions étaient largement la responsabilité des directeurs d'établissements, qui avaient plus d'expérience dans le domaine pénitentiaire. Avant le XXe siècle, les politiques de justice pénale relevaient surtout de l'autorité des états et non du gouvernement fédéral. Après le XXe siècle, bien que l'administration pénitentiaire demeure toujours principalement la responsabilité des municipalités ou des États, le rôle de l'État fédéral s'est amplifié : les catégories de crimes fédéraux se sont développées, il y a eu une implication accrue des cours fédérales, le gouvernement fédéral a fourni un soutien financier à la police des municipalités mais surtout, la criminalité est devenue un problème national. Dans ce contexte, les États ne pouvaient plus ignorer les standards fédéraux.

Vers la fin des années 60 et le début des années 70, avec la détérioration des conditions dans les établissements pénitentiaires, les tribunaux fédéraux se sont davantage impliqués dans l'administration des établissements pénitentiaires d'États. Durant cette période, des lois et réformes pénitentiaires ont été développées pour protéger les droits des détenus, et les tribunaux ont commencé à intervenir de la part des détenus. Les années 80 correspondent à la période où on a observé une Cour Suprême et un gouvernement fédéral d'orientation plutôt conservatrice, des taux de criminalité à la hausse, et un public moins tolérant envers les contrevenants et les standards de gestion de la population carcérale. Ces facteurs, parmi d'autres, ont restreint les droits des détenus. Durant cette période, les médias ont également dénoncé les procédures légales frivoles entamées par certains détenus. Par exemple, au Texas, dans le cas de *Moody v. Miller*, un détenu a déposé vingt-deux plaintes pour infractions aux droits civils, incluant le droit de ne pas être vêtu de pantalons de taille trop petite[9]. Dans ce contexte, les procédures légales défiant les pratiques pénitentiaires ont eu de moins en moins de succès, et les tribunaux ont développé de plus en plus de tolérance pour les infractions mineures aux droits des détenus. Ces tendances ont été maintenues au cours des années 90, période durant laquelle on a adopté des lois qui ont restreint les droits des détenus.

Constitution américaine et administration pénitentiaire

La Constitution américaine, notamment la charte des droits, constitue l'outil le plus puissant du gouvernement fédéral pour mettre en œuvre les principes de justice et intervenir dans les questions qui relèvent de la qualité des conditions de vie dans les établissements pénitentiaires. Les détenus ont souvent recours au premier amendement pour contester leurs conditions de détention. Le premier amendement stipule que les individus ont droit à la liberté d'exercer leur religion, d'exprimer leurs opinions et de s'assembler pacifiquement. Toutefois, ce dernier droit en particulier est restreint s'il affecte l'ordre et la sécurité de l'établissement. Le 4e amendement protège le droit de ne pas être sujet à des fouilles et confiscations déraisonnables. Le 5e amendement stipule qu'il doit y avoir un jugement en bonne et due forme avant que l'individu puisse être dépourvu de vie, liberté ou propriété. Cet

9. Moody v. Miller, 864 F.2d 1178, 1180 (5th Cir. 1989)

amendement comprend des implications importantes pour les décisions de révocation de la probation ou de libération conditionnelle. Le 6e amendement, qui peut être évoqué en conjonction avec les actions disciplinaires en établissement pénitentiaire, protège les citoyens contre les pratiques arbitraires du gouvernement. Le 8e amendement, souvent cité par les détenus qui défient la constitutionnalité de la détention, interdit l'infliction de sanction cruelle et inhabituelle et de conditions de libération sous caution excessive. Le 14e amendement stipule que les individus ont protection égale sous les lois.

Par le biais de jugements rendus par les cours fédérales, l'État intervient et se prononce sur l'application des droits des détenus. Par exemple, les détenus n'ont pas droit à l'intimité dans le contexte pénitentiaire. Les surveillants ont droit, avec avis, de surveiller et d'enregistrer les conversations des détenus. Dans le cas de *Hudson v. Palmer* (1984), la Cour suprême a déclaré que le droit de ne pas être sujet à des fouilles et confiscations déraisonnables, tel que stipulé par le 4e amendement, n'est pas applicable aux détenus[10]. Le 1er amendement de la Constitution américaine (le droit de s'exprimer librement) ne s'applique pas aux détenus. Des sanctions disciplinaires sont entreprises contre les détenus qui encouragent les manifestations en masse. Le droit au travail (et au travail rémunéré) n'est pas applicable aux détenus. Par contre, le droit aux services médicaux adéquats est garanti aux détenus sous le 8e amendement (*Estelle v. Gamble*, 1976)[11].

Certaines décisions légales importantes rendues par les cours fédérales ont été influentes dans le domaine de l'administration pénitentiaire. Dans le cas de *Cruz v. Beto* (1972)[12], le jugement a stipulé que les détenus doivent se voir accordés une opportunité raisonnable de pratiquer leurs croyances religieuses. Dans *Estelle v. Gamble* (1976)[13], il a été affirmé qu'une indifférence volontaire aux besoins médicaux des détenus constitue une sanction cruelle et inhabituelle. Dans le cas de *Rhodes v. Chapman* (1981)[14], il a été jugé que le partage des cellules n'est pas une sanction cruelle et inhabituelle. La Cour Suprême a affirmé que la Constitution ne garantit pas des prisons confortables. Dans *Block v. Rutherford* (1984)[15], il a été déterminé que la Constitution ne garantit pas le droit des détenus à des visites avec contact ou à leur présence lorsque leurs cellules sont fouillées. En 1992, il a été déterminé que l'usage de force excessive contre un détenu peut constituer une sanction

10. Hudson v. Palmer - 468 U.S. 517 (1984).
11. Estelle v. Gamble, 429 U.S. 97 (1976).
12. Cruz v. Beto, 405 U.S. 319 (1972).
13. Estelle v. Gamble, 429 U.S. 97 (1976).
14. Rhodes v. Chapman, 452 U.S. 337 (1981).
15. Block v. Rutherford, 468 U.S. 576 (1984).

cruelle et inhabituelle même s'il n'y a pas de blessure grave, si cette force a été employée de manière malicieuse et sadique pour causer du mal (*Hudson v. McMillian*, 1992)[16]. Le cas de *Woodford et al. v. Ngo* (2006)[17] précise que sous l'Acte de réforme des litiges de prison, les détenus doivent d'abord épuiser toutes les ressources administratives avant d'entamer des poursuites en cour fédérale pour contester les conditions de prison.

Les gouvernements d'États ont souvent contesté ce qu'ils ont perçu comme une intervention fédérale injustifiée, ce qui a provoqué la mise en vigueur du *Prison Litigation Reform Act* (« Acte de réforme des litiges de prison ») par le parlement américain en 1995. Cet acte, qui a été contesté par les groupes qui cherchaient à réformer la prison, a imposé des restrictions sur le pouvoir des cours fédérales à rendre des décisions qui permettent la réforme des établissements pénitentiaires. L'acte a donc exercé une influence importante sur le traitement des détenus puisqu'il a fait en sorte qu'il était de plus en plus difficile pour les détenus d'entreprendre et de gagner leurs poursuites légales. Voici quelques exemples des restrictions imposées par l'Acte de réforme des litiges de prison :

- les détenus doivent explorer les voies administratives avant d'entamer une poursuite ;
- les détenus doivent payer des frais pour que leur cas soit considéré en cour fédérale ;
- un pouvoir accru accordé aux cours fédérales pour renvoyer les poursuites des détenus ;
- des restrictions imposées sur les frais qui peuvent être accordés à l'avocat d'un détenu ;
- les détenus n'ont pas le droit d'entreprendre des démarches légales contre le gouvernement pour des blessures mentales ou psychologiques s'il y a absence de blessures physiques.

En somme, la Constitution américaine est une ressource qui est employée par les détenus pour contester les conditions de détention, et aussi par l'État pour justifier son intervention dans l'administration des établissements pénitentiaires des États. Ces interventions n'ont pas toujours été favorables aux détenus, et certaines des décisions des cours fédérales ont contribué à la restriction des droits des détenus. Toutefois, il y a également eu des décisions du gouvernement fédéral qui ont contribué à l'amélioration des conditions de vie dans les établissements pénitentiaires.

16. Hudson v. McMillian, 503 U.S. 1 (1992).
17. *Woodford v. Ngo*, 548 U.S. 81 (2006).

3. – Exemples de l'intervention de l'État dans l'administration pénitentiaire

Le cas de la Californie

Le gouvernement fédéral se prononce sur les décisions relevant de la remise en liberté des détenus si la détention est estimée à enfreindre la Constitution. De façon générale, les tribunaux fédéraux ont tendance à intervenir dans l'administration pénitentiaire des États lorsqu'il y a un sérieux problème de surencombrement ou lorsqu'il y a infraction aux standards minimums de qualité de vie dans les établissements pénitentiaires (par exemple, le recours excessif à l'isolement). L'intervention des cours fédérales a contraint les États à améliorer les conditions de vie dans les établissements pénitentiaires.

Il y a eu plusieurs décisions des cours fédérales au cours des dernières décennies qui ont stipulé que les conditions dans les établissements pénitentiaires d'états enfreignaient les droits constitutionnels. En 1996, le gouvernement a ordonné à huit États (Alaska, Mississippi, New Mexico, Rhode Island, South Carolina, Texas, Puerto Rico, and les Îles Vierges) d'améliorer les conditions de vie en établissements pénitentiaires. Plus récemment, une telle décision a été portée contre l'État de Californie, qui avait une population carcérale qui était au double de sa capacité. En mai 2011, la Cour Suprême a estimé que les conditions dans les prisons surencombrées de Californie étaient si lamentables qu'elles enfreignaient le 8e amendement de la constitution américaine (l'interdiction de punitions cruelles et inhabituelles). La Cour Suprême a ordonné à l'état de réduire sa population carcérale de 11,000 détenus en trois mois et de 34,000 détenus sur une période de deux ans, passant de 144,000 détenus (180% de capacité totale) à 110,000 détenus (135% de capacité totale). Cette décision controversée de la Cour Suprême (avec un vote de 5 à 4) était basée sur l'argument que le système pénitentiaire californien était incapable de livrer les services de base aux détenus qui éprouvaient des troubles de santé physique et mentale, causant de la souffrance et des décès évitables. La solution suggérée par la Cour Suprême impliquait un transfert de certains individus des maisons centrales et centres de détention aux maisons d'arrêt. Cette décision attribue plus de responsabilités aux administrations municipales, qui n'ont pas forcément les ressources suffisantes pour faire face à un tel volume de détenus. Elle a également assigné les détenus qui ont commis des délits non-violents, de gravité réduite et à caractère non-sexuel à la probation plutôt qu'à la libération conditionnelle. Les prévenus ont été assignés à la surveillance électronique. Ce n'est pas la première fois que la cour fédérale réprimande la Californie pour ses pratiques pénitentiaires : en 2005, il a été décidé que cet État était incapable de répondre aux besoins médicaux des détenus, et qu'il y a avait trop de décès parmi la population carcérale.

Autres exemples d'intervention fédérale

En avril 2011, la Cour d'appel fédérale a contesté la loi SB1070 adoptée en Arizona. Cette loi accorde à la police municipale l'autorité d'appréhender, de détenir et d'expulser du pays les immigrants illégaux. Certains ont affirmé qu'il s'agit d'une campagne de discrimination contre les populations d'origine hispanique. L'administration fédérale (notamment le département de la Justice) a entamé des procédures judiciaires contre l'État d'Arizona, affirmant que les questions se rattachant à l'immigration relèvent du domaine fédéral, que chaque État ne peut pas avoir une politique étrangère distincte et des lois propres sur l'immigration, et que ce type d'interférence peut nuire aux relations internationales du pays. La gouverneure de l'état a affirmé que le gouvernement fédéral a négligé son devoir constitutionnel de sécuriser les frontières américaines. L'État d'Arizona a fait une demande formelle exigeant l'implication de la Cour Suprême dans ce cas.

Il y a plusieurs autres exemples d'intervention de l'État fédéral dans l'administration pénitentiaire. Par exemple, le *Second Chance Act* (« la loi sur les deuxièmes chances »), mis en vigueur par le Sénat en mars 2008, a investi des ressources importantes dans les domaines de la prévention de la récidive et de la sécurité publique. Il s'agit d'un effort collaboratif entre le gouvernement fédéral, les gouvernements d'États et les organisations à but non lucratif. Cette loi vise à réduire les taux de récidive après la remise en liberté et à relier les ex-détenus à des services de traitement pour troubles de santé mentale et de consommation ainsi qu'à des organismes qui fournissent de l'assistance dans les domaines de l'emploi et de l'hébergement. Le *Second Chance Act* a été inspiré de l'initiative sur la réinsertion des détenus (*Prisoner Reentry Initiative*) mis en vigueur par le président George Bush en 2004, et fournit des fonds aux organismes communautaires et organisations religieuses qui procurent aux ex-détenus des services de mentorat et de transition à la communauté.

L'acte de prévention des viols en prison de 2003 (*Prison Rape Elimination Act*) constitue une autre intervention importante de l'État fédéral. Cette loi vise à développer les meilleures pratiques pour réduire la prévalence des agressions sexuelles dans les établissements pénitentiaires. Le département de la Justice a récemment formalisé les standards pour la prévention, détection et intervention auprès des individus ayant été victimes d'agressions sexuelles en établissements pénitentiaires. Une liste complète des standards peut être consultée sur le site web du département de la Justice.[18]

Il mérite de mentionner trois domaines importants où il y a eu absence d'intervention fédérale. Tout d'abord, la Cour Suprême ne s'est pas encore prononcée quant à savoir si la peine de mort est une sanction cruelle et inhabituelle. Aux États-Unis, 33 États et le système fédéral permettent le recours à la peine de mort. Deuxièmement, le jugement des mineurs en tant qu'adultes, ainsi que leur détention dans des établissements pénitentiaires pour adultes, est une pratique qui est toujours présente dans certains États. Finalement, le gouvernement fédéral exerce peu de contrôle sur les établissements privés. Au cours des années 1980, certains États (Texas, Louisiane, Tennessee, par exemple) ont commencé à recourir au secteur privé pour faire face à l'augmentation de la population carcérale et les coûts élevés de gestion et d'entretien. Actuellement, le nombre de détenus en établissements privés augmente de plus en plus en raison des pressions budgétaires. Les établissements privés sont parfois caractérisés par des lacunes au niveau du personnel qualifié et dans certains cas, ont été associés à des risques de récidive plus élevés. L'État paie des entreprises privées un montant fixe quotidien pour chaque détenu sous leur supervision. Par conséquent, le profit dépend du nombre de détenus et du nombre de jours en détention ; il y a donc une forte motivation à garder les prisons à pleine capacité (contrairement à la France, où le profit ne varie pas avec la performance de l'établissement pénitentiaire). Il est difficile pour l'État d'exercer un contrôle de la qualité des services offerts par les entreprises privées. La structure des marchés économiques américains explique, en partie, ces difficultés ; les entreprises de prisons privées ont des actionnaires, ce qui augmente la pression à générer des profits. Ceux qui s'opposent à la privatisation des prisons affirment qu'il s'agit d'une délégation illégitime de l'autorité gouvernementale que de laisser des entreprises privées prendre charge d'une partie intégrale du système pénal.

Conclusion

Le système pénitentiaire américain se caractérise par des pouvoirs très diffus. Il est difficile pour l'Etat fédéral d'intervenir de façon assidue et efficace dans les cas d'infractions des droits des détenus en raison du volume excessif de la population carcérale. En 1961, le président Dwight Eisenhower prévenait la population des dangers du complexe militaro-industriel, faisant référence aux problèmes associés aux gains et intérêts financiers qui sont tirés de l'industrie militaire. Quarante ans plus tard, ce même concept

---

18. http://www.ojp.usdoj.gov/programs/pdfs/prea_final_rule.pdf.

est très pertinent au domaine pénitentiaire, surtout avec le développement et le recours accru à l'industrie privée.

En dépit de certaines décisions fédérales influentes, l'importance accordée à l'autonomie de chaque État dans la Constitution américaine limite les interventions de l'état fédéral dans l'administration pénitentiaire. Les lois et la Constitution américaines imposent des restrictions importantes sur le pouvoir fédéral et accordent un haut niveau d'autonomie aux États. Le respect de cette autonomie est parfois réalisé aux dépens des populations les plus vulnérables de la société.

13

Discours de clôture du colloque

par Henri Masse

Permettez-moi d'abord de remercier chacune et chacun des intervenants et participants, d'être venus jusqu'ici, à l'occasion de ce colloque sur les 100 ans du rattachement de l'administration pénitentiaire au ministère de la Justice. Dans cette ville d'Agen, lieu symbolique puisque le Président de la république, qui en 1911 a signé le texte de ce rattachement était un élu du Lot-et-Garonne, je salue tout particulièrement ceux qui, du Liban, des Etats-Unis, du Sénégal, du Tchad et du Japon sont venus.

J'espère que vous avez apprécié votre séjour dans ce merveilleux site de l'ENAP, école qui constitue une réussite reconnue en matière de déconcentration et surtout que ce séjour agenais aura été, pour vous tous, une belle occasion d'échanges et d'enrichissements.

Je tiens à remercier l'équipe de l'Ecole nationale d'administration pénitentiaire, et plus particulièrement son directeur, d'avoir organisé la commémoration de ce centenaire du rattachement de l'administration pénitentiaire au ministère de la Justice et de nous donner ainsi un temps pour réfléchir à son évolution. En cela l'ENAP assume, avec d'autres, bien sûr, son rôle de recueil de la pensée pénitentiaire actuelle et contribue à éclairer les orientations de l'administration pénitentiaire.

Je me félicite qu'ont été associés à ces travaux de mise en commun de savoirs et d'expériences, des universitaires et des chercheurs, mais aussi des praticiens de terrain et des représentants de l'administration pénitentiaire. La présence de hautes personnalités françaises et étrangères, la diversité des questionnements abordés, ainsi que par la qualité des personnes invitées à intervenir pendant ces trois journées attestent de l'ouverture de l'administration pénitentiaire, de son souci de s'interroger sur son histoire et sur son devenir, sur ses pratiques professionnelles et sur sa place dans la société française.

Ce colloque aura été ainsi une formidable occasion de revisiter le chemin que notre administration a parcouru depuis le 13 mars 1911, date de son rattachement au ministère de la Justice.

1. – Ce rattachement au ministère de la Justice, qui est donc le point de départ de ce colloque, n'est pas une question qui fait problème ou débat aujourd'hui.

Les historiens qui sont intervenus ont resitué la réforme de 1911 dans son contexte historique, en ciblant les causes profondes de ce changement de tutelle, le contexte politique et administratif, et même le contexte particulier au sein de l'administration pénitentiaire. Ces analyses historiques ont également permis de cerner les enjeux de cette réforme au regard de ceux des autres directions de l'époque.

Le rattachement, en réalité la « translation » selon les termes du décret du 13 mars 1911, intervient dans un contexte marqué par une omniprésence des questions criminelles dans le débat public de la France de la Belle Époque. La presse écrite, mais aussi la littérature se font l'écho d'une peur du crime alimentée à l'envi par de nombreux faits divers mettant en cause les « anarchistes », les « bandes » ou encore les « apaches ». Quelques questions dominent les débats : la délinquance juvénile, les crimes de sang, la récidive, les nomades... autant de questions qui continuent de se poser d'ailleurs dans la France d'aujourd'hui sous des formes différentes. Au plan de l'administration française, le rattachement intervient à une époque marquée par de nombreuses difficultés, avec une certaine dégradation de la situation matérielle des fonctionnaires et la persistance d'un déficit de professionnalisation, en l'absence de l'adoption d'un statut général des fonctionnaires. S'agissant du rattachement de 1911, cette réforme est le produit de l'effervescence de la pensée pénitentiaire à cette époque, inscrite dans une perspective internationale et scientifique (criminologique), avec notamment l'Enquête parlementaire de 1872-1873, la Société générale des prisons (et sa revue), les congrès pénitentiaires internationaux (à partir de 1872) et les sociétés de patronage. Contrairement au Second Empire, la Troisième République s'est mobilisée autour de ces questions pénitentiaires, avec l'adoption de plusieurs lois importantes, comme celle du 5 juin 1875 sur l'emprisonnement individuel, celle du 27 mai 1885 sur la relégation des récidivistes, celle du 14 août 1885 sur le patronage et la réhabilitation ou encore celle du 26 mars 1891 sur le sursis simple. Survenant après le dépôt d'une proposition de loi par Berenger en 1898, le décret de 1911 n'a pas véritablement donné lieu à débats, tout en n'ayant pas provoqué de changements notables immédiats au sein de l'administration pénitentiaire. On a pu ainsi considérer à l'époque qu'il s'agissait d'une sorte de « mariage de raison non consommé », la véritable intégration dans la justice se situant plutôt après la seconde guerre mondiale, avec la réforme impulsée par Paul Amor.

Mais au-delà de l'éclairage historique, vos échanges ont surtout été l'occasion d'examiner les problèmes d'aujourd'hui, en questionnant notamment les relations qu'entretient l'administration pénitentiaire avec les autres Directions du ministère de la Justice, avec les autres acteurs de l'Etat avec qui elle a un important lien structurel (notamment les ministères de la Santé et de l'Intérieur) et avec les collectivités territoriales notamment après la décentralisation. Les diverses interventions ont ainsi contribué à esquisser le positionnement actuel de l'administration pénitentiaire, ainsi que ses perspectives d'évolution, à la lumière notamment des expériences étrangères.

A un moment où l'administration pénitentiaire opère des réorganisations pour assumer de nouvelles missions qui lui sont confiées et celles qu'elle pourrait se voir confier, notamment en matière d'escortes et de transfèrements, il était opportun, me semble-t-il, de s'interroger sur son inscription dans le paysage institutionnel.

L'administration pénitentiaire est à la fois un service de la Justice et une force de sécurité publique, comme l'a rappelé M. le Président de la République lors de l'inauguration du Centre pénitentiaire de Réau le 13 septembre dernier. Elle accomplit des missions de nature judiciaire qui contribuent à la sécurité de nos concitoyens. Il n'y a aucune contradiction entre ces deux aspects de son activité qui la conduit à évoluer dans le périmètre du ministère de la Justice dont elle est devenue une des directions, mais aussi, qui agit en liaison étroite avec le ministère de l'Intérieur en charge de la sécurité de la voie publique, sans que cela ne crée de problèmes particuliers.

La part que prend notre administration en matière de sécurité est un phénomène continu tant il s'agit, aujourd'hui comme hier, d'une de ses principales missions. L'attente de nos concitoyens en matière de sécurité ne remet nullement en cause le positionnement de l'administration pénitentiaire pas plus que son rattachement au ministère de la Justice. Je tiens à la rappeler ici. Certains aspects de nos nouvelles missions s'inscrivent dans un rôle de « police pénitentiaire » mais elles sont limitées aux missions transférées par la police et la gendarmerie. S'agissant de police pénitentiaire, il n'existe que le modèle italien, force de 34000 hommes, créée en 1990, qui pose question en termes de positionnement entre l'administration pénitentiaire (à laquelle elle est rattachée) et les forces de police (dont elle relève en tant que cinquième force de police). Ainsi, si elle exerce des tâches de transfèrement et de garde des détenus malades, de surveillance des détenus les plus dangereux et des repentis, elle prend aussi en charge les enquêtes judiciaires liées à des crimes et délits commis dans le cadre de la détention, tout en participant même occasionnellement à des missions de police, notamment à des contrôles routiers.

Nous ne nous inscrivons pas dans cette perspective. Comme l'ont montré d'ailleurs vos travaux, le rattachement au ministère de la Justice est devenu pratiquement une évidence que personne n'entend remettre en cause tant il paraît en phase avec les réalités professionnelles et les principes républicains.

C'est également le cas au niveau international. Dans les pays de l'ancien bloc communiste, le rattachement au ministère de la Justice a ainsi participé de la démilitarisation des administrations pénitentiaires. Le Conseil de l'Europe a joué un rôle prépondérant dans ce processus prévu par la règle 71 des RPE, avec son dispositif d'adhésion conditionnelle, de suivi post-adhésion et par des actions de contrôle et d'assistance. Pour autant, les résultats en termes de préservation des droits de la personne demeurent encore aléatoires, du fait d'un usage par trop systématique de la détention provisoire et d'une professionnalisation inachevée, de telle sorte que le rattachement n'a été qu'une étape nécessaire mais pas suffisante dans la nécessaire réforme des systèmes pénaux et pénitentiaires.

La situation de l'Espagne demeure à cet égard exceptionnelle puisqu'il s'agit du seul pays d'Europe occidentale dans lequel l'administration pénitentiaire est rattachée au ministère de l'Intérieur. Ce n'est pas le fruit de l'histoire, dans la mesure où jusqu'en 1996 c'était le ministère de la Justice qui avait la tutelle de l'administration pénitentiaire. En fait, la réforme est intervenue en 1996 avec comme justification la nécessité de renforcer la coopération avec les institutions policières dans la lutte contre le terrorisme et la grande criminalité. Ce changement, qui a suscité au départ quelques réticences, ne paraît plus poser débat. Il faut rappeler d'ailleurs que ce transfert n'avait apporté pratiquement aucune modification en termes de statut des personnels et de culture professionnelle.

Pour revenir à la France, l'administration pénitentiaire a pendant les dernières décennies élargi le champ de ces interventions. Les lieux de détention sont en constante évolution et les programmes immobiliers qui se succèdent, ont pour finalité de les adapter à l'évolution des normes, notamment européennes. En 1911, l'administration pénitentiaire, c'était 379 établissements et moins de 4000 agents. Aujourd'hui, ce sont 191 établissements et 35000 agents mais aussi 103 services d'insertion et de probation. C'est un paysage qui marque la continuité entre le milieu fermé et le milieu ouvert. La loi de programmation qui va être débattue dans les prochaines semaines, prolongera cette évolution et offrira aux personnels des tâches de plus en plus variées. Aujourd'hui, on rencontre des surveillants sur la Place Vendôme, au sein de chaque établissement, quelques fois lors des interventions des ERIS qui, en dix ans, ont constitué une force reconnue par ses pairs du GIGN et du GIPN, on les rencontre aussi dans les SPIP et depuis quelques mois dans les extractions judiciaires.

2. – Le rattachement au ministère de la Justice, qui est donc un objet de consensus, n'est pas pour autant une simple péripétie dans l'histoire de l'administration pénitentiaire. C'est un aboutissement logique, un tournant décisif et une avancée significative. D'aucuns ont pu voir dans ce nouveau positionnement ministériel et administratif une des conséquences du principe de séparation des pouvoirs et une étape supplémentaire dans la marche vers l'Etat de droit.

En faisant relever l'exécution des décisions de justice de cette « puissance de juger » qu'évoquait Montesquieu, il s'agissait donc de marquer une séparation nette entre les deux phases du processus pénal : l'amont que constitue la phase d'enquête et de poursuites pénales relevant des services de police et des magistrats du parquet ; l'aval que constitue la phase du jugement et de l'exécution des décisions de justice relevant des magistrats du siège et de l'administration pénitentiaire rejointe ensuite par la protection judiciaire de la jeunesse. Si la présence de la Justice dans les deux phases est demeurée une nécessité en termes de protection des droits fondamentaux de la personne, le rattachement de 1911 a donc opéré une réelle clarification, en limitant logiquement l'action du ministère de l'Intérieur, déjà en charge de la sécurité publique et du maintien de l'ordre, aux tâches d'investigation et d'interpellation des auteurs présumés d'infractions. Il s'agissait également de donner toute sa cohérence à la fonction d'exécution des décisions de justice, qui est la noble tâche de l'administration pénitentiaire, en la positionnant directement au sein du ministère de la Justice, de manière à éviter tout obstacle dans la relation nécessairement étroite avec les magistrats, notamment ceux chargés de veiller à l'application des peines.

Je le répète, avec conviction, la noblesse de l'administration pénitentiaire est d'être cet instrument sans lequel l'idée de justice demeurerait un simple idéal d'équité. En prenant en charge ceux qui n'ont pas respecté les termes du contrat social, les hommes et les femmes de l'administration pénitentiaire permettent, dans le quotidien d'une mission pas toujours reconnue à sa juste valeur, de concrétiser les principes de liberté et d'égalité, de respect des personnes et des biens.

Et même si la prison demeure une réalité difficile pour ceux qui sont condamnés à y demeurer parfois de longues années, comme pour ceux d'ailleurs appelés à y exercer leurs fonctions professionnelles, je veux aussi rappeler ici, avec force, que la prison dont nous parlons n'est pas n'importe laquelle. C'est une prison républicaine qui concilie, ce qui n'est pas aisé, les exigences de sécurité et d'humanité, l'application des décisions de justice et la réinsertion des personnes condamnées, le droit à la sécurité et le respect de la dignité humaine. Comme vous le savez, je suis attaché à cette idée d'une prison en phase avec les idéaux républicains qui sont les nôtres, et que l'on retrouve pleinement dans la loi pénitentiaire du 24 novembre 2009, dans un contexte marqué par le souci de notre pays d'appliquer les principes du droit international, notamment les règles pénitentiaires européennes (RPE).

A cet égard, le rattachement à la Justice, comme le révèle la pratique des différents Etats démocratiques, semble être un élément facilitateur de cette nécessité de donner tout son sens à la peine privative de liberté. Il traduit aussi l'exigence de respect que nous devons, bien sûr, aux victimes de la délinquance, mais aussi aux personnes placées sous main de justice, c'est-à-dire à tous ceux que la Justice confie à l'administration pénitentiaire pour qu'elle leur fasse exécuter les peines qui ont été prononcées à leur encontre. Par-delà les crimes commis et les souffrances infligées, il s'agit bien de personnes qui nous sont confiées par la Justice, seule habilitée, au nom de la société, à infliger des sanctions. Il appartient d'ailleurs à cette dernière de contrôler qu'il en soit ainsi, que les peines soient exécutées conformément aux jugements prononcés, que les droits des personnes détenues soient respectés. Le Contrôleur général des lieux de prévention de liberté et le Défenseur des droits apportent également leur contribution indispensable à cette mission fondamentale.

Pour conclure, je voudrais préciser que ce rattachement au ministère de la Justice, pour important qu'il soit, a pour corollaire une inscription dans une dynamique partenariale qui garantit l'efficacité du service public.

L'administration pénitentiaire est donc une composante importante d'un édifice républicain en construction permanente. Par la diversité de ses missions, elle est au carrefour de plusieurs administrations. Par respect des citoyens qui lui fournissent ses moyens de fonctionner, et dans le souci de les optimiser, elle se doit d'entretenir des relations de qualité et de confiance avec les différentes administrations et surtout de connaître leurs problématiques et leurs enjeux. Pour y parvenir, quoi de mieux que de donner la parole aux administrations qui collaborent quotidiennement avec elle, comme l'a permis ce colloque. Ce faisant, cette mise en commun permet judicieusement d'éclairer d'éventuelles difficultés relationnelles et structurelles que nous pouvons rencontrer, ainsi que d'entrevoir des pistes pour y remédier.

Comme vous le savez, depuis quelques années, l'administration pénitentiaire connaît un mouvement important d'ouverture sur la société et les autres administrations. Les domaines de la santé en prison et de l'enseignement en sont l'illustration. La loi pénitentiaire confirme ce décloisonnement, en affirmant la nécessité d'associer les différents départements ministériels et d'autres partenaires associatifs ou privés à l'exercice du « service public pénitentiaire » qu'il nous appartient de concrétiser. Cela entraîne un nouvel agencement des différents acteurs dans la gestion des établissements pénitentiaires dont le maître mot devient le partenariat.

Ce colloque en est une illustration : il ne s'est pas agi, pour nous, de célébrer un anniversaire, voire de sombrer dans l'autocélébration, mais bien de réfléchir ensemble à la manière avec laquelle il nous est possible de mieux exercer les tâches ô combien importantes que la République nous confie. Cette approche, que les anglo-saxons appellent si justement la « résolution globale des problèmes », correspond au cadre d'exercice moderne de la mission pénitentiaire, de ses objectifs de sécurité, de réinsertion et de respect de la dignité humaine auxquels nous sommes tous attachés.

Je tenais à partager avec vous ces quelques réflexions, en vous redisant mon plaisir d'avoir été parmi vous aujourd'hui.

Table des matières

Questions juridiques aux éditions L'Harmattan

Dernières parutions

HARCÈLEMENT MORAL DANS LA VIE PRIVÉE
Une guerre qui ne dit pas son nom
Pourquoi la loi sur la violence psychologique et le harcèlement moral dans la vie privée n'est-elle pas appliquée ?
Hincker Laurent
La violence physique dans les familles est toujours précédée d'une violence psychologique. Il s'agit bien d'une guerre qui ne dit pas son nom. Violences psychologiques, harcèlement moral, qui tuent à petit feu, la question de la violence dans la vie privée est au cœur de notre vivre-ensemble. La réflexion de l'auteur se déploie dans une démarche visionnaire d'anthropologue juridique, démarche qui cherche à comprendre les enjeux humains et sociaux dans les fondements du droit.
(Coll. Antidotes, 20.00 euros, 18 p.)
ISBN : 978-2-336-00245-3, ISBN EBOOK : 978-2-296-51183-5

MÉDIATION PÉNALE (Nouvelle édition)
Mbanzoulou Paul
La médiation pénale permet d'apporter une réponse judiciaire globale face à la petite et moyenne délinquance sans déclencher le processus pénal classique, grâce à la proposition d'une solution transactionnelle entre l'auteur des faits et sa victime. A jour des dernières évolutions législatives et réglementaires, cet ouvrage questionne le cadre de la médiation pénale en France.
(Coll. Sciences criminelles, 13.50 euros, 120 p.)
ISBN : 978-2-336-00474-7, ISBN EBOOK : 978-2-296-51202-3

JURÉ D'ASSISES – Témoignage d'une expérience citoyenne et humaine
Abadie Pierre-Marie
Ce livre retrace, à partir d'une expérience personnelle, le vécu d'un juré d'assises. Entre les deux séquences, l'ouvrage décrit la liturgie d'un procès telle que la vit un juré au travers de ses droits et devoirs. Il fait ressortir aussi l'expérience humaine que constitue la vie en vase clos d'un jury avec les phénomènes de groupe qui l'accompagnent. Il insiste, enfin, sur les paramètres qui génèrent et conditionnent « l'intime conviction ».
(Coll. La justice au quotidien, 12.00 euros, 90 p.)
ISBN : 978-2-336-29000-3, ISBN EBOOK : 978-2-296-51201-6

DROIT INTERNATIONAL HUMANITAIRE
Owona Joseph
En ce début de XXIe siècle, une portion du droit international public consacrée à la défense de la dignité de l'homme est arrivée à maturation. L'Afrique a fait réception de ce droit international humanitaire dans sa quintessence, tout en l'adaptant en ce qui concerne les problèmes particuliers du mercenariat et des réfugiés. Ce livre initie au droit international humanitaire en général et dévoile ses particularités africaines.
(22.50 euros, 216 p.) *ISBN : 978-2-336-00123-4, ISBN EBOOK : 978-2-296-51171-2*

COMMERCE ET INTERNET. COMPRENDRE LES RÈGLES JURIDIQUES
Benarab Armel
Cet ouvrage explique clairement les règles juridiques concernant l'e-commerce afin de les rendre compréhensibles et accessibles à tous. Consommateurs et commerçants trouveront des

réponses précises aux interrogations suscitées par les principales opérations contractuelles : droits liés aux achats sur Internet, réglementation en vigueur pour protéger une marque ou un produit... chacun pourra ainsi tirer meilleur profit d'Internet.
(15.00 euros, 136 p.) *ISBN : 978-2-336-00496-9, ISBN EBOOK : 978-2-296-50961-0*

QU'EST-CE QUE PUNIR ?
Du châtiment à l'hypersurveillance
Ferry Tony
Qu'est-ce que punir ? Quels sont les traits distinctifs des mesures de placement sous surveillance électronique par rapport au geste classique de l'emprisonnement ? Ce livre jette un pont entre théorie et pratique, recherche fondamentale et expérience professionnelle. Il s'inscrit dans une démarche de pensée libre qui tend à comprendre et à discuter le monde des pénalités d'aujourd'hui. Et ce qu'il dessine n'est autre que l'avènement de l'hypersurveillance.
(Coll. Questions contemporaines, 26.50 euros, 256 p.)
ISBN : 978-2-336-00615-4, ISBN EBOOK : 978-2-296-50802-6

CONSÉQUENCES DES RUPTURES CONJUGALES ENTRE NORD ET SUD DE LA MÉDITERRANÉE
Bouchareb-Cassar Hafida - Préface de François Boulanger
L'étude des relations juridiques transfrontalières et de leurs effets (divorce, répudiation, don de consolation, obligations alimentaires, autorité parentale, enlèvements internationaux d'enfants...) permet de souligner la diversité des droits. Comment l'espace judiciaire européen appréhende-t-il le phénomène des ruptures conjugales ? Comment gérer les divergences des droits des Etats du Maghreb avec ceux des droits européens ?
(Coll. Logiques Juridiques, 49.00 euros, 512 p.)
ISBN : 978-2-296-96092-3, ISBN EBOOK : 978-2-296-50905-4

ÉCLAIREURS (LES) DU PÉNAL
IRASCible 3
Collectif
De Proudhon à Bentham en passant par Benjamin Constant, c'est autant la légitimité du droit de punir que la vérité judiciaire qui sont mis en question. Quant à Feuerbach, il s'est efforcé de mettre le droit processuel au service du peuple. Ce numéro est consacré à ces auteurs, qui, en ces temps obscurs de restauration monarchique, morale et religieuse, furent les nouveaux «éclaireurs» du pénal.
(32.50 euros, 328 p.) *ISBN : 978-2-336-00456-3, ISBN EBOOK : 978-2-296-50985-6*

VIOL Le procès d'Aix-en-Provence
Précédé de *Le Crime* de Gisèle Halimi
Halimi Gisèle
En 1978 le procès pour viol d'Aix-en-Provence a mobilisé l'opinion publique : deux jeunes filles, Anne et Araceli, ont été violées à plusieurs reprises par trois hommes. Gisèle Halimi plaide, au nom du collectif juridique *Choisir la cause des femmes*. Les victimes restent jusqu'au bout des suspectes et la défense se construit sur l'hypothèse du consentement des victimes. Gisèle Halimi permet, pour la première fois, de faire un point lucide sur ce crime qui demeure aujourd'hui encore un tabou.
(29.00 euros, 418 p.) *ISBN : 978-2-296-99444-7, ISBN EBOOK : 978-2-296-50587-2*

VICTIMOLOGIE. DE L'EFFRACTION DU LIEN INTERSUBJECTIF À LA RESTAURATION SOCIALE (4e édition)
Cario Robert
Après avoir connu un «âge d'or» jusqu'à la fin du Moyen-Age, les victimes sont tombées dans les « oubliettes « du système de justice pénale. Depuis quelques années, un cadre normatif respectueux de leurs droits se construit. Centrée sur la personne de la victime et de l'infracteur, auxquels elle restitue la régulation du conflit, la justice restaurative apparaît comme la voie la plus prometteuse de restauration sociale des intéressés.
(Coll. Sciences criminelles, série Traité de sciences criminelles, 27.00 euros, 268 p.)
ISBN : 978-2-336-00424-2, ISBN EBOOK : 978-2-296-50649-7

RÉSISTANCES (LES) CARCÉRALES, DU COMMENT AU POURQUOI
Une approche juridique et pluridisciplinaire
Noali Loup - Préface de Martine Herzog-Evans ; postface de Reynald Ottenhof
Cette recherche porte sur les résistances opposées par les détenus au système carcéral. Partant d'une expérience de l'enfermement, l'auteur propose une analyse pluridisciplinaire (droit, sociologie, psychologie, psychiatrie, philosophie) tentant de rendre son regard d'usager sur cette institution et son milieu. Il est convaincu que les résistances sont déterminantes et essentielles pour l'évolution de la condition pénitentiaire et le devenir des condamnés.
(Coll. Logiques Juridiques, 54.00 euros, 620 p.)
ISBN : 978-2-296-99628-1, ISBN EBOOK : 978-2-296-50775-3

RISQUE (LE) TECHNOLOGIQUE MAJEUR À L'ÉPREUVE DU DROIT (2 tomes)
Nicolet Jean-Louis - Préface de Patrick Lagadec ; postface d'Hervé Serieyx
Cet ouvrage montre concrètement comment chaque accident technologique majeur est confronté au droit, à partir d'une étude conduite sur de nombreux jugements concernant des secteurs industriels variés. Il met en valeur la nécessité de séparer la phase de reconstitution de la séquence accidentelle de celle de la recherche des responsabilités, deux approches hélas confondues dans la procédure pénale actuelle. D'où les évolutions proposées.
(Tome 1, 50.50 euros, 552 p.) ISBN : 978-2-336-00271-2, ISBN EBOOK : 978-2-296-50541-4
(Tome 2, 31.00 euros, 302 p.) ISBN : 978-2-336-00272-9, ISBN EBOOK : 978-2-296-50542-1

DROIT CONSTITUTIONNEL DE LA Ve RÉPUBLIQUE – (Douzième édition)
Lascombe Michel
S'adressant aux étudiants en droit et AES ainsi qu'aux élèves des Instituts d'études politiques et aux candidats aux concours administratifs, cet ouvrage couvre l'essentiel du programme de droit constitutionnel, c'est-à-dire aussi bien les constitutions françaises depuis 1789 que l'actuel texte constitutionnel. Cette nouvelle édition tient compte des changements les plus récents.
(Coll. Logiques Juridiques, 42.00 euros, 512 p.)
ISBN : 978-2-336-00346-7, ISBN EBOOK : 978-2-296-50665-7

DROIT ADMINISTRATIF – L'angle jurisprudentiel – (4e édition)
Gros Manuel
Traitant du programme de 2e année en droit administratif général, cet ouvrage donne également un éclairage particulier au pouvoir du juge administratif sur la fixation du droit administratif français et sur son rôle prédominant dans l'essence même du droit administratif. Utilisable comme un manuel classique, voici également une réflexion approfondie sur l'évolution et l'adaptation d'un droit spécifique à son environnement.
(Coll. Logiques Juridiques, 34.00 euros, 400 p.)
ISBN : 978-2-336-00616-1, ISBN EBOOK : 978-2-296-50768-5

RÔLE (LE) DU DÉPARTEMENT DANS L'ADOPTION
Niemiec-Gombert Amélie - Préface de Françoise Dekeuwer-Defossez
Depuis la décentralisation, les prérogatives départementales en matière d'adoption n'ont fait que se renforcer. Cette collectivité territoriale, devenue un acteur incontournable de l'adoption, intervient à tous les niveaux, du côté de la famille biologique de l'enfant, des familles adoptives, ou encore des enfants adoptables ou adoptés. En raison des nouvelles problématiques liées à la spécificité de la filiation adoptive, ce rôle est encore appelé à se développer.
(Coll. Logiques Juridiques, 55.00 euros, 622 p.)
ISBN : 978-2-336-00353-5, ISBN EBOOK : 978-2-296-50695-4

VIOLENCE ET DROIT
Sous la direction de Raphaël Brett, Guillaume Delmas, Anne Michel et Noé Wagener. Avant-propos de Camille Broyelle
Le constat est bien connu : la violence existe en droit. Elle n'est pas seulement l'objet contre lequel le droit lutte. Elle est aussi, de façon moins immédiatement perceptible, un moyen et une

conséquence du droit. Le rapport dialectique entre droit et violence invite donc à s'interroger sur les liens tout à la fois d'assimilation de la violence par le droit et de mise à distance de la violence par le droit.
(Coll. Presses Universitaires de Sceaux, 18.00 euros, 180 p.)
ISBN : 978-2-336-00422-8, ISBN EBOOK : 978-2-296-50664-0

CONTRACTUALISATION (LA) DES DROITS FONDAMENTAUX
Dijoux Ruth
Pendant longtemps rattachés au droit public, les droits fondamentaux bouleversent aujourd'hui le droit privé français et notamment le droit des contrats. Si certains considèrent que la présence des droits fondamentaux dans le contrat est favorable aux contractants faibles, l'avènement de ces droits en la matière présente un tout autre intérêt, le contractant bénéficiant de fait d'un droit de renoncer à ses droits.
(Coll. Logiques Juridiques, 52.00 euros, 590 p.)
ISBN : 978-2-296-96283-5, ISBN EBOOK : 978-2-296-50474-5

OUTRE-MER ET DEVISE RÉPUBLICAINE
Sous la direction de Pierre Lise et Ferdinand Mélin-Soucramanien
Les rapports entre les outre-mer et la République française sont ambigus, faits d'attirances réciproques et parfois de rejets violents. Ce livre confronte la réalité institutionnelle, économique, politique et sociale des outre-mer à l'ambitieux programme affiché par l'article 72-3 de la Constitution française qui dispose que : «La République reconnaît, au sein du peuple français, les populations d'outre-mer, dans un idéal commun de liberté, d'égalité et de fraternité».
(Coll. Logiques Juridiques, 23.00 euros, 232 p.)
ISBN : 978-2-296-99693-9, ISBN EBOOK : 978-2-296-50392-2

SOCIÉTÉ ET DROIT – La gouvernance des conflits
Palermo Giovanna
Le conflit possède une dimension relationnelle puisqu'il implique une divergence entre deux ou plusieurs individus, aux positions et aux intérêts apparemment inconciliables. Mais il y a aussi les exigences du partage et de la coexistence. En ce sens, tout conflit peut être l'occasion pour reconstruire ou pour modifier les rapports avec les autres, du moins s'il est affronté de manière constructive.
(Coll. Harmattan Italia, 16.00 euros, 120 p.)
ISBN : 978-2-296-55787-1, ISBN EBOOK : 978-2-296-50462-2

DE COMITATIBUS. L'ORIGINE ET LE RÔLE DE LA COMITOLOGIE DANS LA POLITIQUE AGRICOLE COMMUNE – Ou la chaîne de transmission du droit agricole de l'Union
Bianchi Daniele - Préface de Claude Blumann
Procédure encadrant l'exercice des compétences d'exécution conférées à la Commission européenne, la comitologie est souvent considérée comme la source du pouvoir de l'Eurocratie. Cet ouvrage entame un voyage dans le temps en partant du traité de Rome de 1957 jusqu'au traité de Lisbonne de 2009 et à la nouvelle comitologie adoptée en mars 2011 afin de découvrir l'origine et tracer l'évolution de la comitologie dans le cadre de la Politique agricole commune.
(Coll. Droit et Espace Rural, 51.00 euros, 564 p.)
ISBN : 978-2-296-99284-9, ISBN EBOOK : 978-2-296-50353-3

FORMULAIRE – Poétique du droit
Bindi A.A.L
Le droit est *poétique*. Une évidence dès les premiers écrits, comme à l'écoute des plaidoiries, répétitives, interminables. Une poésie comprenant, ici, la matière procédurale au civil. Des bouts parfois minuscules, autorisant une écriture par projections soudaines dans d'autres parties du recueil. Jusqu'à se retrouver dans une série de textes, comme par multiplication, si l'on songe qu'un seul énoncé se décompose et reforme pour être dans l'attente d'un exposé convenable, comme suspendu, en l'air.
(12.50 euros, 120 p.) *ISBN : 978-2-296-12988-7, ISBN EBOOK : 978-2-296-50190-4*

L'HARMATTAN, ITALIA
Via Degli Artisti 15; 10124 Torino

L'HARMATTAN HONGRIE
Könyvesbolt ; Kossuth L. u. 14-16
1053 Budapest

ESPACE L'HARMATTAN KINSHASA
Faculté des Sciences sociales,
politiques et administratives
BP243, KIN XI
Université de Kinshasa

L'HARMATTAN CONGO
67, av. E. P. Lumumba
Bât. – Congo Pharmacie (Bib. Nat.)
BP2874 Brazzaville
harmattan.congo@yahoo.fr

L'HARMATTAN GUINÉE
Almamya Rue KA 028, en face du restaurant Le Cèdre
OKB agency BP 3470 Conakry
(00224) 60 20 85 08
harmattanguinee@yahoo.fr

L'HARMATTAN CAMEROUN
BP 11486
Face à la SNI, immeuble Don Bosco
Yaoundé
(00237) 99 76 61 66
harmattancam@yahoo.fr

L'HARMATTAN CÔTE D'IVOIRE
Résidence Karl / cité des arts
Abidjan-Cocody 03 BP 1588 Abidjan 03
(00225) 05 77 87 31
etien_nda@yahoo.fr

L'HARMATTAN MAURITANIE
Espace El Kettab du livre francophone
N° 472 avenue du Palais des Congrès
BP 316 Nouakchott
(00222) 63 25 980

L'HARMATTAN SÉNÉGAL
« Villa Rose », rue de Diourbel X G, Point E
BP 45034 Dakar FANN
(00221) 33 825 98 58 / 77 242 25 08
senharmattan@gmail.com

L'HARMATTAN TOGO
1771, Bd du 13 janvier
BP 414 Lomé
Tél : 00 228 2201792
gerry@taama.net

645230 - Mars 2016
Achevé d'imprimer par

1livre.com
du rêve à la réalité !

Made in United States
Orlando, FL
04 November 2026

90200859R10140